汽车发动机构造与检修

主　编　李宽宽　魏岸若

重庆大学出版社

图书在版编目(CIP)数据

汽车发动机构造与检修／李宽宽，魏岸若主编. ——
重庆：重庆大学出版社，2021.1
高职高专汽车运用与维修专业系列教材
ISBN 978-7-5689-2578-5

Ⅰ. ①汽… Ⅱ. ①李… ②魏… Ⅲ. ①汽车—发动机
—构造—高等职业教育—教材②汽车—发动机—车辆修理
—高等职业教育—教材 Ⅳ. ①U472.43

中国版本图书馆 CIP 数据核字(2021)第 032266 号

汽车发动机构造与检修

QICHE FADONGJI GOUZAO YU JIANXIU

主编 李宽宽 魏岸若

策划编辑：范 琪

责任编辑：文 鹏 版式设计：范 琪
责任校对：刘志刚 责任印制：张 策

*

重庆大学出版社出版发行

出版人：饶帮华

社址：重庆市沙坪坝区大学城西路 21 号

邮编：401331

电话：(023)88617190 88617185(中小学)

传真：(023)88617186 88617166

网址：http://www.cqup.com.cn

邮箱：fxk@ cqup.com.cn(营销中心)

全国新华书店经销

重庆市圣立印刷有限公司印刷

*

开本：787mm × 1092mm 1/16 印张：20 字数：490 千
2021 年 1 月第 1 版 2021 年 1 月第 1 次印刷
ISBN 978-7-5689-2578-5 定价：59.00 元

前　言

我国汽车工业高速发展,已经成为汽车大国,截至 2019 年末,我国连续七年销售总量超 2 000 万辆,总量达 2.6 亿辆。汽车发动机作为燃油汽车的动力源,对汽车运行起着关键作用。随着科技的日益发展,高新技术在汽车发动机上的运用越来越多,汽车发动机构造与工作原理也越来越复杂,生产与维修技术要求也越来越高。我国从事汽车发动机生产与维修的企业众多,需要大量具备熟知汽车发动机构造与工作原理并精通检测与维修技术的专业技术人才。

为了满足企业对人才需求及职业院校汽车类专业的教学要求,本书遵循"理实一体化"原则,每个项目设有理论知识和实训任务,力求突出职业教育的特点。本书主要包括汽车发动机总体认识、曲柄连杆机构的构造与维修、配气机构的构造与维修、汽油机燃料供给系的构造与维修、柴油机燃料供给系的构造与检修、汽油机电控燃油喷射系统构造与维修、冷却系构造与维修、润滑系构造与维修、点火系构造与维修 9 个项目,其中涵盖了 17 个实训项目。

本书由李宽宽、魏岸若主编。其中,李宽宽拟定本书的编写方案,并编写项目 3、项目 4、项目 6 至项目 9、实训项目三、实训项目四、实训项目五、实训项目六、实训项目七、实训项目十、实训项目十一、实训项目十二、实训项目十三、实训项目十四;魏岸若编写项目 1、项目 2、项目 5、实训项目一、实训项目二、实训项目三、实训项目十五、实训项目十六、实训项目十七。

本书在编写过程中,得到华晨鑫源汽车有限公司、长安汽车有限公司和长安福特汽车有限公司的大力支持,在此表示由衷的感谢。

因时间仓促,书中错误难免,请同行、专家批评指正。

编　者

2020 年 1 月

目录

项目 **1**
汽车发动机总体认识

活动一 汽车发动机概述

📖 **学习目标**

(1)知道什么是发动机。

(2)知道汽车发动机有哪些种类。

(3)知道汽车发动机基本结构组成和每个组成部分的作用。

📖 **学习内容**

一、什么是发动机？

汽车的动力来自发动机,发动机是汽车的心脏,为汽车的行驶提供动力,关系着汽车的动力性、经济性和环保性。

发动机是将某一种形式的能量转换为机械能的机器。其功用是将液体或气体的化学能通过燃烧后转化为热能,再把热能通过膨胀转化为机械能并对外输出动力。

二、发动的类型有哪些？

(1)按照燃料燃烧的位置不同,发动机主要有内燃机和外燃机两大类别。

内燃机(图1-1):可燃混合气在机器内部燃烧而产生热能,然后再转为机械能。

外燃机(图1-2):燃料在机器外部的锅炉内燃烧,将锅内的水加热,使之变为高温高压的水蒸气,然后送至机器内部,使所含热能转变为机械能。

内燃机热效率高、体积小、质量轻,应用广泛,但由于使用的是石油燃料,因此污染较大。城市的大气污染相当部分来自内燃机所排出的废气。

图 1-1　内燃机

图 1-2　外燃机

（2）按活塞运动方式分类,内燃机分为往复活塞式内燃机(图 1-3)和转子活塞式内燃机(图 1-4)。汽车运用的主要是往复活塞式内燃机,本书的主要介绍对象就是往复活塞式内燃机。

图 1-3　往复活塞式内燃机

图 1-4　转子活塞式内燃机

（3）按所用燃料分类,发动机可以分为液体燃料发动机和气体燃料发动机(图 1-5)。其中,液体燃料发动机又分为汽油机(图 1-6)和柴油机(图 1-7)。气体发动机的燃料主要有天然气和液化石油气。

图 1-5　气体燃料发动机

图 1-6　汽油机

图 1-7　柴油机

（4）按照点火方式不同,发动机分为点燃式发动机和压燃式发动机。汽油发动机是点燃式发动机,柴油发动机是压燃式发动机。

（5）按一个工作循环的冲程数,发动机分为二冲程发动机（图 1-8）和四冲程发动机（图 1-9）。二冲程发动机完成一个工作循环时,活塞往复两个单程,曲轴转一圈。四冲程发动机完成一个工作循环时,活塞往复四个单程,曲轴转两圈。目前绝大多数汽车上所采用的是四冲程发动机。

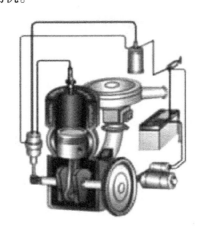

图 1-8　二冲程发动机　　　　　图 1-9　四冲程发动机

（6）按气缸数不同,发动机分为单缸发动机和多缸发动机。单缸发动机（图 1-10）只有一个工作缸,一般多在摩托车里使用;多缸发动机（图 1-11）有几个工作缸就是几缸发动机,图 1-11 就是六缸发动机。在同种汽车发动机里,一般气缸数越多其排量越大,动力也会越强,但是随之而来的尾气污染物排放量以及油耗量也会增加。汽车多采用四缸发动机,为了节能减排,福特、别克、本田等企业都相继推出三缸车型。

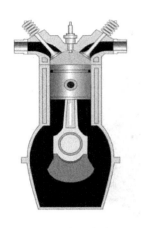

图 1-10　单缸发动机　　　　　　　　　图 1-11　多缸发动机

（7）按气缸排布方式不同,发动机分为直列式发动机(图 1-12)、V 形发动机(图 1-13)、W 形发动机(图 1-14)或对置式发动机(图 1-15)。

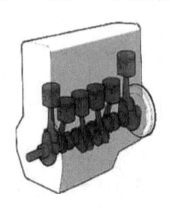
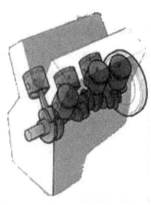

图 1-12　直列式发动机　　　　　　　　图 1-13　V 形发动机

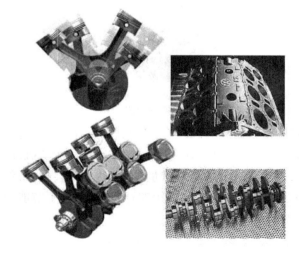
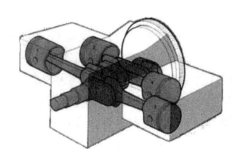

图 1-14　W 形发动机　　　　　　　　　图 1-15　对置式发动机

（8）按冷却方式不同，发动机分为水冷发动机（图1-16）和风冷发动机（图1-17）。水冷发动机有专门的冷却水循环系统。风冷发动机缸体外有专门的散热片。

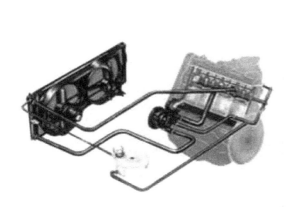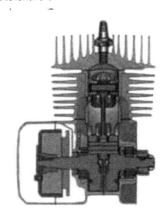

图1-16　水冷发动机　　　　　　　　　　图1-17　风冷发动机

（9）按是否有增压装置，发动机分为自然吸气发动机（图1-18）和涡轮增压发动机（图1-19）。现代汽车基本是汽油机采用自然吸气式，但是有一部分也已使用了涡轮增压系统。柴油机基本采用增压式，这是为了提高使用功率。

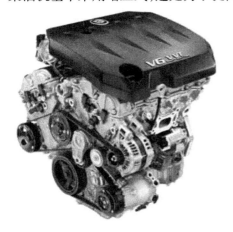

图1-18　自然吸气发动机　　　　　　　　图1-19　涡轮增压发动机

三、汽车发动机基本组成

汽车汽油发动机由两大机构五大系统组成，总体剖视图如图1-20所示。两大机构是配气机构和曲柄连杆机构，五大系统是燃油供给系、冷却系、润滑系、起动系和点火系。柴油机由于是压燃，没有点火系统。

1. 曲柄连杆机构（图1-21）

曲柄连杆机构的功用是将燃料燃烧时产生的热能转变为活塞往复运动的机械能，再转变为曲轴旋转运动而对外输出动力。它由机体组、活塞连杆组和曲轴飞轮组等组成。

5

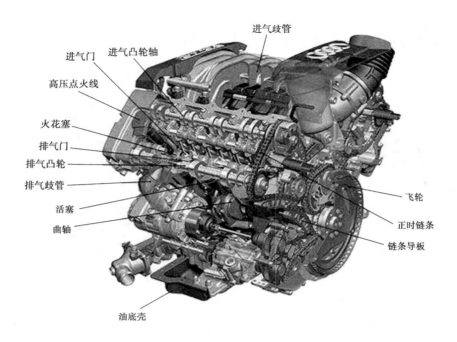

进气歧管
进气门
进气凸轮轴
高压点火线
火花塞
排气门
排气凸轮
排气歧管
活塞
曲轴
飞轮
正时链条
链条导板
油底壳

图 1-20　发动机总体剖视图

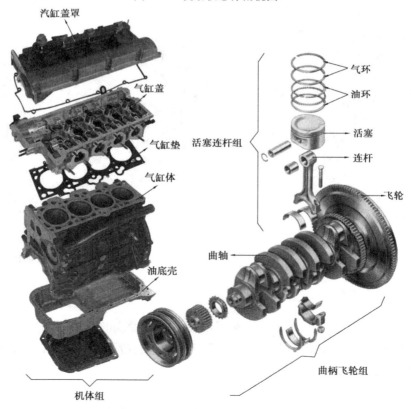

汽缸盖罩
气缸盖
气缸垫
气缸体
油底壳
机体组
气环
油环
活塞
连杆
飞轮
曲轴
活塞连杆组
曲柄飞轮组

图 1-21　曲柄连杆机构

2. 配气机构(图 1-22)

配气机构的功用是根据发动机的工作顺序和工作过程,定时开启、关闭进气门和排气门,使可燃混合气或空气进入气缸,并使废气从气缸内排出,实现换气过程。配气机构一般由气门组和气门传动组组成。

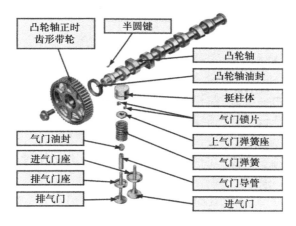

图 1-22   配气机构

3. 燃料供给系统(图 1-23)

汽油机燃料供给系统的功用是根据发动机的要求,配制出一定数量和浓度的混合气,供入气缸,并将燃烧后的废气从气缸内排到大气中去。现代轿车上发动机普遍采用电控汽油喷射系统,主要由燃油箱、燃油泵、滤清器、供油总管、喷油器、进排气系统等组成。

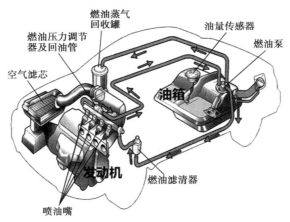

图 1-23   燃料供给系

4. 润滑系统(图 1-24)

润滑系统的功用是向做相对运动的零件表面输送定量的清洁润滑油,以实现液体摩擦,减小摩擦阻力,减轻机件的磨损,并对零件表面进行清洗和冷却。润滑系统通常由润滑油道、机油泵、机油滤清器和一些阀门等组成。

5. 冷却系统(图 1-25)

冷却系统的功用是将受热零件吸收的部分热量及时散发出去,保证发动机在最适宜的温度状态下工作。水冷发动机的冷却系统通常由水泵、风扇、水箱、节温器等组成。

6. 点火系统(图1-26)

点火系统的功用是在发动机各种工况和使用条件下,在气缸内适时、准确、可靠地产生电火花,以点燃可燃混合气,使发动机做功。点火系统通常由蓄电池、发电机、点火开关、点火线圈、分电器、火花塞等组成。

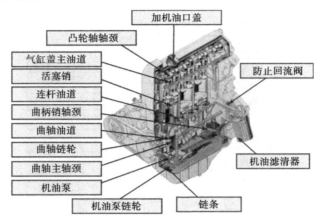

图1-24 润滑系

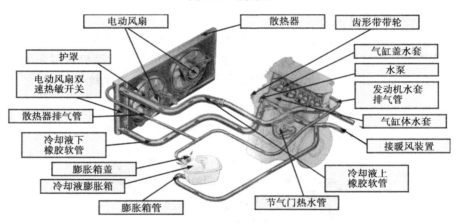

图1-25 冷却系统

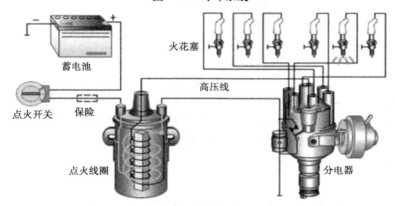

图1-26 点火系统

7.起动系统(图1-27)

起动系统的功用是使发动机的曲轴在外力作用下开始转动,带动活塞做往复运动,直到气缸内的可燃混合气燃烧膨胀做功。曲轴在外力作用下开始转动到发动机开始自动地怠速运转的全过程,称为发动机的起动。完成起动过程所需的装置,称为发动机的起动系统。起动系统主要由起动机及其控制电路组成。

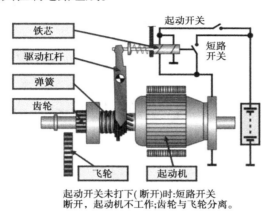

起动开关未打下(断开)时:短路开关
断开,起动机不工作;齿轮与飞轮分离。

图1-27　起动系统

活动二　四冲程汽车发动机工作原理

📖 **学习目标**

(1)能正确描述发动机常用术语定义。

(2)能描述四冲程发动机基本工作原理。

(3)知道四个冲程中发动机各系统工作状态。

📖 **学习内容**

一、汽车发动机的基本术语

1.上止点

上止点(英文缩写TDC)是指活塞顶位于其运动行程顶部时的位置,即活塞顶部距离曲轴旋转中心最远的极限位置。

2.下止点

下止点(英文缩写BDC)是指活塞顶位于其运动行程底部时的位置,即活塞顶部距离曲轴旋转中心最近的极限位置。

3.活塞行程

活塞行程,是指上、下止点间的距离,用 S 表示,单位:mm(毫米)。活塞由一个止点运动到另一个止点一次的过程,称为一个冲程。这就是前面介绍的四冲程发动机里面的冲程的含义。

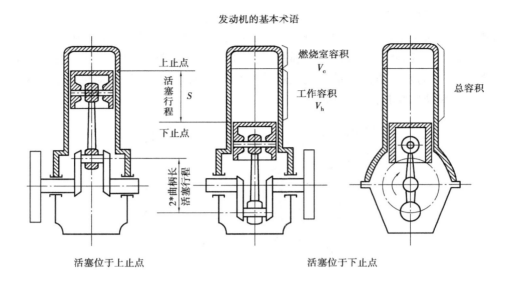

图 1-28 发动机基本术语

4. 曲柄半径

曲柄半径是指与连杆大头相连接的曲柄销的中心线到曲轴回转中心线的距离,用 R 表示,单位:mm(毫米)。显然,曲轴每转一周,活塞移动两个冲程。

5. 气缸工作容积

气缸工作容积是指活塞从一个止点移动到另一个止点所扫过的容积,用 V_h 表示,单位:L(升)。显然有:

$$V_h = \frac{\pi D^2}{4 \times 10^6} S$$

式中 V_h——气缸工作容积,L;

D——气缸直径,mm;

S——活塞行程,mm。

6. 燃烧室容积

燃烧室容积是指活塞位于上止点时,活塞顶上方的气缸空间容积,用 V_c 表示,单位:L(升)。

7. 气缸总容积

气缸总容积是指活塞位于下止点时,活塞顶上方的气缸空间容积,用 V_a 表示,单位:L(升)。

8. 发动机排量

发动机排量是指发动机所有气缸工作容积之和,用 V_L 表示,单位:L(升)。对于多缸发动机,显然有:

$$V_L = V_h \cdot i$$

式中 i——发动机气缸数。

发动机排量是一个非常重要的特征参数,轿车就是以发动机排量大小来进行分级。微型：$V_L \leq 1.0$ L；普通级：$V_L = 1.0 \sim 1.6$ L；中级：$V_L = 1.6 \sim 2.5$ L；中高级：$V_L = 2.5 \sim 4.0$ L；高级：$V_L > 4.0$ L。

9. 压缩比

压缩比是指气缸总容积与燃烧室容积之比，用 ε 表示。即：

$$\varepsilon = \frac{V_a}{V_c} = \frac{V_h + V_c}{V_c} = 1 + \frac{V_h}{V_c}$$

压缩比用来衡量空气或混合气被压缩的程度，影响发动机的热效率。一般汽油发动机压缩比为 $6 \sim 12$，柴油发动机压缩比较高，为 $16 \sim 22$。

10. 工作循环

发动机完成进气、压缩、做功、排气四个过程，称为一个工作循环。

11. 工况

发动机工作状况简称工况。

二、四冲程汽油发动机工作原理

四冲程汽油机的工作循环由进气、压缩、做功、排气四个行程所组成。

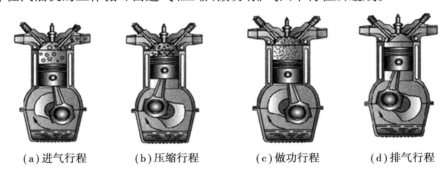

（a）进气行程　　　（b）压缩行程　　　（c）做功行程　　　（d）排气行程

图 1-29　汽油发动机四个行程

1. 进气行程

活塞由曲轴带动从上止点向下止点运动，此时，进气门开启，排气门关闭。在活塞向下移动的过程中，气缸内容积逐渐增大，形成一定真空度，于是空气和燃油的可燃混合气通过进气门被吸入气缸，直至活塞到达下止点时，进气门关闭，停止进气。

由于进气系统存在进气阻力，进气终了时气缸内气体的压力低于大气压力，为 $0.075 \sim 0.09$ MPa。由于气缸壁、活塞等高温件及上一循环留下的高温残余废气的加热，气体温度升高到 $370 \sim 400$ K。

2. 压缩行程

为使可燃混合气迅速燃烧，达到改善发动机动力性和经济性的目的，必须在燃烧前对可燃混合气进行压缩，以提高可燃混合气的温度和压力。因此，在进气行程结束时立即进入压缩行程，活塞在曲轴的带动下，从下止点向上止点运动，由于进、排气门均关闭，气缸内容积逐渐减小，可燃混合气压力、温度逐渐升高。

压缩终了时，气缸内的压力为 $0.6 \sim 1.2$ MPa，温度为 $600 \sim 700$ K。

3. 做功行程

在压缩行程末,火花塞产生电火花点燃混合气并迅速燃烧,使气体的温度、压力迅速升高而膨胀,从而推动活塞从上止点向下止点运动,通过连杆使曲轴旋转做功,至活塞到达下止点时做功结束。

在做功行程中,开始阶段气缸内气体压力、温度急剧上升,瞬间压力可达 3～5 MPa,瞬时温度可达 2 200～2 800 K。随着活塞下行,气缸容积增大,气缸内压力、温度逐渐下降,做功终了时,压力为 0.3～0.5 MPa,温度为 1300～1 600 K。

4. 排气行程

为使循环能够连续进行,须将燃烧产生的废气排出。在做功行程终了时,排气门打开,进气门关闭,曲轴通过连杆推动活塞从下止点向上止点运动,废气在自身剩余压力和活塞推动下被排出气缸,至活塞到达上止点时,排气门关闭,排气结束。

排气行程终了时,由于燃烧室容积的存在,气缸内还存有少量废气,气体压力也因排气系统存在排气阻力而略高于大气压力。此时,压力为 0.105～0.115 MPa,温度为 900～1 200 K。

三、四冲程柴油发动机工作原理

四冲程柴油机和四冲程汽油机一样,每个工作循环也是由进气、压缩、做功和排气四个行程组成。由于所使用燃料的性质不同,柴油机在可燃混合气的形成和着火方式上与汽油机有很大区别。

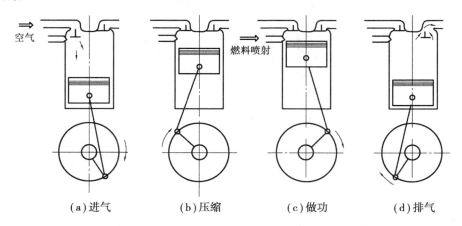

(a)进气 　　(b)压缩 　　(c)做功 　　(d)排气

图 1-30 柴油发动机工作循环的四个行程

1. 进气行程

柴油机进气行程进入气缸的不是可燃混合气,而是纯空气。由于进气阻力比汽油机小,上一行程残留的废气温度也比汽油机低,进气行程终了时的压力为 0.075～0.095 MPa,温度为 320～350 K。

2. 压缩行程

柴油机压缩行程进入气缸的是纯空气,由于柴油的压缩比大,压缩终了的温度和压力都比汽油机高,压力为 3～5 MPa,温度为 800～1 000 K。

3. 做功行程

柴油机此行程与汽油机有很大差异。压缩行程末,喷油泵将高压柴油经喷油器呈雾状喷入气缸内的高温高压空气中,柴油被迅速气化并与空气形成混合气,由于此时气缸内的温度远高于柴油的自燃温度(约 500 K),柴油混合气便立即自行着火燃烧,且此后一段时间内边喷油边燃烧,气缸内压力和温度急剧升高,推动活塞下行做功。

做功行程中,瞬时压力为 5 ~ 10 MPa,瞬时温度为 1 800 ~ 2 200 K,做功行程终了时压力为 0.2 ~ 0.4 MPa,温度为 1 200 ~ 1 500 K。

4. 排气行程

柴油机此行程与汽油机基本相同。排气行程终了时的气缸压力为 0.105 ~ 0.125 MPa,温度为 800 ~ 1 000 K。

四、四冲程汽油机与柴油机工作原理的比较

由上述四冲程汽油机和柴油机的工作循环可知,两种发动机的工作循环既有共同点,又有差别:

(1)两种发动机,每完成一个工作循环,曲轴转两周(720°),每完成一个行程曲轴转半周(180°),进气行程是进气门开启,排气行程是排气门开启,其余两个行程进、排气门均关闭。

(2)无论是汽油机还是柴油机,在四个行程中,只有做功行程产生动力,其余三个行程是为做功行程作准备的辅助行程,都要消耗一部分能量。

(3)两种发动机运转的第一循环,都必须靠外力使曲轴旋转完成进气和压缩行程,做功行程开始后,做功能量储存在飞轮内,以维持循环继续进行。

(4)汽油机的混合气是在气缸外部形成的,进气行程中吸入气缸的是可燃混合气;柴油机的混合气是在气缸内部形成的,进气行程中吸入气缸的是纯空气。

(5)汽油机在压缩终了时,靠火花塞强制点火燃烧,而柴油机则靠混合气自燃着火燃烧。

汽、柴油机在工作原理与结构上都存在一定的差异,因此在使用性能与特性方面亦有所不同。

汽油机具有转速高(目前轿车用汽油机最高转速为 5 000 ~ 6 000 r/min,货车用汽油机也高达 4 000 r/min 左右)、质量小、工作噪声小、容易起动、制造和维修费用较低等优点,故在小轿车和中、小型货车以及军用越野车上得到了广泛使用。其不足之处是燃油消耗量较大,因此燃油经济性较差。

柴油机因压缩比高,燃油消耗率平均比汽油机低 30% 左右,且柴油价格较低,所以燃油经济性好。一般重型货车、矿山专用车等都选用柴油机。柴油机的缺点是转速较低、工作噪声大、结构笨重、制造与维修费用高。随着汽车工业技术的进步,上述缺点正不断得到解决,小型高速柴油机已开始大量用于轿车和中、轻型车辆。国外有的轿车用高速柴油机转速已达 5 000 r/min 以上。

活动三　发动机的主要性能指标和特性

📖 **学习目标**

(1)知道发动机的主要性能指标。

(2)能描述发动机工作特性。

📖 **学习内容**

一、发动机的主要性能指标

评价发动机工作性能的指标有指示指标和有效指标。以工质在气缸内对活塞做功为基础的指标称为发动机指示指标。指示指标用来评价发动机实际工作循环进行的好坏,以及燃料的热能转变为功的完善程度。指示指标在生产和使用中应用不多。以发动机曲轴对外输出功率为基础的指标称为有效指标。两种指标的主要区别在于:有效指标扣除了发动机在热功转换过程中为维持实际循环工作过程中所消耗掉的功。有效指标的动力性指标显示了发动机对外输出实际能被利用的功的大小,而其经济性指标则显示了燃料的热能有多少转为能被利用的有效功。在实际生产和使用中,评价发动机性能好坏,以及评价发动机维修质量好坏,都使用有效指标。这里,就介绍常用的几个发动机有效指标。

1.有效转矩(M_e)和有效功率(P_e)

M_e和P_e是有效动力性指标,用来衡量发动机动力性大小。M_e和P_e之间有如下关系:

$$M_e = \frac{60 \times 1\,000 P_e}{2\pi n} = \frac{9\,550 P_e}{n}(\text{N} \cdot \text{m})$$

式中　n——发动机转速,r/min。

P_e的单位是 kW,可利用测功机和转速计来测定P_e的大小。

2.有效耗油率(g_e)

g_e是有效经济性指标。它是指发动机每发出 1 kW 的有效功率,在 1 h 内所消耗的燃油克数。

$$g_e = \frac{G_T}{P_e} \times 10^3 (\text{g/kW} \cdot \text{h})$$

式中　C_T——发动机工作每小时耗油量,(kg/h)。

二、发动机的特性

发动机有效性能指标随调整情况和使用工况而变化的关系称为发动机特性,通常用曲线表示它们之间的关系,这条曲线称为特性曲线。其中,有效性能指标随调整情况而变化的关系,称为调整特性,如汽油机的燃料调整特性、点火提前角调整特性、柴油机的喷油提前角调整特性等;随使用工况而变化的关系称为使用特性,如速度特性、负荷特性等。

对特性曲线进行分析,可以为合理选择、有效利用发动机以及评价发动机维修后质量好坏提供依据。这里介绍发动机的速度和负荷两个使用特性。

1. 速度特性

在化油器节气门开度(或喷油泵供油拉杆位置)一定的条件下,发动机的有效功率、有效转矩、有效耗油率随发动机转速变化的规律,称为发动机速度特性。节气门开度最大时(或喷油泵供油拉杆在标定功率的循环供油量位置时)测得的速度特性,称为外特性;部分开度时(或喷油泵供油拉杆所处位置供油量小于标定功率的循环供油量位置时)测得的速度特性,称为部分特性。

(1)汽油机外特性曲线分析。图 1-31 为 BJ492 汽油机的外特性曲线图。由图分析可知,当发动机转速 $n = n_M$ 时,发动机转矩最大;当 $n < n_M$ 或 $n > n_M$ 时,发动机转矩都将减少。当 $n = n_F$ 时,发动机功率最大;当 $n < n_P$,或 $n > n_P$ 时,发动机功率都减小。当 $n = n_g$ 时,发动机有效耗油率最小;当 $n < n_g$ 或 $n > n_g$ 时,有效耗油率都将增大。由以上分析可知,一般汽油机工作范围应在 n_M 与 n_P 之间,当 $n > n_P$ 时,汽油机的动力性、经济性和可靠性均大大下降,不能使用;当 $n < n_M$ 时,汽油机工作不稳定,也不能使用。在 $n_P \sim n_M$ 转速范围内,从经济性角度看,经济性较好。因此,这个转速范围可作为汽油机常用转速范围的参考依据。

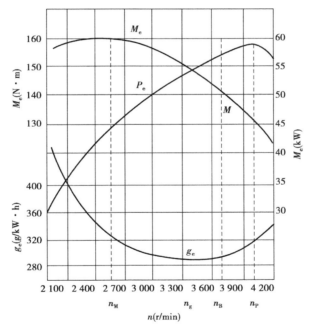

图 1-31　BJ492 汽油机外特性曲线

(2)柴油机外特性曲线分析。图 1-32 为 6120Q 柴油机外特性曲线图。由图分析可知,发动机转矩 M_e 随发动机转速 n 增加而缓慢增加,在中等转速范围内,M_e 随 n 变化很小;在高速时,M_e 随 n 增加而降低,这样柴油机的转矩曲线就比较平缓,这对柴油机运转的稳定性和克服超载能力是不利的。为此,柴油机必须通过调速器中的油量校正装置来改造柴油机外特性转矩曲线。

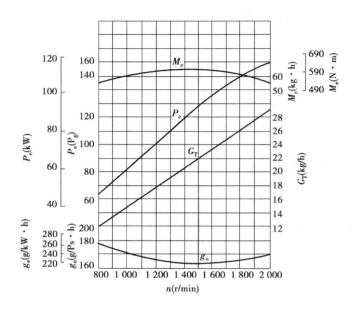

图 1-32 6120Q 柴油机外特性曲线

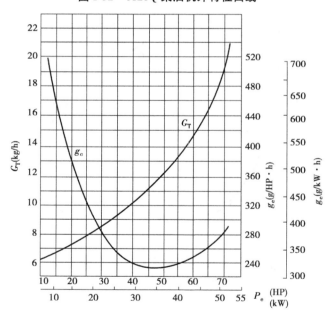

图 1-33 6100Q 汽油机负荷特性曲线

有效功率 P_e 曲线,由于不同转速时变化不大,在一定转速范围内,P_e 几乎随 n 上升成正比增加,但 n 大到一定数值时,P_e 虽然有上升,但由于循环供油量增加,燃烧恶化,排放黑烟严重,因此柴油机的标定功率会受冒烟界限限制,其最高转速需由调速器来限制。

柴油机有效耗油率的曲线变化趋势与汽油机相同,但较平坦,说明柴油机在较大的转速范围内都有比较好的经济性。

2. 负荷特性

发动机转速一定,逐渐改变节气门开度(或改变喷油泵供油拉杆位置),发动机每小时耗油量、有效耗油率随有效功率(或有效转矩)变化而变化的关系,称发动机负荷特性。负荷特性可用来评定不同转速及不同负荷下发动机的经济性。

(1)汽油机负荷特性曲线分析。图 1-33 为 6100Q 汽油机负荷特性曲线图。由图分析可知,随节气门开度增大,有效功率 P_e 由小增大,发动机每小时耗油量随之上升,当节气门开度达到全开的 80% 时,化油器加浓装置开始工作,G_T 上升速度加快,曲线变陡。

当发动机在怠速状态运转时,输出有效功率 $P = 0$,故有效耗油率 g_e 曲线趋向无穷大,随节气门开度增大,P_e 由小变大,g_e 迅速下降,直至降到最低值,随后继续加大,节气门开度增大到全开 80% 时,化油器加浓装置开始工作,g_e 又有所上升。

(2)柴油机负荷特性曲线分析。图 1-34 为 6135Q 柴油机负荷特性曲线图,其中标明 1 200、1 800 二条曲线分别是额定转速为 1 200 r/min 和 1 800 r/min 时的有效耗油率 z_e 曲线。由图分析可知,G_T 随 P_e 增大而近似直线上升,直至 P_e 增大到等于全负荷时 90% 时,当负荷继续增大,G_T 迅速加大,曲线变陡。

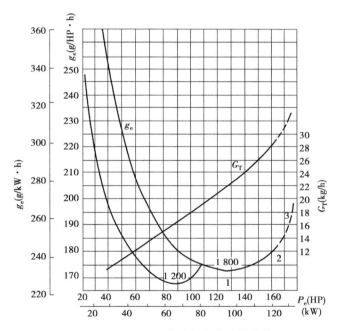

图 1-34　6135Q 柴油机负荷特性曲线

有效耗油率 g_e 在怠速时趋向无穷大,随 P_e 增加,g_e 下降,当 P_e 增大到等于全负荷 90% 时,g_e 达到最小值,图中 1 点所示再增加负荷,g_e 上升至曲线点 2 时,柴油机排放黑烟,至曲线点 3 时,柴油机发出最大功率。

为了避免由排放黑烟而引起的环境污染、燃烧室积炭和发动机过热现象等,可由调速器来控制标定的循环供油量,使标定功率限制在曲线点 2 以内。

从负荷特性曲线上可以看出,在接近全负荷时,g_e 最低,因此,为了提高汽车的燃料经济性,希望发动机经常处于 g_e 低、负荷较大的经济负荷区运行。

实训项目一 发动机总体结构认识

实训目的及要求

(1)认识往复活塞式发动机的整体结构。

(2)认识两大机构和五大系统的组成,主要部件的名称、安装位置。

(3)熟悉曲柄连杆机构和配气机构主要机件的装配关系和运动情况。

实训设备及工量具

(1)设备:完整的汽车发动机。

(2)工量具:常用工具。

实训内容

(1)在汽车上确认两大机构、五大系统的具体位置。

(2)对发动机进行总体拆装。

实训操作及步骤(以桑塔纳轿车发动机为例)

(1)观察发动机外表,认识各部件名称及安装位置,它们属于哪个机构或系统(图1-35)。

(2)拆下气门室罩盖。

(3)拆下凸轮轴驱动同步齿形带防护罩。

(4)转动曲轴,观察配气机构工作情况。

(5)拆下凸轮轴同步齿形带(图1-36)。

(6)拆下进排气歧管(图1-37)。

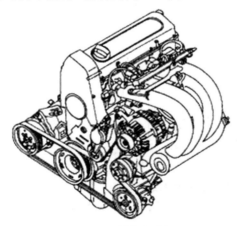

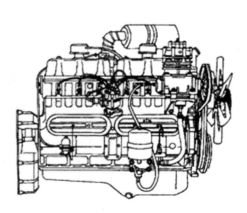

(a)轿车发动机　　　　　　　　　　(b)货车发动机

图1-35 汽车发动机外形

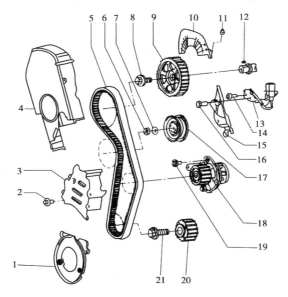

图 1-36 　同步带的分解

1—同步带下防护罩;2—中间防护罩螺栓(10 N·m);3—同步带中间防护罩;4—同步带上防护罩;
5—同步带;6—张紧轮固定螺栓(15 N·m);7—波纹垫圈;8—凸轮轴同步带轮固定螺栓(100 N·m);
9—凸轮轴同步带轮;10—同步带后上防护罩;11—后上防护罩固定螺栓(10 N·m);12—半圆键;
13—霍尔传感器;14—螺栓(10 N·m);15—同步带后防护罩;16—螺栓(20 N·m);17—半自动张紧轮;
18—冷却液泵;19—螺栓(15 N·m);20—曲轴同步带轮;21—曲轴同步带轮固定螺栓(90 N·m+90°)

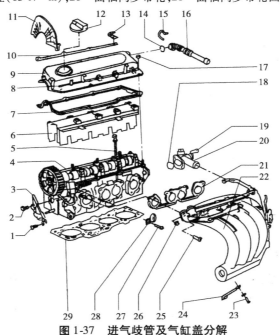

图 1-37 　进气歧管及气缸盖分解

1—螺栓(15 N·m);2、25、27—螺栓(20 N·m);3—同步带后护板;4—气缸盖总成;5—气缸盖螺栓;
6—机油反射罩;7—气门罩盖衬垫;8—紧固压条;9—气门罩盖;10—压条;11—同步带后上防护罩;
12—加机油口盖;13—支架;14—密封圈;15—夹箍;16—曲轴箱通气软管;17—螺母(12 N·m);
18—密封圈;19—螺栓(10 N·m);20—凸缘;21—进气歧管衬垫;22—进气歧管;23—进气歧管支架;
24—进气歧管支架紧固螺栓;26—螺母(20 N·m);28—吊耳;29—气缸垫

（7）拆下气缸盖。

（8）观察气门组件、火花塞或喷油器。

（9）拆下凸轮轴（图1-38）。

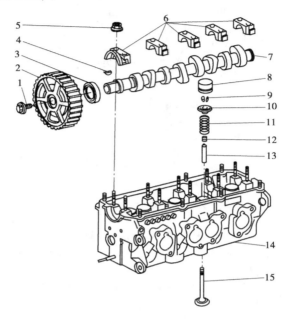

图1-38　凸轮轴及气门、液力挺杆的分解

1—凸轮轴同步带轮螺栓（100 N·m）；2—凸轮轴同步带轮（带霍尔传感器的脉冲轮）；3—密封圈；
4—半圆键；5—螺母（20 N·m）；6—轴承盖；7—凸轮轴；8—液力挺杆；9—气门锁片；
10—气门弹簧座；11—气门弹簧；12—气门杆密封圈；13—气门导管；14—气缸盖；15—气门

（10）拆下气门组件。

（11）拆下油底壳。

（12）拆下机油泵驱动链轮和机油泵（图1-39）。

（13）拆下水泵总成（图1-40）。

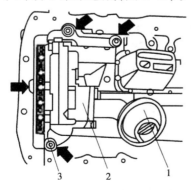

图1-39　拆下链轮和机油泵

1—集滤器；2—机油泵；3—链轮

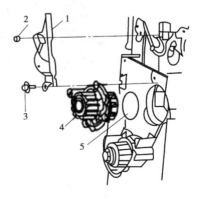

图1-40　水泵总成的拆卸

1—同步带后防护罩；2、3—螺栓；4—水泵；5—密封圈

（14）转动曲轴与飞轮,观察分析曲柄连杆机构的运动。

（15）拆下一组活塞连杆组,认识活塞、活塞环、活塞销、连杆、连杆轴承的名称、作用及各零件的连接关系、安装位置。

（16）按相反顺序装回发动机。

实训工单

实训项目		专业班级	
姓名		学号	
实训小组		日期	

一、实训要求

二、实训内容

三、实训步骤

四、评价（优、良、差）

	自我评价	学生互评	老师评价	总　评
实训情况				
实训态度				
卫生打扫				

项目 2

曲柄连杆机构的构造与维修

活 动 一　曲柄连杆机构的功用、组成和工作原理

📖 **学习目标**

(1)知道曲柄连杆机构组成。

(2)知道曲柄连杆机构工作原理。

📖 **学习内容**

曲柄连杆机构的作用:将燃料燃烧后的压力转变为能对外输出的动力。

在往复活塞式发动机里,曲柄连杆机构是将热能转换为机械能的主要机构。在发动机工作过程中,燃料燃烧产生的高温高压气体压力直接作用在活塞顶上,推动活塞做往复直线运动,经活塞销、连杆和曲轴,将活塞的往复直线运动转换为曲轴的旋转运动。发动机产生的动力,通过曲轴两端分别由飞轮和皮带轮输出动力,驱动汽车各系统运行。

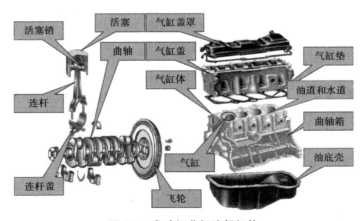

图 2-1　发动机曲柄连杆机构

1. 机体组

机体组主要包括气缸体、曲轴箱、气缸盖、气缸套和气缸垫等不动件。

2. 活塞连杆组

活塞连杆组主要包括活塞、活塞环、活塞销和连杆等运动件。

3. 曲轴飞轮组

曲轴飞轮组主要包括曲轴和飞轮等机件。

曲柄连杆机构的主要零部件如图 2.1 所示。

在发动机做功时,气缸内最高温度可达 2 500 K 以上,最高压力可达 5 ~ 9 MPa,现代汽车发动机最高转速可达 3 000 ~ 6 000 r/min,则活塞每秒要行经约 100 ~ 200 个行程,可见其线速度是很大的。此外,与可燃混合气和燃烧废气接触的机件(如气缸、气缸盖、活塞组等)还将受到化学腐蚀。因此,曲柄连杆机构是在高温、高压、高速和化学腐蚀的条件下工作的。由于曲柄连杆机构是在高压下做变速运动,因此,它在工作中的受力情况很复杂,其中主要有气体作用力、运动件质量的惯性力、旋转运动件的离心力以及相对运动件的接触表面所产生的摩擦力等。各种力都作用在曲柄连杆机构的各有关零件上,使它们承受了拉伸压缩、变曲的扭转等不同形式的载荷。为了保证工作可靠、减少磨损、减轻振动,在结构上应采取相应措施。如为了减小曲轴离心力的影响,在曲轴上增设平衡块;为抵抗连杆的拉伸、压缩及变曲等,将连杆杆身断面制成"工"字形;为了减小惯性力的影响,活塞采用密度小的铝合金材料;为减少机件磨损,可提高加工精度、材料硬度和加强润滑等。

活动二　机体组的构造

📖 **学习目标**

(1)知道机体组组成。

(2)知道机体组功用。

(3)知道机体组工作原理。

📖 **学习内容**

一、气缸体

水冷发动机的气缸体和上曲轴箱常铸成一体,称为气缸体-曲轴箱,也可称为气缸体。气缸体是发动机的装配基体,上半部有若干个为活塞在其中运动导向的圆柱形空腔(气缸),下半部为支承曲轴的曲轴箱,用于安装和保护曲轴,也可用于安装发动机附件。其内腔为曲轴运动的空间。气缸体内部铸有冷却水道和润滑油道,它不仅承受高温高压气体作用力,而且发动机几乎所有的零件都安装在气缸体上,因此要求气缸体具有足够的强度和刚度,所以铸有许多加强肋。气缸是活塞运动和燃烧的主要场所,如果磨损严重,将导致发动机功率下降、油耗增高、起动困难等。现代汽车发动机广泛采用在气缸内镶入气缸套,形成气缸工作表面。气缸套用耐磨性较好的合金铸铁或合金钢制造,以延长其使用寿命,同时便于修理和更换。根据结构形式的不同,气缸体可分为三种:一般式气缸体、龙门式气缸体和隧道式气缸体(图2-2)。

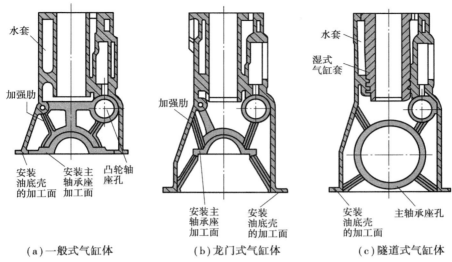

（a）一般式气缸体　　　（b）龙门式气缸体　　　（c）隧道式气缸体

图2-2　气缸体结构示意图

发动机的主轴承孔中心线位于曲轴箱分开面上的为一般式气缸体[图2-2(a)],其特点是便于机械加工,但刚度较差,且前后端与油底壳接合处的密封性较差,多用于中小型发动机,如夏利、富康等轿车发动机。主轴承孔中心线高于气缸体下表面的则为龙门式气缸体[图2-2(b)],其特点是结构刚度较好,密封简单可靠,维修方便,但工艺性较差,上海桑塔纳、一汽奥迪100、捷达等轿车发动机即为此型。隧道式气缸体的主轴承座孔不分开[图2-2(c)],其特点是结构刚度大,主轴承的同轴度易保证,但拆装不便,多用于主轴承采用滚动轴承的负荷较大的柴油机,如黄河JN1181C13型汽车装用的6135Q型发动机。

气缸体内引导活塞做往复运动的圆柱形空腔称为气缸。其工作表面除承受燃气的高温高压外,活塞还在其中做高速往复运动,故必须耐高温、耐高压、耐磨损和耐化学腐蚀。这通常从气缸的材料、加工精度和结构形式等方面予以保证。

为保证发动机能在高温下正常工作,应对气缸体和气缸盖进行冷却。按冷却介质的不同,冷却方式可分为水冷与风冷两种。汽车发动机多采用水冷的方式,利用水套中的冷却液流过高温零件的周围而带走多余的热量(图2-3)。风冷发动机一般将气缸体与曲轴箱分开铸造,为增强散热效果,在气缸体与气缸盖的外表面铸有散热片。

为提高耐磨性,有些气缸采用表面处理,如表面淬火、镀铬等;有的则采用优质材料,但成本高,目前广泛应用的是在气缸体内镶入气缸套的结构。铝合金气缸体,因其耐磨性不好通常镶以气缸套,当然也有不镶套的,如奔驰、宝马的部分机型。气缸套常由片状石墨铸铁并加微量铬、钼和镍,用离心铸造法制成。它具有使用寿命长、耐磨性好、检修方便及费用低等优点。根据是否与冷却水相接触,气缸套分为干式和湿式两种(图2-4)。

外表面不直接与冷却水接触的气缸套称为干式气缸套[图2-4(c)]。为保证散热效果和缸套的定位,缸套的外表面与气缸体的缸套孔内表面必须精加工,且一般采用过盈配合,壁厚仅为1～3 mm的干式气缸套是被压装到气缸孔中的。

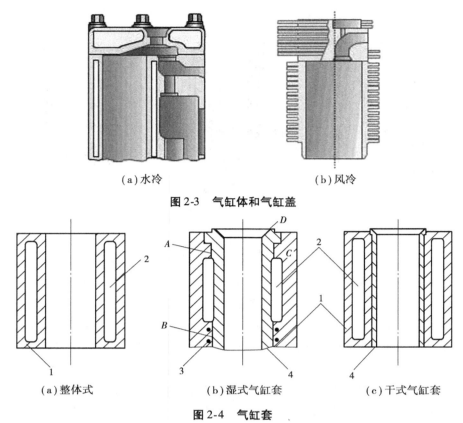

（a）水冷　　　　　　　　　　　（b）风冷

图 2-3　气缸体和气缸盖

（a）整体式　　　　　　（b）湿式气缸套　　　　　　（c）干式气缸套

图 2-4　气缸套

1—气缸体；2—冷却水套；3—阻水圈；4—气缸套

外表面直接与冷却水接触的气缸套称为湿式气缸套［图 2-4（b）］。其壁厚达 5～9 mm，以微小的装配间隙放入气缸中。通常以上部凸缘的下平面 C 为轴向定位、以外圆柱表面 B 和 A 为径向定位。为防止漏水，缸套下部 A 处设 1～2 个耐油耐热橡胶密封圈，大多数湿式气缸套装入后，其顶面一般高出气缸体 0.05～0.15 mm。这样在紧固气缸盖螺栓时，可将气缸垫压得更严实，以保证气缸的密封性，防止漏水、漏气。相对而言，湿式气缸套具有散热性好、缸体铸造方便、易拆卸等优点，被广泛采用。

汽车发动机气缸的排列方式基本上有三种形式：直列式、V 形式和对置式（图 2-5）。其中常用的有两种：直列式，多用于六缸以下的发动机；V 形式多用于六缸以上的发动机。

二、气缸盖与气缸垫

1）气缸盖

气缸盖（图 2-6）的主要作用是封闭气缸上部，并与活塞顶部和气缸壁一起形成燃烧室。气缸盖内部有冷却水套，其底面上的冷却水孔与气缸体上面的冷却水孔相通，以便利用循环水来冷却燃烧室等高温部分。

为方便制造和维修、减小变形对密封的影响，功率较大的柴油机多采用分开式气缸盖，即一缸、二缸或三缸一盖。而汽油机因缸径较小、缸盖负荷较轻，多采用整体式气缸盖。

(a)直列式　　　　　　　(b)V形式　　　　　　　(c)对置式

图 2-5　气缸排列方式示意图

图 2-6　气缸盖

由于气缸盖接触温度很高的燃气,所以承受的热负荷很大。气缸盖的材料常为灰铸铁或合金铸铁。目前铝合金缸盖的应用越来越普遍,如天津夏利、二汽富康、上海桑塔纳等轿车发动机均采用铝合金气缸盖,以适应高速高负荷的、强化汽油机散热及提高压缩比的需要。图 2-7 为上海桑塔纳轿车发动机的气缸盖分解图。气缸盖的下平面用于密封气缸和构成燃烧室,气缸盖的上部空间用于安装凸轮轴。为防止凸轮溅起机油,在凸轮轴上面设有机油反射罩。整个气缸盖上面装有气缸盖罩。

图 2-7　上海桑塔纳轿车发动机气缸盖

汽油机的燃烧室由活塞顶部及气缸盖上相应的凹部空间组成。常用的汽油机燃烧室如图 2-8 所示。

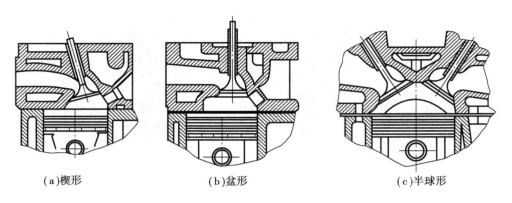

(a)楔形　　　　　　　(b)盆形　　　　　　　(c)半球形

图 2-8　发动机燃烧室形状

（1）楔形燃烧室［图 2-8（a）］。楔形燃烧室的结构较简单、紧凑，气门斜置，气流导流较好，充气效率高；有挤气－冷激面，可形成挤气涡流；燃烧速度较快，CO 和 HC 排放较低而 NO 的排放稍高。

（2）盆形燃烧室［图 2-8（b）］。盆形燃烧室的结构也较紧凑，制造工艺性好，便于维修。气门平行于气缸轴线；有挤气－冷激面，可形成挤气涡流；盆的形状狭窄，气门尺寸受限，换气质量较差，燃烧速度较低，CO 和 HC 排放较高而 NO 的排放较低。红旗 CA7560 型轿车发动机、解放 CAl091 型载货汽车发动机均采用这种结构的燃烧室。

（3）半球形燃烧室［图 2-8（c）］。这种燃烧室结构最为紧凑、散热面积小，有利于促进燃料的完全燃烧及排气净化，但配气机构较复杂。气门成横向 V 形排列，气门头部直径可以做得较大，换气好；火花塞位于燃烧室的中部，火焰行程短，燃烧速度最高，动力性、经济性最好，是高速发动机常用的燃烧室；CO 和 HC 排放最少，而 NO 的排放较高。许多国外轿车发动机都采用这种形式的燃烧室。二汽富康轿车发动机的燃烧室即为半球形，其大部分（27 mL）在气缸盖上，小部分（6 mL）在活塞顶上。

上海桑塔纳轿车发动机燃烧室由气缸盖和活塞顶两部分组成，其形状为扁球形（图 2-9）。活塞顶呈凹坑，从而增大了燃烧室的挤气面积，加强了挤气紊流，使可燃混合气燃烧更加充分，且凹坑的深度可用以调节压缩比。

2）气缸垫

气缸体和气缸盖之间设有气缸垫，如图 2-10 所示。它可保证气缸体与气缸盖间的密封，防止漏水、漏气、漏油。为此，要求气缸垫在高温、高压燃气作用下具有足够的强度，不宜损坏；耐热和耐腐蚀，即在高温、高压燃气下或有压力的机油和冷却液的作用下不烧损、不变质；具有一定弹性，能补偿接合面的表面粗糙度、不平度以及发动机工作时反复出现的变形，以保证密封；拆装方便，能重复使用，寿命长。

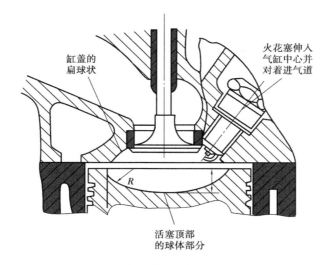

图 2-9　上海桑塔纳轿车发动机燃烧室

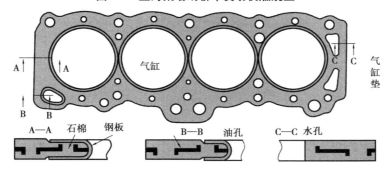

图 2-10　气缸垫结构图

气缸垫大致可分为软钢板包裹压缩材料的复合型和单体软钢板的金属型。

（1）复合型气缸垫。

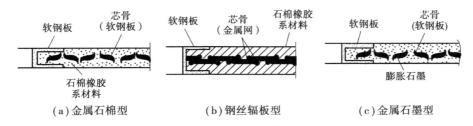

（a）金属石棉型　　　（b）钢丝辐板型　　　（c）金属石墨型

图 2-11　复合型气缸垫

①金属石棉型气缸垫［图 2.11（a）］，也称作夹钢—石棉垫，在复合型气缸垫中用得最多。它是用石棉橡胶系材料作弹性材料，中间夹有软钢芯骨，且外覆铜皮或钢皮。由于石棉是致癌性物质，现在都改为用膨胀石墨、纤维系作为压缩材料。这种材料压紧厚度为 1.2 ~ 2.0 mm，有很好的弹性和耐热性，并能重复使用。

②钢丝辐板型气缸垫［图 2-11（b）］，其压缩材料是用石棉橡胶系，芯骨用金属网。其接触面小，压缩性好。

③金属石墨型气缸垫(图2-11c),其基本结构与金属石棉型气缸垫一样,只是压缩材料系采用膨胀石墨,其耐热性和密封性较好。

(2)金属型气缸垫。

金属型气缸垫(图2-12)是利用金属的弹性进行密封的,故受压后复原性以及耐热性良好。这种气缸垫是采用单块光整冷轧低碳钢板冲制而成,在需要密封的气缸孔、水孔及油孔周围冲压出一定高度的凸纹,利用凸纹受压后的弹性变形来实现密封。

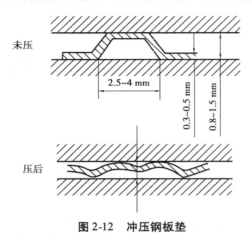

图2-12　冲压钢板垫

三、油底壳

油底壳的作用是储存机油并封闭曲轴箱,一般为薄钢板冲压而成(图2-13),也有的发动机为达到良好的散热效果而采用带有散热片、由铝合金铸造而成的轻金属油底壳。

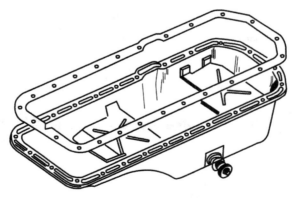

图2-13　油底壳

为保证发动机纵向倾斜时机油泵仍能吸到机油,油底壳底部某些部分做得较深。有时在油底壳中还设有挡油板,以减轻油面波动。油底壳底部装有磁性的放油螺栓,以吸附润滑油中的铁屑,减少发动机的磨损。

四、发动机的支承

发动机一般采用三点支承和四点支承两种方式,通过气缸体和飞轮壳或变速器壳体上的支承装在车架上。三点支承可布置成一前二后或二前一后;四点支承则前后各有两个支承点(图2-14)。

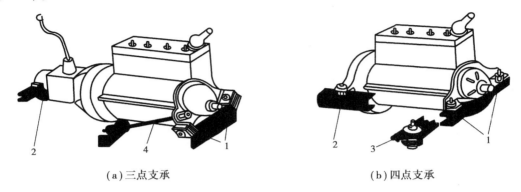

（a）三点支承　　　　　　　　　　（b）四点支承

图 2-14　发动机的支承

1—前支承;2—后支承;3—橡胶热圈;4—拉杆

　　为消除或减小发动机传给底盘的振动及汽车在行驶过程中车架的扭转变形对发动机的影响,发动机在车架上采用弹性支承。有时为防止汽车制动或加速时由于弹性元件的变形而产生发动机的纵向位移,还设有纵向拉杆,通过橡胶垫块与车架纵梁和发动机相连。

实训项目二　机体组的检修

实训目的及要求

（1）知道机体组常见故障。

（2）能检测机体组数据并判断是否正确。

（3）能根据检测数据判断检修机体组常见故障。

实训设备及工量具

（1）设备:完整的汽车发动机。

（2）工量具:常用工具,常用量具,气缸轴线与主轴承孔公共轴线垂直度检测仪,量缸表,气缸套拆装工具。

实训内容

一、气缸体裂纹检修

　　气缸体产生的裂纹有曲轴箱的共振裂纹;水套的冰冻裂纹;气缸套承孔因形心偏移,加上修理尺寸级数过多和镶装气缸套过盈太大,压装工艺不当造成的裂纹。因此,检验气缸体的裂纹,通常采用水压试验方法进行。检验时,用专用的盖板将水道口密封,把水压机水管接在气缸体的进水口,然后将水压入水套,要求在 294～392 kPa 的压力下保持 5 min,不应有渗透现象（图2-15）。如果没有水压试验设备,也可以将汽油或煤油注入气缸体和气缸盖水套内,经半小时以后,检视有无渗透现象。

对曲轴箱等应力大的部位的裂纹采取加热减应焊进行修理,对水套及其他应力小的部位的裂纹可以用胶粘修理。

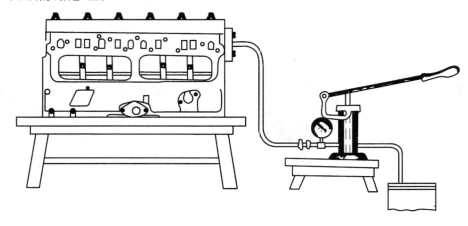

图 2-15　缸体裂纹检查——水压试验

二、气缸体变形的检修

气缸体在使用过程中的变形是不可避免的。相当多的气缸体在一个大修间隔里程后,部分主要要素的形位误差逾限,称为"气缸体变形"。气缸体变形会造成异常磨损,如气缸轴线垂直度误差达 0.1 mm,气缸磨损可能增大 40% 左右,并严重影响气缸的密封性,增大机油消耗量。

气缸体变形后在修理中又未进行整形修理,是影响大修发动机耐久性的一项重大因素。

JT/T 104—1991《汽车发动机气缸体与气缸盖修理技术条件》中规定的气缸体主要要素的形位公差见表 2-1。

表 2-1　气缸体主要要素的形位公差　　　　单位:mm

项目				公差
曲轴轴承孔的圆度				0.025
曲轴轴承孔轴线对于两端轴承公共轴线的同轴度				$\phi 0.15$
各凸轮轴轴承孔轴线的同轴度				$\phi 0.15$
气缸轴线对于曲轴轴承孔公共轴线的垂直度				0.05
后端面对于曲轴轴承孔公共轴线的圆跳动				0.20
与气缸盖接合平面的平面度	任意	50×50		0.05
	全长	≤600		0.15
		>600	铸铁	0.25
			铝合金	0.35

1. 气缸体上平面平面度的检测

汽车维修企业对气缸体和气缸盖平面的检验,多采用厚薄规和刀形样板尺法。该法检验误差虽然较大,测量结果是近似值,但由于设备简单、方法简便,使用较为普遍。如图2-16所示,利用等于或略大于被测平面全长的刀形样板尺,沿 AA、A_1A_1、BB、B_1B_1、CC、C_1C_1 方向用厚薄规在每间隔50 mm处测出平面与样板尺的间隙,所有方向间隙的最大值为平面全长上的平面度,各方向上相邻两点间隙差的最大为平面50 mm×50 mm范围内的平面度误差,特别是两气缸之间的过梁平面的平面度误差符合要求,能有效地防止冲击气缸垫。

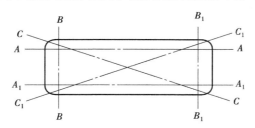

图2-16 气缸盖平面的检测

缸体上平面与缸盖下平面的平面度公差见表2-2。

表2-2 JT/T 104—1991 缸体上平面与缸盖下平面的平面度公差 单位:mm

测量范围	缸体长度	铸铁			铝合金		
		缸体上平面	缸盖下平面		缸体上平面	缸盖下平面	
			侧置式	顶置式		侧置式	顶置式
任意50×50		0.05	0.05	0.035	0.05	0.05	0.05
整个平面	≤600	0.15	0.25	1.100	0.15	0.35	0.15
	≥600	0.25	0.35		0.35	0.50	

2. 气缸轴线与主轴承孔公共轴线垂直度的检测

如图2-17所示,气缸轴线与主轴承孔公共轴线垂直度检验仪由基准定位部分、测量部分和测量仪表组成。基准部分包括基准芯轴、基准套和本体。本体上部的两端制有上导块和侧导块,其平面与芯轴贴合并可沿芯轴滑动。缸径定位部分的作用是为检验仪的下端提供一个气缸直径的固定位置,防止其横向摆动,保证测量板在垂直重复测量部位不变。它主要包括滑柱和弹簧顶销等。滑柱一端凸缘的棱圆与其杆部轴线垂直且同轴,当滑柱在气缸内靠顶销压紧在气缸壁上时,就可保证其轴线通过气缸轴线。测量部分包括一对对称的测量板、传动板、挺杆和四个间隙垫等。两个测量板对称地装在本体和盖板之间,其间隙由垫环的厚度来保证。测量时可以绕销转动,其上有三个触头,两个外触头在测量时与气缸的前后壁接触,另一个内触头与传动板的底端面接触。这样,当气缸的前后壁相对于基准芯轴垂直方向倾斜某一角度时,通过测量板便将这一变化由内触头传给传动板,再经挺杆传递给百分表。

检验时,被测气缸体倒置于平台上,芯轴置入主轴承孔内。将检验仪的缸径定位装置压缩后装入被测气缸内,使本体上的导块平面与芯轴靠合并沿芯轴滑动检验仪。当测量板两外触点分别与气缸前、后壁接触时,分别记下百分表的读数。百分表两次读数差值的一半,即气缸轴线在 r(内触点到销轴线的距离)长度上对主轴承孔的垂直度误差,因本测量仪 r 为

25 mm,故将两次百分表的读数差乘以 $L/2 \times 25$ 即为气缸全长 L 上的垂直度误差。

维修标准规定:气缸轴线对主轴承孔公共轴线的垂直度公差为 100:0.03 mm,全长上为 0.05 mm。

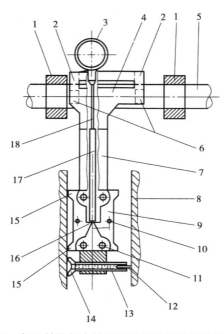

图 2-17 气缸轴线与主轴承孔公共轴线垂直度检测仪
1—基准套;2—上导块;3—百分表;4—本体;5—基准芯轴;6—侧导块;7— 盖板;8—缸体;
9—测量板;10—销;11—间隙垫环;12—顶销;13—滑柱;14—滑柱凸缘;15—测量板外触头;
16—测量板内触头;17—传动板;18—挺杆

3. 气缸主轴承孔同轴度的检测

如图 2-18 所示,气缸体各主轴承孔同轴度的检验仪,由定位机械、传递机构和测量机构等组成。定芯轴支撑在两端主轴承座的定芯轴套内,其上安装有本体及等臂杠杆和百分表。测量时转动定芯轴,等臂杠杆的球形触头沿被测轴承孔转动,其径向移动量经杠杆传给百分表,即为主轴承孔轴线的同轴度误差。

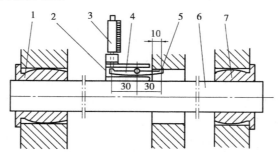

图 2-18 气缸体主轴承孔同轴度检测
1、7—定芯轴套;2—本体;3—百分表;4—等臂杠杆;5—球形触头;6—定芯轴

汽车修理技术标准规定:气缸体主轴承孔的同轴度和凸轮轴轴承孔的同轴度公差应符合原设计规定;凡能用减磨合金补偿同轴度的,主轴承承孔和凸轮轴轴承孔的同轴度公差均为0.15 mm,相邻两座孔的同轴度公差为 0.10 mm。

4. 气缸体变形必须进行"整形修理"

所谓缸体的整形修理,是指通过"定位镗缸""导向镗削曲轴主轴承孔""修整上平面与后端面"等项目,以恢复气缸体主要要素的形位精度为目的的综合性修理工艺。

曲轴主轴承孔的导向镗削是在由于拉缸和烧轴类重大事故引起缸体严重变形或者轴承孔严重磨损的情况下,在曲轴轴承镗床上或在车床上,利用导向镗芯轴,以两端曲轴轴承孔为基准镗削轴承孔,校正轴承孔和轴承的同轴度与轴承孔的圆度,然后再用刷镀技术恢复轴承孔直径的修理工艺。

上平面的平面度可通过铲削或磨削加工修理。

三、气缸体磨损的检测

1. 磨损规律与原因

在正常磨损下,气缸的磨损特点是不均匀磨损:在气缸轴线方向上呈上大下小的不规则倒锥形磨损,最大磨损部位在第一道活塞环对应的上止点稍下的部位;在断面上的磨损呈不规则的椭圆形,磨损最大部位往往随气缸结构、使用条件的不同而异,一般是前后或左右方向磨损最大;如两端的气缸因其冷却能力较强,进气阻力也大些,磨损量往往比中部气缸的磨损量大。一般磨损量不大于 0.01/10 000 km。磨损特点如图 2-19、图 2-20 所示。

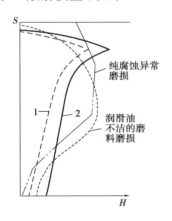

图 2-19　气缸轴线方向的磨损
1—纵向;2—横向

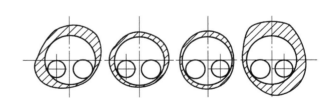

图 2-20　气缸断面上的磨损

气缸的最大磨损位置之所以处在第一道活塞环对应的上止点稍下的部位,是由于:第一,活塞环换向,运动速度几乎为零,环的布油能力最差,润滑能力弱;第二,因爆发燃烧的压力、温度最高,可燃混合气燃烧产生的酸性氧化物生成的矿物酸最多,附着在气缸壁上,不能被油膜完全覆盖,故这个部位腐蚀磨损严重;第三,进气气流对缸壁局部的冷却以及未雾化的燃油颗粒对局部缸壁上润滑油膜的破坏,强化了局部缸壁的"冷激"效应;第四,进气中的灰尘在此处缸壁上有较多的附着量,不但能加剧此处的腐蚀磨损,也加剧了此处的磨料磨损;第五,活塞在此处所承受的侧向力大,活塞环的背压最大,容易破坏缸壁上的润滑油膜,加剧此部位的黏着磨损。所以,第一活塞环上止点稍下,与进气道方向对应的缸壁上磨损量最大。

曲轴轴向间隙过大、活塞偏缸、缸体变形等故障就会改变气缸的磨损规律,使最大磨损转移到气缸纵向,出现在气缸中部或下部。

2. 气缸圆度、圆柱度的检测

发动机的气缸承孔或气缸的磨损,需利用内径量缸表(图2-21)或内径千分尺测量其圆度和圆柱度误差。

测量前,首先要确定磨损前的气缸直径。如图2-22所示,测量时在S_1—S_1、S_2—S_2、S_3—S_3三个截面上,分别测出其最大与最小直径,两直径差值的一半即为该截面的圆度误差,该气缸的圆度误差以三个截面中的最大值表示。气缸的圆柱度,由于气缸的S_1—S_1截面的磨损最大,通常可取S_1—S_1截面的直径最大值与S_3—S_3截面的直径最小差值的一半表示。实践证明,在通常情况下,这样测量的结果完全可以满足维修的要求。

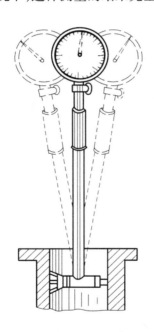

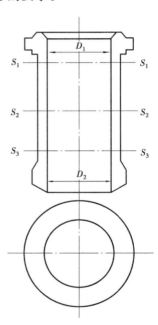

图 2-21　量缸表测量法　　　　图 2-22　气缸磨损的测量部位

3. 气缸的检测分类技术条件

气缸的圆度误差达到0.050~0.063 mm;圆柱度误差达到0.175~0.250 mm;最大磨损量有修理尺寸的气缸达到0.2 mm;无修理尺寸的气缸(薄型缸套)达到0.4 mm;其中一项达到限值时必须修理或更换气缸(套)。

气缸的圆度误差和圆柱度误差均小于限值,而磨损量小于0.15 mm时,可更换活塞及活塞环。

四、气缸套的镶换

气缸套磨损超过最大修理尺寸或薄壁气缸套磨损逾限,气缸套出现裂纹,以及气缸套与承孔配合松旷,产生漏水等故障,都必须更换气缸套。更换气缸套应先检修承孔,然后镶装新气缸套。

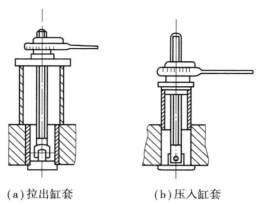

(a)拉出缸套   (b)压入缸套

图2-23 气缸套拆装

1. 气缸套的拆卸

用气缸套拆装工具拉出旧气缸套,如图2-23(a)所示。

2. 气缸套承孔的检修

气缸套承孔应符合表2-3规定的质量要求,否则用修理尺寸法修镗各承孔为同一级修理尺寸。镗削:工艺与镗缸工艺相同,修理尺寸为2~4级,相邻两级:直径差为 +0.5 mm。气缸套承孔出现裂纹则更换气缸体。

表2-3 气缸套承孔规定的质量要求

项目	技术条件	项目	技术条件
圆度公差/mm	0.01	孔残留穴蚀面积/mm^2	≤10
表面粗糙度/μm	干式 R_a≤1.6	承孔与缸套配合/mm	干式 -0.1 ~ -0.05
	湿式 R_a≤0.8		湿式 +0.05 ~ +0.15

3. 新气缸套的检修

干式缸套配合过盈量大,镶装时容易胀裂承孔,通常车削气缸套外圆柱面修整配合过盈量。在车削时,气缸套应安装在内张式芯轴上,以防在车削过程中变形。

用图2-23(b)所示工具将新缸套压入承孔。干式缸套镶装后,上端面应与缸体上平面等高,不得低于缸体上平面。湿式缸套安装后一般应高出缸体平面 0.05 ~ 0.15 mm。因此,安装前应检查或修整气缸套上端面凸缘的高度,若规定安装金属密封圈,计算凸缘高度时还应考虑密封垫的厚度,凸缘和密封垫应平整无皱折、无毛刺。

湿式气缸套阻水圈装入阻水槽之后,阻水圈应高出缸套外圆柱面 0.5 ~ 1 mm,阻水圈侧面应有 0.5 mm 余隙,如图2-24所示。

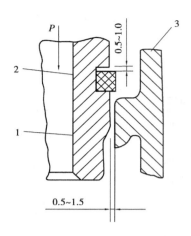

图 2-24 阻水圈在槽内的位置
1—气缸套；2—阻水圈；3—承孔

4. 镶装气缸套

用相关工具或压力机将缸套缓慢平稳地压入承孔，干式缸套压力不大于 59 kN；在压入承孔 20 ~ 30 mm 的过程中，应放松压力两次，以便缸套在弹簧变形作用下自动校正轴线的同轴度，同时用直角尺检查缸套有无歪斜。在压入过程中，若压装力急剧增大应立即停止压装，排除故障后再继续压装。压装时按隔缸镶装的顺序进行。

湿式缸套在装配前除了清洁承孔、清洁承孔上下端面的水垢外，应在承孔上涂擦石墨粉，阻水圈及缸套上部止扣均应涂密封胶，然后将阻水圈与缸套一同压入承孔。

缸套镶装完毕后，对缸体进行水压试验。

五、气缸盖检修

气缸盖的主要耗损形式是裂纹与变形。裂纹多发生在进气门座与排气门座之间的过梁处，气门座配合过盈量过大与镶装工艺不当往往引起此处断裂，断裂后更换气缸盖。气缸盖变形是指其与气缸体的接合平面的平面度误差逾限，会影响气缸的密封性，应对此平面进行铲削或磨削修理，气缸盖长度小于 300 mm，平面度公差为 0.05 mm；长度大于 300 mm，平面度公差为 0.10 mm。另外，气缸盖修复后，燃烧室容积不小于原厂规定的 95%，各燃烧室间容积差不得大于 4 mL。

六、飞轮壳的检修

分体式飞轮壳的主要耗损一是变形，二是共振裂纹，由于维修中往往忽视曲轴飞轮组件和离合器的平衡性能，降低了共振临界转速，使飞轮壳容易较长时间地处在共振条件下工作，不但会引起飞轮壳的变形，而且往往在飞轮壳脊部造成共振断裂。

分体式飞轮壳变形破坏了变速器一轴与曲轴的同轴度，会加剧相关总成的振动和磨损，引起变速器连接松动、早期自动脱挡等故障。飞轮壳的技术条件如图 2-25 所示。修理时，先把飞轮壳组装在缸体上，再以曲轴承（或承孔）的公共轴线为基准，对飞轮壳后部安装变速器的承孔扩孔后镶套或刷镀,恢复原尺寸,同时铲削或修磨后端面。

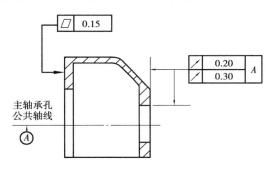

图 2-25　EQ1090 型汽车飞轮壳的形位公差

七、气缸盖的安装

（1）安装气门、凸轮轴和油封等。

（2）安放气缸盖衬垫时,应检查其技术状况,注意安装方向,标有"OPENr0P"的字样应朝向气缸盖。

（3）将定位螺栓旋入第 8 号和第 10 号孔。

（4）放好气缸盖,用手拧入其余 8 个螺栓,再旋出两个定位螺栓,最后再旋入 8 号和 10 号螺栓。

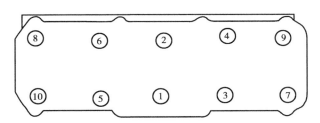

图 2-26　气缸盖螺栓旋紧顺序

（5）按图 2-26 顺序由中间向两边交叉对称分 4 次拧紧,拧紧力矩见表 2-4。注意拆卸时应按相反的顺序进行。

（6）安装缸盖时,曲轴不可置于上止点（否则可能会损伤气门或活塞顶部）,应在曲轴任何一个连杆轴颈处于上止点后,再倒转 1/4 转。

（7）安装气门罩盖,其紧固力矩为 10 N·m。

表 2-4　部分车型气缸盖螺栓拧紧力矩

车型	拧紧力矩/(N·m)		车型	拧紧力矩/(N·m)	
上海桑塔纳	第一次	40	一汽奥迪	第一次	40
	第二次	60		第二次	60
	第三次	75		第三次	转 180°
	第四次	转 90°	JN1150		166

续表

车型	拧紧力矩/（N·m）		车型	拧紧力矩/（N·m）
一汽捷达	第一次	40	重庆长安	55～66
	第二次	60	日产 CA20	74～83
	第三次	转180°	日野 EH700	176～186
富康	第一次	20	五十铃 4JA1	80～90
	第二次	转240°	丰田 5R	101～115
			丰田 3K 系	53～65
			CA1091	98～117
			EQ1090E	166～196

实训工单

实训项目		专业班级	
姓名		学号	
实训小组		日期	

一、实训要求

二、实训内容

三、实训步骤

四、评价(优、良、差)

	自我评价	学生互评	老师评价	总　评
实训情况				
实训态度				
卫生打扫				

活动三　活塞连杆组的构造

📖 **学习目标**

(1)知道活塞连杆组的构造。

(2)会进行活塞连杆组的组装。

📖 **学习内容**

活塞连杆组(图2-27)由活塞、活塞环、活塞销、连杆等部件组成。

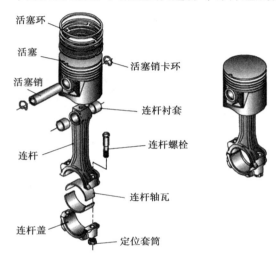

图2-27　活塞连杆组

一、活塞

活塞的作用是承受燃气膨胀的推力,并通过活塞销和连杆将力传递给曲轴,变成曲轴转矩;活塞顶部还是燃烧室的一部分。活塞的工作条件极其恶劣,发动机做功行程开始时,燃气作用在活塞上的压力很大,汽油机为3~5 MPa;柴油机为6~9 MPa。燃气的最高温度可为2 000~2 500 ℃。活塞在气缸内的平均运动速度为8~12 m/s,所产生的往复运动惯性力也相当大。因此,活塞的材料和结构形状必须保证活塞强度高、质量轻、导热性好和膨胀变形小。目前,汽车发动机广泛采用的活塞材料是铝合金,在个别汽车上采用高级铸铁和耐热钢。

活塞的基本结构由活塞顶部、头部和裙部三大部分组成(图2-28)。

活塞顶部形状与燃烧室结构密切相关,不同的燃烧室具有不同的活塞顶形状(图2-29)。汽油机一般采用平顶以配合楔形、浴盆形等燃烧室。它吸热面小,加工简单。

近些年来,随着压缩比提高,多气门燃烧室不断增多,为了便于布置,避免气门与活塞相碰,活塞顶面设有月牙形的避阀坑(图2-30)。凹顶活塞配合形成扁球形燃烧室,这种配合使燃烧室紧凑,散热面较小,热损失少。其缺点是涡流小,且加工困难。凸顶活塞多用在二冲程汽油机上以及半球型燃烧室,从而形成较大的挤气面积,缺点是加工困难。

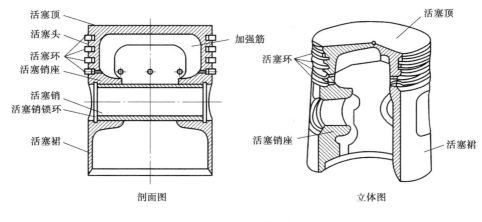

图2-28　活塞结构剖视图

（a）平顶活塞　　　　　（b）凸顶活塞　　　　　（c）凹顶活塞

图2-29　活塞顶部形状

图2-30　活塞顶部的避阀坑

活塞头部是活塞环槽以上的部分。其主要作用是：

①承受气体压力，并传给连杆。

②与活塞环一起实现气缸的密封。

③将活塞顶所吸收的热量通过活塞环传导到气缸壁上。

活塞头部切有若干道用以安装活塞环的环槽。汽油机一般有2~3道环槽，上面1~2道用以安装气环，下面一道用以安装油环。在油环槽底面上钻有许多径向小孔，使被油环从气缸壁上刮下来的多余机油得以经过这些小孔流回油底壳。

活塞裙部是指自油环槽下端面起至活塞底面的部分，其作用是为活塞在气缸内做往复运动导向和承受侧压力。

裙部结构大致可分为两类：①整体式刚性裙部；②切槽式弹性裙部。

整体式刚性裙部结构是裙部为一整体（图2-31）。其优点是结构和加工简单，裙部刚度

43

大,一般用在高负荷柴油机和赛车发动机上。为了在受热后不致卡死或拉缸,裙部和气缸的配合间隙必然要留大一些,因此,这种结构噪声大,起动性也较差。单一金属的刚性裙部活塞在轿车发动机中已不采用。

在刚性裙部活塞中,活塞销座处由于金属堆积,故受热后膨胀量最大。为了减小此处的膨胀量,现代轿车用汽油机和柴油机的活塞在活塞销座中镶铸一种热膨胀系数低(约为铝合金的1/10)的"恒范钢片"[图2-32(a)],以抑制裙部的热膨胀,减小配缸间隙,降低噪声。

图2-32(b)所示的结构称作自动调节活塞。它是将钢片贴在铝层的内部,它不仅靠铸入钢片的抑制作用减小活塞的膨胀,而且还利用钢片与铝壳之间双金属作用减小推力面上的胀大尺寸。这种活塞控制膨胀的作用随着温度提高而增大,故称作热膨胀自动调节活塞。它不一定要用昂贵的恒范钢片,用普通的碳钢片也行,因此成本低,近年来广泛用在各种发动机中。

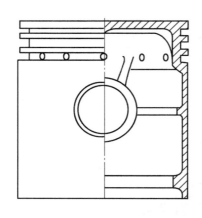

图2-31　刚性裙部活塞

图2-32　裙部镶钢片的活塞

切槽式弹性裙部是在裙部开有 n 形槽或 T 形槽(图2-33)。其中,横向槽的作用是减少活塞头部向裙部的传热,从而减少裙部的热膨胀量。横向切槽大多开在油环槽中并兼作泄油通道,也有横向切槽开在裙部上的。纵向槽的作用是使裙部具有弹性,这种裙部结构可以采用很小的裙部与气缸的装配间隙,以保证工作平稳。即使活塞裙部受热膨胀至装配间隙被消除,由于纵向槽的补偿作用,一般也不会发生拉缸等事故,只是略微增大摩擦阻力而已。切槽式弹性活塞的缺点是大大削弱了裙部的强度和刚度,在大负荷发动机中容易使裙部出现永久变形,故仅在普通汽油机上使用,现代轿车发动机上已不大使用了。作为隔热用的横向切槽(开在油环槽中),仍在各种发动机活塞上使用。

（a）n形槽　　　　　　　　　　（b）T形槽

图2-33　切槽式弹性裙部活塞

为了减轻活塞质量并避免活塞运动至下止点时裙部与曲轴外的平衡块相碰,现代轿车用发动机的活塞裙部常做成如图2-34所示的样子,这种活塞称为拖板式活塞。它是把活塞裙部负荷能力不太大的部分完全去掉,保留了必要的承载部分,从而使活塞质量比一般活塞轻10%～20%。同时,这种结构使裙部具有很大的弹性,即使裙部与气缸配合间隙极小,也不会卡死,因此工作平稳。另外,还能改善发动机冷起动时气缸的润滑。

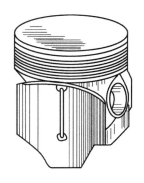

图2-34　拖板式活塞

二、活塞环

活塞环的功用是:①保证活塞与气缸间的密封,保证所需的压缩压力,并防止高温、高压燃气大量漏入曲轴箱;②将活塞顶部吸收的大部分热量通过环传给缸壁再传至冷却水;③将飞溅到气缸壁上的机油形成最佳的油膜以保证良好的润滑,并把多余的机油从气缸壁上刮下,以防机油窜入燃烧室被烧掉。

活塞环根据功用分为气环和油环两大类。

气环用来密封气体,阻止气缸中高温、高压燃气漏入曲轴箱,并将活塞顶部的大部分热量传给气缸壁。油环是用来布油和刮油的,当活塞上行时,油环将飞溅在气缸壁上的油滴均匀分布于气缸壁上;当活塞下行时,油环将气缸壁上多余的机油刮下,流回油底壳。气环按其断面形状的不同可分成矩形环、锥形环、正扭曲内切环、反扭曲锥面环、梯形环与桶形环等(图2-35)。矩形环加工方便,但磨合性较差,而在工作过程中会出现"泵油"现象,即:随着活塞上、下运动,将气缸壁上的机油不断送入燃烧室(图2-36),造成燃烧室积炭,并增大机油的消耗量。扭曲环密封性与磨合性都较好,加工比较复杂。梯形环由于它与环槽的配合间隙随活塞的运动不断在变化而有自动清除积碳的作用(图2-37),一般用于强化柴油机的第一道气环。桶形环的综合性能最好,是最有发展前途的气环。

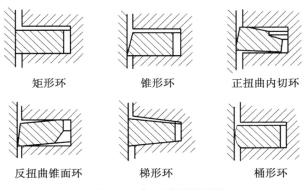

矩形环　　　锥形环　　　正扭曲内切环

反扭曲锥面环　　梯形环　　　桶形环

图2-35　气环的断面形状

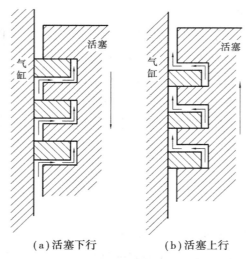

（a）活塞下行　　（b）活塞上行

图 2-36　矩形环的"泵油"现象

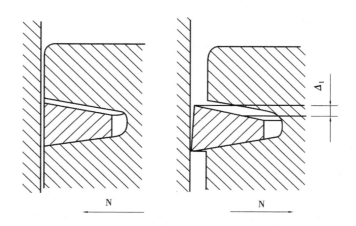

图 2-37　梯形环的间隙变化

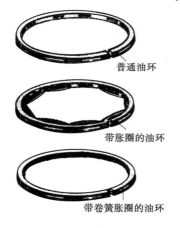

普通油环

带胀圈的油环

带卷簧胀圈的油环

图 2-38　油环

油环的结构如图 2-38 所示。由于油环都装在最下面的环槽上，为了增加弹力，有的油环内圈装有胀圈或卷簧。为使刮下的机油能流回油底壳，油环上都制有回油槽或回油孔，与活塞环槽上的回油孔相通。还有一种油环是钢片组合环，它由两个刮片和一个衬簧组成（图 2-39）。它的刮油性好，而且由于两个刮片分别动作，对气缸的适应性好。

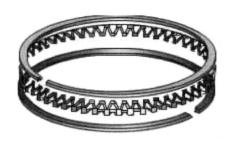

图 2-39　钢片组合油环

二冲程发动机的活塞环为防止活塞环的切口卡入气缸上的气孔,往往在切口处装有定位销,防止活塞环沿周向运动。每个活塞上安装活塞环的个数与密封要求及使用条件有关,当燃气压力较高或发动机转速较低时,环数应适当多些;反之,则可以少些。目前汽油机多采用 1~2 道气环,1 道油环;柴油机多采用 2~3 道气环,1 道油环。

活塞销的功用是连接活塞和连杆小头,并将活塞承受的力传递给连杆小头。活塞销的结构很简单,多是空心的圆柱体。

活塞销与活塞销座孔和连杆小头衬套孔的连接配合,一般多采用"全浮式",如图 2-40(a)所示,即在发动机运转过程中,活塞销不仅可以在连杆小头衬套孔内,还可以在销座孔内缓慢地转动,以使活塞销各部分的磨损比较均匀,桑塔纳、捷达发动机活塞销即为全浮式。另一种为半浮式,有两种情况:一种是活塞销压配在活塞座孔内而只在连杆小头孔中自由转动,这时连杆小头必须有衬套;另一种是活塞销在活塞座孔内间隙配合而压配在连杆小头孔内,或活塞销中部与连杆小头采用紧固螺栓连接,活塞在两端销座内自由摆动,而和连杆小头没有相对运动,如图 2-40(b)所示。这种结构的活塞销不会作轴向窜动,不需要挡圈,也不需要连杆衬套。

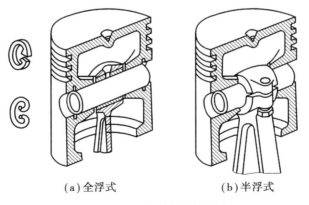

(a)全浮式　　　　　　　　(b)半浮式

图 2-40　活塞销的连接方式

三、连杆

连杆的功用是将活塞承受的力传给曲轴,推动曲轴转动,变活塞的往复运动为曲轴的旋转运动。

连杆可分为连杆小头、杆身和连杆大头三部分(图 2-41)。连杆小头用来安装活塞销以连接活塞,在全浮式连接的连杆小头孔内压有耐磨的青铜衬套或铁基粉末冶金衬套。为润滑衬套,在连杆小头和衬套上一般铣有积存飞溅润滑油的油槽或油孔。有时,在连杆杆身内钻有纵向的压力油通道,以对小头进行压力润滑。

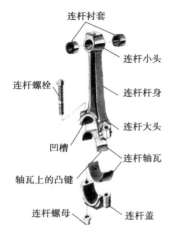

图 2-41 连杆组件

连杆杆身多采用"工"字形断面,从而在质量尽可能小的情况下提高其抗弯刚度。连杆大头与曲轴的连杆轴颈相连。为便于安装,通常将连杆大头做成剖分式的,上半部与杆身为一体,下半部即连杆盖,二者通过连杆螺栓连接。连杆大头孔内表面的粗糙度要求较小,以便于连杆轴承装入后能很好地贴合传热。

连杆大头的切口形式有两种。连杆大头沿着与杆身轴线垂直的方向切开,称为直切口连杆(图 2-41),多用于汽油机。有些发动机的连杆大头尺寸较大,为了维修拆装时仍能将其从气缸中抽出,将连杆大头沿与连杆杆身轴线成 30°~60°(常用 45°)的方向切开,即为斜切口连杆(图 2-42)。此外,斜切口连杆若配以较理想的切口定位,还能减轻连杆螺栓的受力,多用于柴油机。

螺栓定位

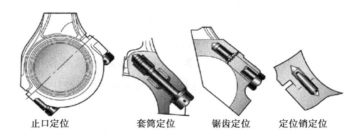

止口定位　　　套筒定位　　　锯齿定位　　　定位销定位

图 2-42 斜切口连杆的定位方式

直切口连杆的切口面多数为平面,由杆身与连杆盖分别加工而成。由于现代技术与工艺的进步,连杆锻成整体毛坯,用冷胀力法将杆身与连杆盖分开。这样的切口面将不再是平面,而是不规则的、山峦式的犬牙交错的表面,可提高杆身与连杆盖的定位精度。一汽捷达轿车五气门发动机以及奥迪部分机型便采用此种结构。

斜切口连杆在往复惯性力作用下受拉时,在切口方向作用有较大的横向力,因此要有定位装置以使螺栓免受附加的剪切应力。

连杆大头的两部分用连杆螺栓紧固在一起,连杆螺栓不断受拉伸并承受交变的冲击性载荷。通常采用挠性螺栓,用优质合金钢锻制。为保证工作可靠,常采用锁止装置,如开 U 销、双螺母、白锁螺母等。

连杆轴承装在连杆大头孔内,用以保护连杆轴颈(曲柄销)及连杆大头孔。现代汽车发动机

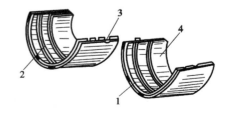

图 2-43 连杆轴承

1—钢背;2—油槽;3—定位凸键;4—减摩合金

用的连杆轴承是由钢背和耐磨层组成的、分成两半的薄壁轴承(图 2-43)。钢背由厚 1～3 mm 的低碳韧带制成,既有足够的强度以承受近乎冲击性的载荷,又有一定的刚度以便与轴承孔良好地贴合。耐磨层由厚 0.3～0.7 mm 的薄层耐磨合金制成,耐磨合金具有保持油膜、减少摩擦阻力和易于磨合的作用。

　　连杆轴承的背面应有很高的粗糙度。在自由状态下,轴承的曲率半径和周长都略大于连杆大头孔的曲率半径和周长,装入后,能使其紧贴在大头孔壁上,以利于散热。

　　两个轴承的剖分面,均制成定位边缘,以防止连杆轴承在工作中发生转动或轴向移动;在其内表面还加工有油槽用以储油,保证可靠的润滑。

　　V 形发动机连杆的结构通常有如图 2-44 所示的三种。

　　并列连杆式[图 2-44(a)]:连杆可以通用,两列气缸的活塞连杆组的运动规律相同;但曲轴的长度增加。

　　主副连杆式[图 2-44(b)]:可不增加发动机的轴向长度,但主副连杆不能互换,两列气缸的活塞连杆组的运动规律不同。

　　叉形连杆式[图 2-44(c)]:两列气缸的活塞连杆组的运动规律相同,左右对应的两气缸轴心线不需要错位。

图 2-44　V 形发动机连杆示意图

实训项目三　活塞连杆组的检修

实训目的及要求

(1)认识活塞连杆组的整体结构。

(2)认识活塞连杆组组成、主要部件的名称、安装位置。

(3)能根据检测数据制定活塞连杆组维修方案,并实施维修。

实训设备及工量具

(1)设备:完整的汽车发动机活塞连杆组。

（2）工量具：常用工具、量具，活塞弹簧检验仪，活塞漏光检验仪，连杆校验仪，专用扳钳，台钳。

实训内容

一、活塞的选配

在发动机大修过程中，活塞、活塞销和活塞环等是作为易损件更换的，这些零件的选配是一项重要的工艺技术措施。所谓选配，即不完全互换性，就是以较大的公差加工零件得到较高配合精度的工艺。

在发动机维修时，对活塞的选用要求很高。如配缸间隙的变动量为 0.01～0.02 mm，销座孔的直径差 0.0 025 mm，活塞的质量差 4～15 g，为保证各缸活塞的机械性能和热处理性能的一致，同一台发动机必须选用同一厂牌的活塞。只有同时满足上述条件，发动机才能得到较高的动力性、经济性、可靠性和工作的稳定性。如果采用减小活塞的尺寸、形位公差的方法来达到配合要求，势必造成加工困难和加大废品率，使制造和维修成本提高。为此，在制造时以较大的公差加工，然后将活塞分成若干组，使同组活塞的误差最小，维修时选用同一组别的活塞，就能同时满足上述所有的选配要求。选配得到了较高的配合精度，降低了维修成本。零件的分组是在制造厂进行的，在运输和保管时要防止零件分组的混乱。修理时选用同组的零件，这是十分重要的。目前，一些进口和国产轿车在维修时常采用"三组合"或"四组合"套件，实际上就是对活塞、活塞销和活塞环的选配。

当气缸的磨损超过规定值及活塞发生异常损坏时，必须对气缸进行修复，并且要根据气缸的修理尺寸选配活塞。选配活塞时要注意以下几点：

①按气缸的修理尺寸选用同一修理尺寸和同一分组尺寸的活塞。活塞裙部的尺寸是镗磨气缸的依据，即气缸的修理尺寸是哪一级，活塞也应选用哪一级修理尺寸的活塞。但是，由于活塞的分组，只有在活塞选配后，才能按选定活塞的裙部尺寸进行镗磨气缸。

②活塞是成套选配的，同一台发动机必须选用同一厂牌的活塞，以保证其材料和性能的一致性。

③在选配的成组活塞中，其尺寸差一般为 0.01～0.15 mm，质量差为 4～8 g，销座孔的涂色标记应相同。若活塞的质量差过大，可适当车削活塞裙部的内壁或重新选配。车削后，活塞的壁厚不得小于规定，车削的长度一般不得超过 15 mm。

新型汽车的活塞与气缸的配合都采用选配法，在气缸的技术要求确定的情况下，重点是选配相应的活塞。活塞的修理尺寸级别一般分为 +0.25、+0.50、+0.75 和 +1.00 mm 等四级，有的只有 1～2 个级别。第一个修理尺寸级别又分为若干个组，通常分为 3～6 组不等，相邻两组的直径差为 0.010～0.015 mm。选配时，要注意活塞的分组标记和涂色标记。有的发动机为薄型气缸套，活塞不设置修理尺寸，只区分标准系列活塞和维修系列活塞，每一系列活塞中也有若干组供选配。活塞的修理尺寸级别代号常打印在活塞的顶部。部分发动机活塞的分组与气缸直径见表 2-5。

表 2-5　部分发动机活塞的分组与气缸直径

型号	分组	活塞直径/mm	缸套直径/mm	配合间隙/mm	备注
桑塔纳 发动机 （1.8L）	基本尺寸 一 二 三	80.98 81.23 81.48 81.98	81.01 81.26 81.51 82.01	0.3	在距活塞裙部边缘 15 mm 处测量
五十铃 4JB1 发动机	基本尺寸 一 二	93 93.040 ~ 92.985 93.024 ~ 93.005	93.040 ~ 93.021 93.060 ~ 93.041	0.025 ~ 0.045	4JB1 发动机配套 给 CA1041 等
日产 P06 发动机	S M L	124.815 ~ 134.835 124.835 ~ 124.855	125.00 ~ 125.02 125.02 ~ 125.03 125.03 ~ 125.05	0.185 ~ 0.205	S 或 L
解放 CA6102 发动机	A B C D	101.54 ~ 101.56 101.56 ~ 101.58 101.58 ~ 101.60 101.60 ~ 101.62	101.56 ~ 101.58 101.58 ~ 101.60 101.60 ~ 101.62 101.62 ~ 101.64	0.02 ~ 0.04	

活塞的分组适用于标准直径的活塞,也适用于修理尺寸的活塞。在维修过程中,若活塞与气缸套都更换新件,必须进行分组;若气缸的磨损较小只需更换活塞时,则应选用同一级别中活塞直径最大的一组,或按气缸体外部加工凸台上打出的气缸修理尺寸级别来选配。

二、活塞环的选配

在发动机大修和小修时,活塞环是被当作易损件更换的。活塞环没有修理尺寸,但不因气缸和活塞的分组而分组。

活塞环选配时,以气缸的修理尺寸为依据,同一台发动机应选用与气缸和活塞修理尺寸等级相同的活塞环。发动机气缸磨损不大时,应选配与气缸同一级别的活塞环。气缸磨损较大但尚未达到大修时,严禁选择加大但一级修理尺寸的活塞环锉端隙使用。进口汽车发动机活塞环的更换,按原厂规定进行。

对活塞环的要求是:与气缸、活塞的修理尺寸一致;具有规定的弹力以保证气缸的密封性;环的漏光度、端隙、侧隙、背隙应符合原厂设计规定。

1. 活塞环的弹力检测

活塞环的弹力是指使活塞环端隙为规定值时作用在活塞环上的径向力。活塞环的弹力是建立背压的首要条件,也是保证气缸密封性的必要条件。弹力过大使环的磨损加剧;弹力过弱,气缸密封性变差,燃、润料消耗增加,燃烧室积炭严重,发动机的动力性和经济性降低。

活塞环弹力检验仪如图 2-45 所示。将活塞环置于滚动轮 3 和底座 6 之间,沿秤杆 4 移动活动量块 5,使环的端隙达到规定的间隙值。此时可由量块在秤杆上的位置读出作用于活塞环上的力,即为活塞环的弹力。奥迪轿车发动机第一道压缩环弹力为 8.5 ~ 12.8 N,第二道压缩环弹力为 7.5～11.3 N,油环弹力为 35～52.5 N。

2. 活塞环的漏光度检测

活塞环的漏光度检测旨在检测环的外圆表面与缸壁的接触和密封程度,其目的是避免漏光度过大使活塞环与气缸的接触面积减小,造成漏气和窜机油的隐患。

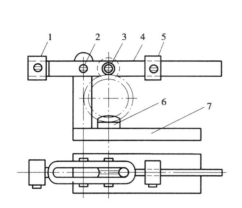
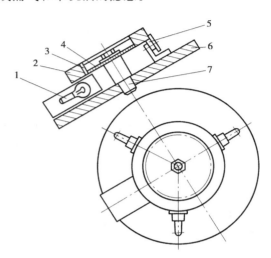

图 2-45　活塞环弹力检验仪

1—重锤;2—支撑销;3—滚轮;4—秤杆;

5—活动量块;6—底座;7—底板

图 2-46　活塞环漏光度检验仪

1—灯泡;2—环规;3—活塞环;4—挡盘;

5—滚轮;6—底座;7—芯轴

活塞环漏光度检验仪如图 2-46 所示。将被检验的活塞环套入以三组滚轮支撑并能自由转动的环规中,挡盘、芯轴、灯泡等固定在底座上,在套筒内的灯光透过活塞环与气缸壁的缝隙,将环规转动一圈,便可从上面观察到活塞环的漏光程度。常用的检查活塞环漏光度的简易方法是:活塞环平置于气缸口,用倒置的活塞将其推至气缸内一定位置,用一圆形盖板盖在环的上侧,在气缸下部放置光源,从气缸上部观察活塞与气缸壁的缝隙,确定其漏光情况。

对活塞环漏光度的技术要求是:在活塞环端口左右 30°范围内不应有漏光点;在同一根活塞环上的漏光处不得多于两处,每处漏光弧长所对应的圆心角不得超过 25°,同一环上漏光弧长所对应的圆心角之和不得超过 45°,漏光处的缝隙应不大于 0.03 mm。当漏光缝隙小于 0.015 mm 时,其弧长所对应的圆心角之和可放宽至 120°。

3. 活塞环"三隙"的检测

活塞环的三隙是指端隙、侧隙和背隙。一般说来,活塞环的三隙是上环大于下环、柴油机环大于汽油机环、气缸直径大的环大于直径小的环、发动机压缩比大的环大于压缩比小的环。在检测活塞环的三隙前,应先检查其包装情况以确定其安装的部位,因为有的发动机的活塞环以包装的纸色标记识别,有的则以每一缸的活塞环按安装顺序包装,即使结构相同的活塞环也不能弄混,因为环的安装位置不同,其三隙也不相同。

1)端隙

活塞环的端隙是指活塞环随活塞装入气缸后,该环在上止点时环的两端头的间隙或活塞环在标准环规内两端头的间隙,是为了防止活塞环受热膨胀卡死在气缸内而设置的。几种常用汽车发动机活塞环的各部间隙见表 2-6。

表 2-6　活塞环的各部间隙

发动机型号	活塞环开口间隙/mm			活塞环侧隙/mm		
	第一道气环	第二道气环	油环	第一道气环	第二道气环	油环
解放 CA6102	0.5～0.7	0.4～0.6	0.3～0.5	0.055～0.087	0.055～0.087	0.04～0.08
解放 CA6110	0.45～0.65	0.45～0.65	0.35～0.55	0.06～0.095	0.04～0.075	0.04～0.075
夏利 TJ376Q	0.20～0.70	0.20～0.70	0.20～1.10	0.03～0.12	0.03～0.12	0.03～0.12
切诺基 213J-4	0.15～0.35	0.15～0.35	0.15～0.35	0.043～0.081	0.043～0.081	0.03～0.20
桑塔纳	0.30～0.45	0.25～0.40	0.25～0.50	0.02～0.05	0.02～0.05	0.03～0.08
奥迪	0.30～0.45	0.25～0.40	0.25～0.50	0.02～0.05	0.02～0.05	0.02～0.05
五十铃 4JB1	0.20～0.40	0.20～0.40	0.10～0.30	0.09～0.125	0.05～0.085	0.03～0.07
丰田 5R	0.20～0.40	0.15～0.35	0.15～0.35	0.03～0.07	0.03～0.07	0.025～0.070
三菱 10DC60A	0.4～0.6	0.4～0.6	0.4～0.6	0.10～0.13	0.05～0.08	0.025～0.070

检验端隙时,将活塞环置入气缸套内,并用倒置活塞的顶部将环推入气缸内其相应的上止点,然后用厚薄规测量,如图 2-47 所示。若端隙大于规定值则应重新选配活塞环;若端隙小于规定值时,应利用细平锉刀对环口的一端进行锉修。锉修时,只能锉一端且环口应平整,锉修后应将加工产生的毛刺去掉,以免在工作时刮伤气缸壁。

2)侧隙

活塞环的侧隙是指装入活塞后,活塞环侧面与活塞环槽之间的间隙。侧隙过大将使活塞环的泵油作用加剧,使环岸疲劳破碎,加速环的断裂和使润滑油消耗增加;侧隙过小会使活塞环卡死在环槽内,环的弹力极度减弱,冲击应力加剧,不但使气缸密封性降低,也容易断环。

侧隙的检查如图 2-48 所示。将活塞环放入相应的环槽内,用厚薄规进行测量。若侧隙过小时,车削加宽活塞环槽修整侧隙。现代汽车的活塞一般采用表面喷钼等表面强化措施,因此再采用研磨环上下平面的办法修整侧隙就是很错误的了。几种常用汽车发动机活塞环的侧隙见表 2-6。

图 2-47　活塞环端隙的检测

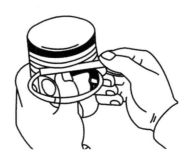

图 2-48　活塞环侧隙的检测

3）背隙

活塞环的背隙是指活塞与活塞环装入气缸后，活塞环内圆柱面与活塞环槽底间的间隙。背隙是为建立背压、储存积碳和防止活塞工作时膨胀过大挤断活塞环而设置的。背隙一般不用活塞环的内圆柱面与活塞环槽底部直径差值的一半来表示。为测量方便，通常是将活塞环装入活塞内，以环槽深度与活塞环径向厚度的差值来衡量。测量时，将环落入环槽底，再用深度游标卡尺测出环外圆柱面沉入环岸的数值，该数值一般为 0～0.35 mm。如背隙过小，应更换活塞环或加深活塞环槽的底部。

在实际操作中，通常是以经验法来判断活塞环的侧隙和背隙的。将环置入环槽内，环应低于环岸，且能在槽中滑动自如，无明显松旷感觉即可。

三、活塞销的选配

发动机大修时，一般应更换活塞销，选用标准尺寸的活塞销，为小修留有余地。选配活塞销的原则：同一台发动机应选用同一厂牌、同一修理尺寸的成组活塞销；活塞销表面应无任何锈蚀和斑点，表面粗糙度 $R_a \leq 0.2/\mu m$，圆柱度误差 $\leq 0.002\ 5$ mm，质量差在 10 g 以内。

为了适应修理的需要，活塞销设有 4 级修理尺寸，可以根据活塞销座和连杆衬套的磨损程度来选择相应修理尺寸的活塞销。

活塞销与活塞销座和连杆衬套的配合一般是通过铰削、镗削或滚压来实现的。其配合要求是：在常温下，汽油机的活塞销与销座配合间隙为 0.002 5～0.007 5 mm，与连杆衬套的间隙为 0.005～0.010 mm，且要求活塞销与衬套的接触面积在 75% 以上；柴油机活塞销与销座的过盈较大，过盈量一般为 0.02～0.05 mm，与连杆衬套的间隙也比汽油机大，一般为 0.03～0.05 mm。

近年来，新型汽车发动机改进了制造工艺，使活塞销与销座和连杆衬套的耐磨程度得到提高，大大延长配合副的使用寿命。如进口汽车行驶 30 万 km 活塞销的磨损很轻微，一般只需更换活塞。即使更换活塞销，不再提倡用铰削或刮削的方法对活塞销座和连杆衬套进行修复，而是对活塞销与销座和连杆衬套采用分组选配。由于相邻两组的直径差只有 0.002 5 mm，通常难以进行测量而是用涂色标记加以识别。装配时，活塞销与活塞销座和连杆衬套相同的涂色标记。这就大大简化维修作业，配合副的装配精度得到明显提高。解放牌汽车发动机活塞销、活塞销座和连杆衬套的分组见表 2-7。

表 2-7　解放牌汽车发动机活塞销、活塞销座和连杆衬套的分组

发动机型号	组别	活塞销直径/mm	衬套直径/mm	活塞销座孔直径/mm	色别
CA6102 汽油发动机	一	28.000 0—27.997 5	28.007 0—28.004 5		浅蓝
	二	27.997 5—27.995 0	28.004 5—28.002 0		红
	三	27.995 0—27.992 5	28.002 0—27.999 5		白
	四	27.992 5—27.990 0	27.999 5—27.997 0		黑
CA6110 柴油发动机	一	38.000—37 995	38.0500—38.037 5	38.10—38.05	红
	二	37.995—37.990	38.037 5—38.025 0	38.05—38.00	蓝

活塞销座的铰削是通过手工操作进行的。其铰削工艺步骤如下：

（1）选择铰刀：应根据活塞销的实际尺寸选择长刃活动铰刀，使两活塞销座能同时进行铰削，以保证两端座孔的同轴度。然后将选好的铰刀的刀把夹入虎钳，并与钳口平面保持垂直。

（2）调整铰刀：第一刀只做试验性的微量调整，一般调整到铰刀的上刃刚露出销座即可。以后各刀的吃刀量也不可过大，以旋转调整螺母 60°～90°为宜。如感到铰削量过小，可再旋转调整螺母 30°～60°。

（3）铰削：如图 2-49 所示，铰削时要两手平握活塞，按顺时针方向转动活塞并轻轻向下施压进行铰削，掌握要平稳，用力要均匀。为提高铰削质量，每次铰削至刀刃下端与销座平齐时停止铰削，压下活塞从铰刀下方退出，以防止铰偏或起棱，并在不调整铰刀的情况下从反向再铰一次。

（4）试配：如图 2-50 所示。在铰削过程中，铰削刀都要用活塞销试配，以防铰大。当铰削到用手掌力能将活塞销推入一端销座深度的 1/3 时，应停止铰削。然后在活塞销一端垫以阶梯冲轴，用手锤将活塞销反复从一端打向另一端，取下活塞销视其压痕用刮刀修刮。销座经刮削后，应能用手掌力将活塞销击入一端销座的 1/2，接触面呈点状均匀分布，轻重一致，面积在 75% 以上。

图 2-49　活塞销座孔的铰削

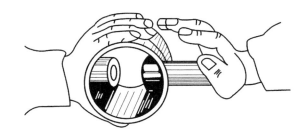

图 2-50　活塞销与销座的配合

四、连杆变形的检测

连杆变形的检验在连杆校验仪上进行。如图 2-51 所示，连杆校验仪能检验连杆的弯曲、扭曲、双重弯曲的程度及方位，并校正连杆的弯曲和扭曲。校验仪上的菱形支撑轴，能保证连杆大端承孔轴线与检验平板垂直。检验时，首先将连杆大端的轴承盖装好，不装连杆轴承，并按规定的扭力将连杆螺栓拧紧，同时将芯轴装入小端衬套的承孔中。然后将连杆大端套装在支撑轴上，通过调整定位螺钉支撑轴扩张使连杆固定在校验仪上。测量工具是一个带有 V 形槽的"三点规"。三点规上的三点构成的平面与 V 形槽的对称平面垂直，下面两测点距离为100 mm，上测点与两个下测点连线的距离也是 100 mm。

进行测量时，将三点规的 V 形槽靠在芯轴上并推向检验平面。如三点规的三个测点都与校验仪的平板接触，说明连杆无变形。若上测点与平板接触，两下测点不接触且与平板的间隙一致，或下两测点与平板接触，而上测点不接触，表明连杆弯曲，可用厚薄规测出测点与平板之间的间隙,即为连杆在 100 mm 长度上的弯曲度。若只有一个下测点与平板接触,另一下测点与平板不接触,且间隙为上测点与平板间隙的两倍。这时下测点与平板的间隙,即为连杆在 100 mm 长度上的扭曲度。

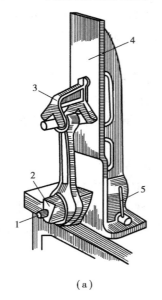

（a）

（b）

图 2-51　连杆校验仪

1—调整螺钉;2—棱形支撑轴;3—量规;4—检验平板;5—锁紧支撑轴扳杆

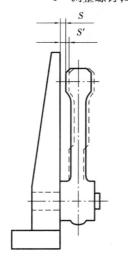

图 2-52　连杆双重弯曲的检测

在测量连杆变形时会遇到下面两种情况:一是连杆同时存在弯曲和扭曲,反映在一个下测点与平板接触,但另一个下测点的间隙不等于上测点间隙的两倍,这时下测点与平板的间隙为连杆扭曲度(扭曲程度),而上测点与平板的间隙或下测点与平板间隙的一半的差值是连杆弯曲度(弯曲程度);二是连杆存在如图 2-52 所示的双重弯曲,检验时先测量出连杆小端端面与平板距离,再将连杆翻转 180°后,按同样方法测出此距离。若两次测出的距离数值不等,即说明连杆有双重弯曲,两次测量数值之差为连杆双重弯曲度。

汽车维修技术标准对连杆的变形作了如下的规定:连杆小端轴线与大端应在同一平面,在该平面上的平行度公差为 100:0.03 mm,该平面的法向平面上的平行度公差为 100:0.06 mm。若连杆的弯曲和扭曲度超过公差值时应进行校正。连杆的双重弯曲通常不予校正,因为连杆大小端对称平面偏移的双重弯曲极难校正,对曲柄连杆机构的工作极为有害。

五、连杆变形的校正

在校正连杆时,首先要记下连杆弯曲与扭曲的方向和数值,利用连杆校正器进行校正。

通常是先校正扭曲,再校正弯曲。校正时应避免反复地过校正。

校正扭曲时,先将连杆下盖按规定装配和拧紧,然后用台钳口垫以软金属垫片夹紧连杆大端侧面。最后使用专用扳钳装卡在连杆杆身上下部位,按图 2-53 所示的安装方法校正连杆的逆时针扭曲变形。校正顺时针扭曲时,将上下扳钳交换即可。

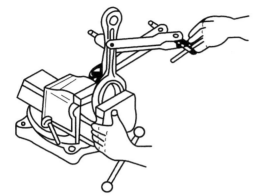

图 2-53　连杆扭曲的校正　　　　　　　　图 2-54　连杆弯曲的校正

校正弯曲时,如图 2-54 所示,将弯曲的连杆置入专用的压器,弯曲的凸起部位朝上,在校正丝杠的部位加入垫块,扳转丝杠使连杆产生反向变形并停留一定时间,待金属组织稳定后再卸下,检查连杆的回位量,直至连杆校正至合格为止。

在常温下校正连杆,由于材料弹性后效的作用,在卸去负荷后连杆有恢复原状的趋势,影响连杆的正常使用。因此,在校正变形量较大的连杆后,必须进行时效处理。方法是:将连杆加热至 573 K,保温一定时间即可;校正变形较小的连杆,只需在校正负荷下保持一定时间,不必进行时效处理。

六、连杆衬套的修复

在更换活塞销的同时,必须更换连杆衬套,以恢复其正常配合。新衬套的外径应与连杆小端轴承孔有 0.10 ~ 0.20 mm 的过盈量,以防止衬套在工作中发生转动。过盈量也不可过大,否则会在压装时将衬套压裂。

选择新衬套时,可用量具分别测量连杆小端轴承孔内径和衬套外径,其差值便是衬套的加工余量。通常多用经验法进行,在衬套压装前先将其与活塞销试配,如能勉强套入活塞销则为合适。如套不进或套入后感觉松旷,表示其加工余量过大或过小,均应重新选用衬套。

衬套压入后,便可铰削或镗削,使其与活塞销的配合符合规定。连杆衬套的铰削与活塞销座的铰削方法基本相同,如图 2-55 所示,先按活塞销的实际尺寸选用铰刀,将铰刀的刀把垂直地夹在台钳的钳口上,连杆衬套孔套入铰刀,一手托住连杆大端均匀用力扳转,另一手把持

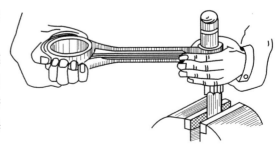

图 2-55　连杆衬套的铰削

小端并向下略施压力进行铰削(图2-55)。当衬套下平面与刀刃下方相平时停止铰削,将连杆下压退出以免铰偏或起棱。然后在铰刀量不变的情况下,再将连杆反向重铰一次,铰刀的铰削量以调整螺母转过60°~90°为宜。每铰削一次都要用相配的活塞销试配,以防铰大。当达到用手掌力能将活塞销推入衬套1/3~1/2时停铰,用木槌打入衬套内,并夹持在台钳上左右扳转连杆(图2-56)。然后压出活塞销,视衬套的压痕适当修刮。

活塞销与连杆的配合通常也是以感觉判断的,即以拇指力能将涂有机油的活塞销推过衬套即符合要求(图2-57)。或将涂有机油的活塞销装入衬套内。连杆与水平面倾斜成45°,用手轻击活塞销应能依靠其自重往下滑。此外,活塞销与连杆衬套的接触呈点状分布,面积应在75%以上。

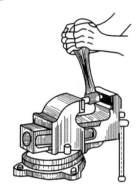 

图2-56 检测活塞销与连杆衬套的配合(一)　　图2-57 检测活塞销与连杆衬套的配合(二)

七、连杆其他损伤的检修

连杆杆身与小端的过渡区应无裂纹、表面无碰伤,必要时采用磁力探伤检验连杆的裂纹。如有裂纹,禁止继续使用,应立即更换。另外,连杆下盖损坏或断裂时,也要同时更换连杆组合件。

连杆大端侧面与曲柄臂之间一般应有0.10~0.35 mm的间隙,如超过0.50 mm时,可堆焊连杆大端侧面后修理平整。

连杆杆身与下盖的结合平面应平整。检验时,使两平面分别与平板平面贴合,其接触面应贴合良好,如有轻微缝隙,不得超过0.026 mm。连杆轴承孔的圆柱度误差大于0.025 mm,应进行修理或更换连杆。

连杆螺栓应无裂纹,螺纹部分完整,无滑牙和拉长等现象。选用新的连杆螺栓时,其结构参数及材质应符合规定,禁止用直径相同的普通螺栓代用。连杆螺栓的自锁螺母不许重复使用。

八、活塞连杆组的组装

活塞连杆组的零件经修复、检验合格后,方可进行组装。组装前应对待装零件进行清洗,并用压缩空气吹干。

首先进行活塞与连杆的装配,采用热装合方法进行。因为活塞销与销座在常温下有微量的过盈,所以装合时一定要加热。方法是:将活塞置入水中加热至 353 ~ 373 K(80 ~ 100 ℃),在加热活塞的同时将连杆装夹于工作台上,取出活塞后迅速擦净,再将活塞销涂以机油,并插入一端的活塞销座,将带销活塞套在连杆小头上,并推过连杆衬套,直至另一端销座的外边缘,装入卡环,将活塞浸入冷水降温,试配合效果。两卡环的内端应与活塞销有 0.10 ~ 0.25 mm 的间隙,否则卡环将被顶出造成拉缸。

活塞与连杆组装时,要注意两者的缸序和安装方向,不得错乱。活塞与连杆一般都有装配标记。如两者的装配标记不清或不能确认时,可结合活塞和连杆的结构加以识别。如活塞顶部的箭头或边缘缺口朝前;汽油机活塞的膨胀槽开在做功行程侧压力较大的对侧(左侧);连杆杆身的圆形凸点朝前;连杆大端的 45° 的机油喷孔润滑左侧气缸壁。此外,连杆与下盖的配对记号一致并对正,或杆身与下盖轴承孔的凸榫槽安装时在同一侧,以避免装配时的配对错误。

活塞连杆组合后,还需要在连杆校验仪上检验活塞轴线对连杆大端轴承孔的垂直度。检验方法是:将连杆大端轴承孔套装在校验仪的支撑轴上,用厚薄规分别测量活塞顶部前后方向的边缘与平板的间隙应该一致,两次测量数值的差值即为组件的垂直度,其公差为 0.05 ~ 0.08 mm。超过上述数值时,应两次检验活塞销座有无铰斜、连杆的弯曲是否校正等,经修复后,再次进行组装。

最后,安装活塞环。安装时,应采用专用工具,以免将环折断。由于各道活塞环的结构差异,在安装活塞环时要特别注意各道活塞环的类型和规格、顺序及其安装方向。

安装压缩环时,有镀铬的活塞环一般装在第一道,因为镀铬可增强环的耐磨性,延长环的寿命。安装扭曲环时,其安装方向视该环的具体作用而定:用作刮油的正扭曲环,其内缺口或内倒角朝上,外缺口或外倒角朝下,否则活塞环的泵油作用得到加强,机油大量窜入燃烧室而积炭;用作布油的反扭曲环,其安装方向与上相反。各种环的组合方式和安装方向要按该型发动机说明书的要求进行,不得随意改变。

新型发动机活塞环的端部侧面制有装配标记,活塞环有标记的全面朝上安装,并且要注意每一道环的装配位置。环的标记常有"O"、"OO"和"T1"、"T2"等。除环上有标记的一面朝上外,它们的安装顺序分别为第一、第二道。有的活塞环上还制有尺寸标记和厂标,例如 PIK、NPR 和 TP 等。活塞环一端的 R 为厂标,另一端为活塞环的尺寸,S 为标准环,修理尺寸环用阿拉伯数字表示,如 25 表示其修理尺寸为 +0.25 mm(图 2-58)。

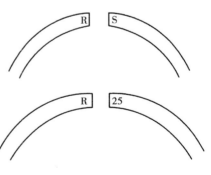

图 2-58　活塞环的标记

活塞环除可由装配标记识别外,还可以从活塞环包装用纸的颜色加以辨认。不同厂家的活塞环的包装色彩不同,不同的色彩还能表示活塞环不同的安装顺序。如 RIK 活塞环的色彩是:第一道气环为蓝色,第二道气环为黄色,第一、二道的形状相同时均为蓝色。第三道气环为白色,第四道气环为红色,第三、四道形状相同时均为白色。第一道油环为绿色,第二道油环为红色,第一、二道油环形状相同时均为绿色。

图 2-59 为活塞环的安装图例。在无资料参考时,也可根据图中表示的形状和安装顺序安装在相应型号的发动机上。图中 AKW 表示轻型汽车,KWP 表示中型汽车,HD 和 OKW 表示重型汽车。

为了提高气缸的密封性,避免高压气体泄漏,要求活塞环的开口应交错布置。一般是第一道活塞环的开口位置为始点,其他各环的开口布置成迷宫状走向。各道活塞环的开口一般不要布置在活塞销轴线的 ±45° 方向上,因为活塞销轴向两端的润滑油较多,润滑油容易向上窜入燃烧室。第一道环的开口应布置在做功行程侧压力的右侧,并且尽可能远离燃烧中心。其他环(包括油环)依次间隔 90°、180°。例如:两道环的发动机,第二道环与第一道环间隔 180°;三道环的发动机,则每道环间隔 120°,或第二环间隔 180°,第三环与第二环间隔 90°;四道环的发动机,第二环与第一环间隔 180°,第三环与第二环间隔 90°,第四环与第三环间隔 180°。安装油环的下刮片也要交错排列,二道刮片的下刮片间隔 180°,三道刮片的下刮片则要依次相隔 120°。

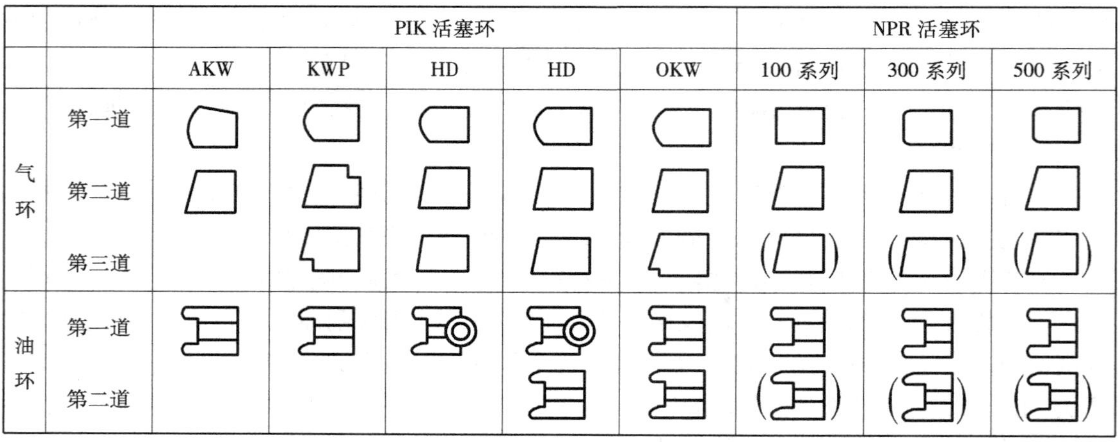

		PIK 活塞环					NPR 活塞环		
		AKW	KWP	HD	HD	OKW	100 系列	300 系列	500 系列
气环	第一道								
	第二道								
	第三道								
油环	第一道								
	第二道								

图 2-59　活塞环装配举例

实训工单

实训项目		专业班级	
姓名		学号	
实训小组		日期	

一、实训要求

二、实训内容

三、实训步骤

四、评价（优、良、差）

	自我评价	学生互评	老师评价	总　评
实训情况				
实训态度				
卫生打扫				

活动四 曲轴飞轮组的构造

📖 **学习目标**

（1）知道曲轴和飞轮组的组成。

（2）知道曲轴和飞轮组的功用。

（3）知道曲轴和飞轮组的工作原理。

📖 **学习内容**

曲轴飞轮组主要由曲轴和飞轮以及其他零件和附件组成。发动机机构和性能要求不同，其零件和附件的种类和数量也有所不同。

1. 曲轴

曲轴是发动机中最重要的部件，其功能是承受连杆装置传来的力，并通过飞轮驱动汽车传动系，此外还驱动发动机的配气机构和其他一些辅助装置。

曲轴有两种类型：整体式与组合式。整体式曲轴其各个曲柄及前、后端都做成一个整体（图2-60），一般采用滑动轴承；组合式曲轴其各个曲柄分段加工，然后再利用连接螺栓将各单个曲柄连成一体（图2-61）。组合式曲轴采用滚动轴承，并且必须与隧道式曲轴箱配合使用。

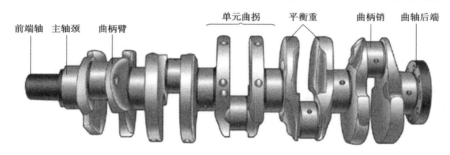

图 2-60 整体式曲轴

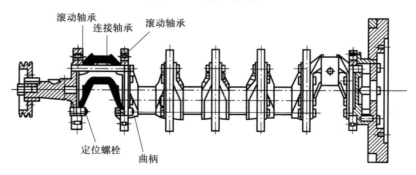

图 2-61 组合式曲轴

由于整体式曲轴具有结构简单、质量轻等特点，在发动机上得到广泛的应用。组合式曲轴的优点是刚度好，而且可以得到较小的缸心距，易于实现系列化生产，但由于必须采用隧道式曲轴箱而使质量加大,且装配较为复杂,在车用发动机上应用较少。

曲轴由前端(又称自由端)、后端(又称功率输出端)及若干个曲柄所组成。

曲轴前端是阶梯式轴段,在其上面装有传动齿轮、皮带轮、密封件及挡油盘等。有的中、小功率发动机还装有用于手起动的起动爪。某些发动机的曲轴前端还装有扭转减振器。曲轴后端伸出机体外,以便将功率输出。中、小功率发动机的曲轴后端一般都带有法兰盘(图2-61),用来安装飞轮。

曲轴两端必须装有密封件,以防止机油沿前、后端流到机体外。密封装置有填料油封、自紧油封、挡油盘、回油螺纹及迷宫式油封等。

曲柄又称曲拐,由曲柄销及其前、后曲柄臂与主轴颈组成。曲柄数与气缸数及气缸排列形式有关。直列式发动机的曲柄数与气缸数相等;V形机的曲柄数是气缸数的一半。

根据主轴颈数的不同,曲轴又可以分成全支承及非全支承两种,每个曲柄销的前、后都有主轴颈支承的曲轴称为全支承曲轴,两个曲柄销共用前、后主轴颈时称为非全支承曲轴。由于全支承曲轴刚度好,大多数车用发动机都采用全支承曲轴。为了减小曲轴质量及运动时所产生的离心力,曲轴轴颈往往做成中空的。每个轴颈表面上都开有油孔,以便将机油引入或引出,用以润滑轴颈表面。为了减少应力集中,主轴颈、曲柄销与曲柄臂的连接处都采用过渡圆弧连接。

在曲轴前端安装的传动齿轮基本上都是斜齿圆柱齿轮,在有的大功率特殊用途的发动机上其至采用圆锥齿轮,这些齿轮在工作中会产生轴向分力作用于曲轴上。另外,汽车摩擦式离合器在动作时对曲轴也产生轴向力,这些轴向力使曲轴产生轴向窜动,而且车辆在上、下坡时,由于重力的作用,也会使曲轴产生轴向移动,这将使曲柄连杆机构正确位置受到破坏。因此,必须对曲轴的轴向移动量进行限制。考虑到制造公差和热膨胀,以免运转中曲轴在轴向咬死,曲轴止推装置的轴向间隙依车型各不相同(捷达车为0.07~0.17 mm、富康轿车为0.007~0.027 mm)。

曲轴止推装置多数采用滑动轴承,也有些采用滚动轴承。止推轴承可以设置在曲轴自由端或功率输出端,也可以安装在中央主轴承上。当轴向力不是很大又不是经常作用时,可采用止推轴瓦[图2-62(a)]或止推片[图2-62(b)]。由于止推轴瓦制造比较困难,一般的发动机中多采用止推片。当轴向力较大或作用很频繁时,可采用轴向止推滚珠轴承[图2-62(c)]。

曲轴平衡重的作用是平衡发动机的离心力和离心力矩,有时还用来平衡一部分往复惯性力。

当这些力和力矩自身达到平衡时,平衡重还可用来减轻主轴承的负荷。平衡重的数目、尺寸和安置位置要根据发动机的气缸数、气缸排列形式及曲轴形状等因素来考虑。

曲轴的形状和各曲拐的相对位置(即曲拐的布置),取决于气缸数、气缸排列方式(单列或V形等)和发火次序(即各缸的做功行程交替次序)。在安排多缸发动机的发火次序时,应注意使连续做功的两缸相距尽可能远,以减轻主轴承的载荷,同时避免可能发生的进气重叠现象(即相邻两缸进气门同时开启)以免影响充气;做功间隔应力求均匀。也就是说,在发动机完成一个工作循环的曲轴转角内,每个气缸都应做功一次,而且各缸发火的间隔时间(以曲轴转角表示,称为发火间隔角)应力求均匀。对缸数为 i 的四冲程发动机而言,发火间隔角为 $720°/i$,即曲轴每转 $720°/i$ 时,就应有一缸做功,以保证发动机运转平稳。

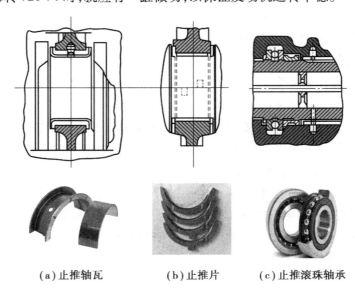

(a)止推轴瓦　　　　　(b)止推片　　　　　(c)止推滚珠轴承

图 2-62　曲轴的止推

几种常用的多缸发动机曲拐布置和发火次序见表 2-8。

表 2-8　多缸发动机曲拐布置和发火次序

	发火间隔角	曲拐布置	发火次序
直列四缸	$720°/4 = 180°$	4 个曲拐布置在同一平面内	1 – 2 – 4 – 3 1 – 3 – 4 – 2
直列六缸	$720°/6 = 120°$	6 个曲拐分别布置在三个平面内,各平面夹角为 120°	1 – 5 – 3 – 6 – 2 – 4(普遍采用) 1 – 4 – 2 – 6 – 3 – 5
V 形八缸	$720°/8 = 90°$	4 个曲拐布置在同一平面内,也可以布置在两个互相错开 90°的平面内	1 – 8 – 4 – 3 – 6 – 5 – 7 – 2 (红旗 8V100 型发动机)

曲轴在周期性的力矩作用下会产生扭转振动。若扭转的力矩大,曲轴长且刚度小时,扭振便大。当某曲轴的扭振数与曲轴自身的固有振动频率相等或成倍数关系时,曲轴便会产生共振。轻则会使功率下降,齿轮或链轮磨损增加,重则会将曲轴扭断。为了消除或降低曲轴的扭转振动,一般在曲轴前端装有扭转减振器。常用的扭转减振器有摩擦式、黏液式两种,采用高黏度硅油作为减振物质的硅油减振器在现代汽车上应用得较为广泛。

2. 平衡轴

在提高乘坐舒适性中:消除曲轴的振动和由其引起的噪声是一个非常重要的方面。但现在用得较普遍的直列式三缸和四缸发动机中,却由于三缸机固有的一级往复惯性力矩和四缸机固有的二级往复惯性力矩无法通过曲轴本身增加平衡块的方法来完全平衡,而这些不平衡的力和力矩正是造成发动机振动和噪声的重要原因。为了解决这一问题,现在采用的一种新的方法是在发动机内加入一套平衡机构,即平衡轴。

如图2-63为夏利三缸发动机采用的平衡轴。它装在曲轴的侧面,由曲轴前端的齿轮驱动,旋转方向与曲轴的旋转力方向相反。平衡轴齿轮与曲轴齿轮啮合时必须对正标记,以保证平衡轴力矩作用平面与不平衡的一级往复惯性力矩作用平面始终在同一平面内。

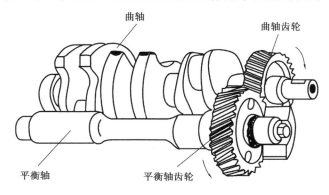

图2-63 夏利三缸发动机采用的平衡轴

对于直列式四缸发动机,一般采用双轴平衡机构,即在曲轴两侧各设置一个带平衡块的平衡轴,如图2-64所示。平衡轴一般用钢制成,外形似桨,装在发动机的底部。平衡轴是由曲轴驱动,但其转速是曲轴转速的两倍,转动方向、与曲轴的转动方向相反,所以它能产生与曲轴转动产生的不平衡力相等的转动力,且其作用方向与发动机不平衡力的作用方向是相反的。这就很好地起到平衡振动的作用,减小了发动机的振动和噪声。

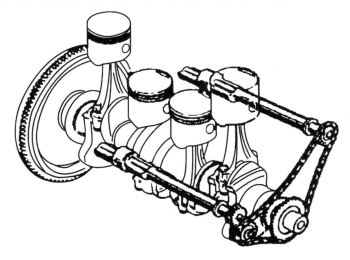

图2-64 双轴平衡机构

3.飞轮

飞轮的主要功用是将做功行程输入曲轴的一部分能量储存起来,用于其他行程(压缩、进气、排气)克服阻力,使曲轴转速和扭矩输出尽可能均匀,并使发动机有克服短期超负荷的能力。结构上,飞轮一般做成中间薄轮缘厚具有很大转动惯量的圆盘(图2-65)。材料一般采用铸铁或铸钢。

飞轮外缘压入一个齿圈,起动机齿轮与其啮合后,便可带动发动机起动运转。

飞轮上往往刻有上止点和点火提前角的标记,用于安装和调节点火正时。

飞轮在用螺栓与曲轴后凸缘连接时,要按照规定的扭紧力矩安装,以保证可靠连接。飞轮螺栓都用优质钢制造。

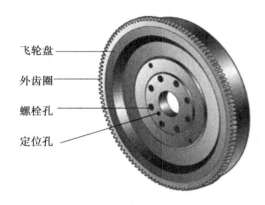

飞轮盘
外齿圈
螺栓孔
定位孔

图2-65　飞轮

采用灰铸铁制造飞轮时,飞轮圆周速度一般不应超过 30～50 m/s,否则要求采用球墨铸铁或铸钢、锻钢,以免因离心力而被破坏。

4. 双质量飞轮

近年来,为了降低噪声,提高舒适性,一些高级轿车(如本田 ACCURA、LEGEND、国产奥迪 A6)上采用了双质量飞轮。图2-66 为结构图,图2-67 为外形图。它将飞轮设计成两个小飞轮(第一飞轮和第二飞轮),并在其中设置了减振弹簧,降低了动力传动系统固有频率,从而减少了振动,使汽车的乘坐舒适性得以提高。

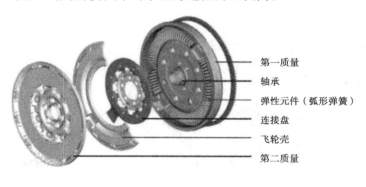

第一质量
轴承
弹性元件(弧形弹簧)
连接盘
飞轮壳
第二质量

图2-66　双质量飞轮减振器

图2-67　双质量飞轮减振器外形图

实训项目四　曲轴飞轮组的检修

实训目的及要求

(1)知道曲轴飞轮组常见故障。

(2)能检测曲轴飞轮组数据并判断是否正确。

(3)能根据检测数据判断检修曲轴飞轮组常见故障。

实训设备及工量具

(1)设备:完整的汽车发动机曲轴飞轮组。

(2)工量具:常用工具,常用量具,曲轴校正台。

实训内容

一、曲轴裂纹的检测

曲轴的裂纹多发生在曲柄臂与轴颈之间的过渡圆角处,以及油孔处。前者是横向裂纹,严重时将造成曲轴断裂;后者多为轴向裂纹,沿斜置油孔的锐边轴向发展。曲轴的横向、轴向裂纹主要是由应力集中引起,曲轴变形和修磨不慎也会使过渡区的应力陡增,加剧曲轴的疲劳断裂。应该用磁力探伤法或浸油敲击法对曲轴进行裂纹的检验,要求无裂纹。

二、曲轴磨损与检测

主轴颈和连杆轴颈的磨损是不均匀的,且磨损部位有一定的规律性。主轴颈和连杆轴颈径向最大磨损部位相互对应,即各主轴颈的最大磨损部位靠近连杆轴颈一侧;而连杆轴颈的最大磨损部位在主轴颈一侧,如图 2-68 所示。连杆轴颈的径向不均匀磨损是由于作用在轴颈上的力,沿圆周方向不均匀引起的。连杆轴颈轴向也呈不均匀磨损,使连杆轴颈磨损呈锥形。这是因为曲轴旋转时,离心力使润滑油中的机械杂质偏积在连杆轴颈与油流向相背的一端,如图 2-69 所示。

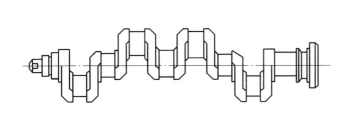

图 2-68　曲轴轴颈的磨损规律

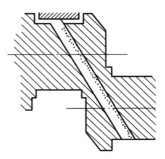

图 2-69　偏积在连杆轴颈上的润滑油中的杂质

实践证明,连杆轴颈的磨损比主轴颈的磨损严重,主要是由于连杆轴颈的负荷较大、润滑条件较差等原因所造成。

主轴颈的不均匀磨损后果也相当严重，各轴颈不同方向的磨损导致主轴颈同轴度的破坏，这往往是某些曲轴断裂的原因。轴颈表面还可能出现擦伤和烧伤。擦伤主要是机油不清洁，其中较大的机械杂质在轴颈表面划出沟痕。烧瓦后，轴颈表面会出现严重的擦伤划痕，轴颈表面烧灼变成蓝色。

经探伤检查允许修复的曲轴，应进行轴颈磨损量的检查，首先检视轴颈有无磨痕和损伤，测量主轴颈和连杆轴颈的圆度误差和圆柱度误差。部分汽车发动机的曲轴轴颈标准尺寸见表 2-9。

表 2-9　部分汽车发动机的曲轴颈标准尺寸

型号	EQ6100	CA6102	492Q	夏利	桑塔纳	丰田 2Y、3Y
主轴颈	$75^{\ 0}_{-0.02}$	$75^{\ 0}_{-0.02}$	$64^{\ 0}_{-0.013}$	$42^{-0.008}_{-0.042}$	$54^{-0.022}_{-0.042}$	$58^{\ 0}_{-0.015}$
连杆轴颈	$62^{\ 0}_{-0.02}$	$62^{\ 0}_{-0.02}$	$58^{\ 0}_{-0.013}$	$40^{-0.008}_{-0.042}$	$47.8^{-0.022}_{-0.042}$	$48^{\ 0}_{-0.015}$

对曲轴短轴颈的磨损以检验圆度误差为主，对长轴颈则必须检验圆度和圆柱度误差。曲轴主轴颈和连杆轴颈的圆度、圆柱度误差不得大于 0.025 mm，超过该值，则按修理尺寸对轴颈进行磨削修理。

三、曲轴变形与检测

所谓曲轴弯曲，是指主轴颈的同轴度误差大于 0.05 mm，称为弯曲。若连杆轴颈分配角误差大于 0°30′，称为曲轴扭曲。曲轴产生弯曲和扭曲变形，是由于使用不当和修理不当造成的。如发动机在爆震和超负荷等条件下工作，个别气缸不工作或工作不均衡，各道主轴松紧度不一致，主轴承座孔同轴度偏差增大等，都会造成曲轴弯扭变形。曲轴弯曲变形后，将加剧活塞连杆组和气缸的磨损，以及曲轴和轴承的磨损，甚至加剧曲轴的疲劳折断。

曲轴扭曲变形，将影响发动机的配气正时和点火正时。经验证明，扭曲变形主要是烧瓦和个别活塞卡缸（胀缸）造成的。当个别气缸壁间隙过小或活塞热膨胀过大，活塞运动阻力将增大，曲轴运转不均匀，发展到活塞卡缸，未及时发现或卡缸后处理不当，便会导致曲轴的扭曲。此外，拖带挂车时起步过猛和紧急制动（未踩下离合器时）以及起动、超载等，都会引起曲轴的扭曲变形及其他损耗。

检测弯曲应以两端主轴颈的公共轴线为基准，检查中间主轴颈的径向圆跳动误差。检测时，将曲轴两端主轴颈分别放置在检测平板的 V 形块上，将百分表触头垂直地抵在中间主轴上（与两端主轴颈相比较，因中间主轴颈两侧气缸进气阻力最小，中间主轴颈负荷最大，因而往往在此处的弯曲呈最大），如图 2-70 所示。慢慢转动曲轴一圈，百分表指针所示的最大摆差，即为中间主轴颈的径向圆跳动误差值，若大于 0.15mm，则应进行压力校正。低于此限值可结合磨削主轴颈予以修正。

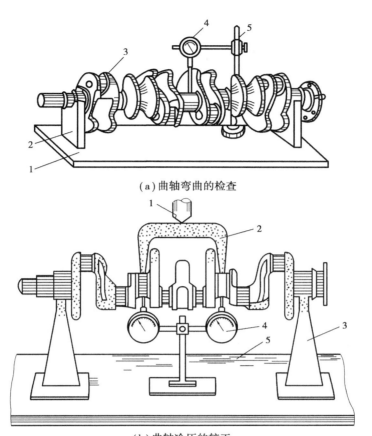

（a）曲轴弯曲的检查

（b）曲轴冷压的较正

图 2-70　曲轴弯曲的检查与冷压校正
（a）1—平板；2—V 形板；3—曲轴；4—百分表；5—百分表架
（b）1—压力机；2—压杆；3—V 形块；4—百分表；5—平板

　　曲轴扭曲变形的检测法是将第一、第六缸连杆轴颈转到水平位置，用百分表分别测量第一缸连杆轴颈和第六缸连杆轴颈至平板的距离，求得这同一方位上两个连杆轴颈的高度差 AA，由 AA 计算出扭转角 θ，若 θ 大于 $0°30'$ 时可进行校正。

$$\theta = 360\Delta A/2\pi R = 57\Delta A/R$$

式中　R——曲柄半径，mm。

　　EQ6100-1 型发动机的 R 为（57.5 ± 0.10）mm。CA6102 型发动机的 R 为（57.15 ± 0.05）mm。

四、曲轴轴颈修理尺寸的确定

　　曲轴连杆轴颈和主轴颈的修理尺寸，是根据曲轴轴颈前一次的修理尺寸、磨损程度和磨削量来选择的。

　　曲轴连杆轴颈和主轴颈的修理尺寸，汽油机一般为四级，柴油机可达六级；相邻两级修理尺寸的级差以 0.25 mm 递减，并在数值前加"－"作为其代号。

受汽车报废里程的限制,曲轴的修理尺寸比以前有所减少。如丰田汽车、桑塔纳汽车已减少至三级,轴颈最大缩小0.75 mm;标致汽车仅有两级缩小尺寸,第一级缩小尺寸为0.30 mm,第二级缩小至0.50 mm。具体修理尺寸应根据发动机的设计要求决定。

在保证磨削质量的前提下,应尽可能选择最接近的修理尺寸级别,以延长曲轴的使用寿命。曲轴的连杆轴颈和主轴颈,应分别磨削成同一级别的修理尺寸,以便于选配轴承,保证合理的配合间隙。

五、曲轴轴承配合间隙的检测

1.径向间隙的检测

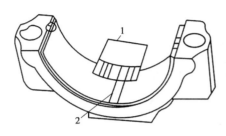

图 2-71 用专用塑料线规测量主轴承间隙

1—塑料线规标尺;2—压扁了的塑料线规

(1)专用塑料线规检测法。一些汽车的曲轴轴承的配件中,配有检测曲轴间隙的专用塑料线规。检测时,拆下轴承盖,把线规纵向放入轴承中,再按原厂规定的扭矩紧固轴承盖,如图2-71所示,在拧紧过程中应注意防止曲轴的转动。然后拆下轴承盖,取出已压展的塑料线规,与附带有的不同宽度色标的量规或第一道主轴承侧面上不同宽度的刻线相对比,与塑料线规压展宽度相等的刻线所标示的值,即为轴承的间隙值,上海桑塔纳轿车的测量线规用颜色来标识间隙值,如绿色表示间隙为 0.025~0.076 mm,红色表示间隙为 0.050~0.150 mm,蓝色表示间隙为0.100~0.230 mm。几种汽车轴承的径向间隙见表2-10。

(2)用通用量具检验。

(3)手感检验法。技术熟练的工人,多用手感法来检视轴承的径向间隙。当单个主轴承的配合间隙符合标准时,曲轴的转动力矩不大于 10 N·m。连杆轴承的配合间隙符合标准时,将连杆按规定装在轴颈上,然后用手用力甩动连杆小头,连杆应能够转动 1.25~1.75 转。

表 2-10 几种汽车轴承的径向间隙　　　　　　　　　　　　单位:mm

车型	主承轴		连杆轴承	
	标准间隙	极限值	标准间隙	极限值
解放 CA6102	0.046~0.109	0.20	0.036~0.088	0.15
东风 EQ6100-1	0.040~0.110	0.20	0.026~0.084	0.15
上海桑塔纳	0.030~0.080	0.17	0.030~0.080	0.12
广州标致	0.020~0.051	0.10	0.020~0.051	0.10
北京切诺基	0.030~0.060	0.10	0.030~0.080	0.12
一汽奥迪	0.030~0.080	0.12	0.030~0.080	0.12
南京依维柯	0.043~0.094	0.20	0.028~0.075	0.15
天津夏利	0.020~0.070	0.10	0.020~0.070	0.10
丰田 2Y、3Y	0.020~0.051	0.10	0.020~0.051	0.10

2. 曲轴轴向间隙的检测与调整

曲轴轴向间隙因车而异一般为 0.05 ~ 0.20 mm,使用极限为 0.35 mm。轴向间隙过大会引起气缸、主轴承和连杆轴承的异常磨损,甚至黏结咬死。因此在二级维护时应检查曲轴的轴向间隙。

曲轴轴向间隙的调整是通过更换不同厚度的、装在曲轴前端或后端的止推环进行调整的;有的则是更换装在中间的不同侧面厚度的止推型轴承进行调整的。当止推环或轴承止推翻边磨损至极限厚度时必须更换。如 EQ6100 型发动机轴承止推翻边的极限厚度为 0.6 mm,CA6102 型发动机止推环极限厚度为 0.75 mm。

六、轴承的选配

现代发动机的主轴承和连杆轴承,为适应高速、重载、高自锁性能的要求,达到便于大批量生产和降低成本的目的,普遍采用薄型多层合金(3 ~ 5 层)的滑动轴承。直接选配、不刮"瓦"、不加垫就是现代曲轴轴承的修理特点。

轴承的选配包括选择合适内径的轴承以及检验轴承的高出量、自由弹开量、横向装配标记——凸唇、轴承钢背表面质量等内容。

1. 选择轴承内径

根据曲轴轴颈的直径和规定的轴承径向间隙选择合适内径的轴承。现代发动机曲轴轴承制造时,根据选配的需要,其内径已制成一个尺寸系列,如东风 EQ6100 型发动机曲轴轴承就有 14 种不同内径的轴承供选用。

2. 检验轴承钢背质量

钢背光整无损,横向定位凸唇完好。

3. 检验轴承弹开量

轴承弹开量:汽油机一般为 0.8 ~ 1.5 mm,柴油机为 1.5 ~ 2.5 mm,如图 2-72(a)所示。

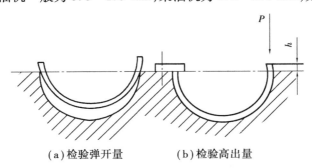

(a)检验弹开量　　　　(b)检验高出量

图 2-72　轴承的检验

4. 检验轴承高出量

汽油机轴承高出量一般为 0.04 ~ 0.09mm。检验时把轴承装入轴承孔,按原厂规定的紧固力矩拧紧两侧的紧固螺栓。然后完全松开一侧的紧固螺栓,再用厚薄规检查轴承孔剖分面的间隙,此间隙就是轴承的高出量,大约为 0.06 mm。柴油机轴承负荷大,高出量也大,必须按原厂规定在专门的检验规中检查,如图 2-72(b)所示。

轴承高出量过小,轴承装配后与承孔的过盈不足,自锁能力弱,在工作中容易产生转动,引起"烧瓦"。高出量过大,装配后轴承局部可能翘起,在冲击载荷下,合金层不但容易疲劳剥落,加速轴承疲劳"泯口",引起"烧瓦",还可能造成承孔穴蚀,也同样破坏轴承的自锁性能。

七、飞轮的修理

1. 更换齿圈

当飞轮齿圈有断齿或齿端冲击耗损,与起动机齿轮啮合困难时,应更换齿圈或飞轮组件。齿圈与飞轮配合过盈为 0.30 ~ 0.60 mm。更换时先将齿圈加热至 623 ~ 673 K,进行热压配合。

2. 修整飞轮工作平面

飞轮工作平面有严重烧灼或磨损沟槽深大于 0.50 mm,应进行修整。修整后工作平面的平面度误差不得大于 0.10 mm;飞轮厚度极限减薄量为 1 mm;与曲轴装配后的端面圆跳动误差不得大于 0.15 mm。

3. 曲轴、飞轮、离合器总成组装后进行动平衡试验

组件动不平衡量应不大于原厂规定。东风、解放牌汽车不大于 100 g·cm。国产轻型载货汽车、客车以及进口载货汽车一般不大于 70 g·cm,轿车不大于 30 g·cm。组件的不平衡量过大,使组件共振临界转速降低。假若共振临界转速降至发动机经济转速内,曲轴就会长期在共振条件下工作,造成曲轴早期疲劳断裂,飞轮壳早期产生纵向裂纹,甚至引起手动变速器直接挡自动脱挡等故障。因此,更换飞轮或齿圈、离合器压盘或总成之后,都应重新进行组件的动平衡试验。

八、曲轴扭转减振 2S 的检查

现代发动机曲轴的前端多数都装有扭转减振器,用于减小曲轴的共振倾向和平衡曲轴前后两端的振动,降低曲轴的疲劳应力。目前采用比较普遍的是橡胶式扭转减振器。检查扭转减振器时,若发现内环(轮毂)与外环(风扇皮带或平衡盘)之间的橡胶层脱层,内、外环出现相对转动,两者的装配记号(刻线)相错,说明扭转减振器已丧失了工作能力,必须更换。

九、曲轴飞轮组的安装

(1)将清洗干净的气缸体倒置于安装支架上,正确安放好各道主轴承瓦和止推垫片,注意将有油槽的一片轴瓦装在缸体轴承座孔中。

(2)将曲轴放入缸体轴承座孔中,依标记号合上各道主轴承盖,按规定转矩依次拧紧各轴承盖螺栓,扭紧力矩因车而异,上海桑塔纳 JV 型发动机扭紧力矩为 65 N·m;安装止推垫片后应轴向撬动曲轴检查其轴向间隙;每紧固一道主轴承盖后应转动曲轴数周,检查其径向间隙,轴承过紧间隙不合要求时应查明原因,及时予以排除。

(3)安装曲轴前,后端油封凸缘,凸缘衬垫及油封等。

(4)安装飞轮,前端轴齿带轮。

实训工单

实训项目		专业班级	
姓名		学号	
实训小组		日期	

一、实训要求

二、实训内容

三、实训步骤

四、评价(优 、良 、差)

	自我评价	学生互评	老师评价	总　评
实训情况				
实训态度				
卫生打扫				

实训项目五 曲柄连杆机构常见故障诊断与排除

实训目的及要求

(1)知道曲柄连杆机构常见故障。

(2)能根据故障现象准确判断故障类型。

(3)能排除曲柄连杆机构故障。

实训设备及工量具

(1)设备:完整的汽车发动机实训台,整车。

(2)工量具:常用工具,常用量具。

实训内容

曲柄连杆机构的故障属于机械类故障,此类故障大多数是以异响出现的。异响是由于曲柄连杆机构运动机件的自然磨损和老化,使零件相互配合间隙增大和损伤,在运动中由于振动和相互撞击而发生的金属碰击声。所以,曲柄连杆机构的异响,往往反映着不同性质和不同程度的故障。异响的判断工作是一项技术性较强的工作。为能准确、迅速地判断异响故障,可根据异响的产生部位、声响特征、出现时机、变化规律以及尾气排放的烟色、烟量等情况,并借助诊断仪具,找出产生故障的原因并及时排除。否则,发动机带病工作,可能导致更大的损伤。

一、曲轴主轴承响

1. 现象

(1)发动机转速突然变化时,发出低沉连续"镗镗"的金属敲击声,严重时发动机机体发生振动。

(2)响声随发动机转速提高而增大,随负荷的增大而增大,产生响声的部位在气缸的下部。

(3)单缸"断火"时,响声无明显变化,相邻两缸"断火"时,响声会明显减弱。

(4)观察机油压力表,机油压力明显降低。

2. 原因

(1)轴承与轴颈磨损而导致配合间隙过大。

(2)主轴承盖螺栓松动。

(3)主轴承与座孔配合松动。

(4)轴承润滑不良,使轴瓦合金层烧蚀脱落。

3. 故障诊断与排除

(1)在气缸体下部用听诊仪听诊或在机油加油口处听察,并反复改变发动机转速。当突然加速或减速时,如有明显的沉重响声,则是主轴承响。

(2)发动机在正常工作温度情况下,当转速由低速加速到中速,出现有节奏而沉重的响声,发动机温度越高、响声越明显。

(3)单缸"断火"时,响声无变化,而相邻两缸"断火"时,响声会明显减弱,则表明是主轴承响。

(4)如果确诊了主轴承有响声,则应拆卸油底壳,对有异响的轴承进行检查。若是主轴承盖螺栓松动,可按规定的拧紧力矩拧紧;若是主轴承磨损致使与轴颈的配合间隙过大或主轴承表面合金层烧蚀脱落,可更换同一修理尺寸的主轴承;当主轴颈磨损时,应修磨主轴颈并配以相应修理级别的主轴承。

二、连杆轴承响

1. 现象

(1)在突然加速时,有明显的连续"铛铛"敲击声。

(2)响声在怠速时较小。中速时较为明显,发动机温度升高后,响声无变化。

(3)单缸"断火"后,响声明显减弱或消失。

2. 原因

(1)连杆轴承盖螺栓松动。

(2)连杆轴承与轴颈磨损过甚,致使径向间隙过大。

(3)轴承润滑不良,造成轴承合金层烧毁、脱落。

(4)连杆轴承与座孔配合松动。

3. 诊断与排除

(1)在机油加油口处听诊,发动机由低速加速时,发出明显连续的敲击声。当发动机温度升高时,其响声增大。

(2)单缸"断火"时响声减弱或消失,复火时响声恢复,表明该连杆轴承间隙过大或轴承合金层脱落。

(3)机油压力明显降低。

(4)如果确诊了有响声的连杆轴承,则应拆下油底壳进行检查。若连杆轴承盖螺栓松动,按规定的拧紧力矩拧紧;如果是连杆轴承磨损而使得与轴颈的配合间隙过大或连杆轴承表面合金层烧蚀、脱落,可更换同一修理尺寸的连杆轴承;当连杆轴颈磨损或圆度误差过大时,应修磨 连杆轴颈并配以相应修理级别的连杆轴承。

三、活塞敲缸响

1. 现象

(1)发动机怠速时,在气缸的上部发出清晰的"嗒嗒嗒"敲击声。

(2)冷车时响声明显,热车时响声减弱或消失。

(3)该缸"断火"后,响声减弱或消失。

2. 原因

(1)活塞与气缸壁的间隙过大,活塞在气缸内摆动,导致撞击气缸壁而发出响声。

(2)活塞销与连杆衬套装配过紧。

（3）活塞顶碰到气缸衬垫。

（4）连杆变形。

3．故障诊断与排除

（1）用听诊器在气缸体上部听诊，声响明显。

（2）响声在冷车时明显，热车时减弱或消失。

（3）该缸"断火"后，响声减弱或消失，表明是该缸活塞响声。

（4）为进一步证明某缸敲缸，可向怀疑发响的气缸内注入少量机油，使机油附于气缸壁和活塞之间，再起动发动机察听。若敲击声减轻或消失，但运转短时间后又出现，则判断是该缸活塞敲缸响，这是由于活塞与气缸壁间隙过大所致。

（5）如果确诊了有响声的活塞，则应拆下活塞连杆组进行检查。如果是连杆变形或连杆衬套与活塞销装配过紧而产生的响声，应重新校正连杆或修刮连杆衬套；如果是活塞与气缸壁的配合间隙过大而产生异响，由于活塞磨损过大的，可更换同一修理级别的新活塞；由于气缸磨损过大的，则应镗磨气缸并配以相应修理级别的活塞。

四、活塞销响

1．现象

（1）怠速和中速时响声比较明显、清脆，为有节奏的"嗒、嗒"声。

（2）发动机转速变化时，响声的周期也随之变化。

（3）发动机温度升高后，响声不减弱。

（4）该缸"断火"后，响声减弱或消失；恢复该缸工作时的瞬间，会出现明显的响声或连续两个响声。

2．原因

（1）活塞销与连杆小端衬套配合松旷。

（2）活塞销与活塞销座孔配合松旷。

3．故障诊断与排除

（1）当发动机转速变化时，将听诊器触及气缸体上部，可听出清脆连续的响声。

（2）该缸"断火"后，响声减弱或消失；在复火瞬间，响声会敏感地突然恢复并出现双响，表明是该缸的活塞销响。

（3）如果确诊了有响声的活塞销，则应取出该活塞连杆组进行检查。若是活塞销与连杆小端衬套配合间隙过大，应更换新的活塞销和连杆衬套后重新铰削；若活塞销与活塞销座孔配合松旷，应更换新的活塞销和活塞。

实训工单

实训项目		专业班级	
姓名		学号	
实训小组		日期	

一、实训要求

二、实训内容

三、实训步骤

四、评价（优 、良 、差）

	自我评价	学生互评	老师评价	总　评
实训情况				
实训态度				
卫生打扫				

项目 **3**
配气机构的构造与维修

〰〰〰〰〰〰〰〰〰〰〰〰〰〰〰〰〰〰〰〰〰〰〰〰〰〰〰〰〰〰

活 动 一　配气机构的作用、组成和工作原理

📖 **学习目标**

（1）知道配气机构的组成。

（2）知道配气机构的功用。

（3）知道配气机构的工作原理。

📖 **学习内容**

一、配气机构的作用

配气机构的作用是按照发动机各缸的做功次序和每一缸工作循环的要求,定时地将各缸进气门与排气门打开、关闭,以便发动机进行进气、压缩、做功和排气等工作过程。

二、配气机构的组成

发动机的配气机构由气门组和气门传动组组成。

气门组的作用是封闭进、排气道。气门传动组的作用是使进、排气门按配气相位规定的时刻开闭,且保证有足够的开度。

图 3-1 为凸轮轴下置顶置气门式配气机构的组成与布置。气门组主要包括气门 15、气门导管 13、气门弹簧 12、气门弹簧座 9 和气门锁环 10 等。气门传动组主要包括凸轮轴正时齿轮、凸轮轴 1、挺柱 2、推杆 4、摇臂 6 和摇臂轴 8 等。

气门 15 穿过气门导管 13,在其尾端通过气门锁环 10 固定着气门弹簧座 9。气门弹簧 12套于气门杆外围,并有一定的预紧力。气门弹簧的上端抵于弹簧座 9,下端抵于缸盖。当气门关闭时,在气门弹簧预紧力的作用下,气门头部密封锥面压紧在气门座上,将气道封闭。摇臂

轴8通过支架固定在缸盖上平面,摇臂6套在摇臂轴上,可绕摇臂轴转动。摇臂长臂端与气门杆尾部接触,短臂端装有调整气门间隙的调整螺钉。凸轮轴1安装在缸体的一侧,挺柱2呈杯状,位于挺柱导向体内,下端与凸轮轴接触。推杆4为一细长杆件,上端与摇臂调整螺钉7接触,下端穿过缸盖与挺柱接触。

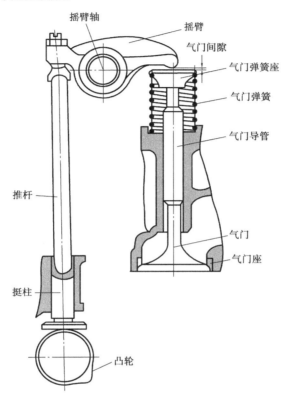

图3-1　凸轮轴下置顶置气门式配气机构

三、配气机构的布置和传动

1. 气门的布置形式及凸轮轴的布置形式

气门的布置形式大体可分为顶置式和侧置式两种。侧置式的气门布置在气缸的一侧,使燃烧室的结构不够紧凑,限制了压缩比的提高,并且由于进气弯道多,进气流动阻力大,发动机的动力性和高速性能较差,所以这种布置结构已经趋于淘汰。现在采用较多的是气门顶置式的结构。顶置气门的布置有如下几种形式。

1)下置凸轮轴驱动的顶置气门形式(OHV)

该形式的布置如图3-2所示。其特点是凸轮轴布置在气缸体上,由曲轴正时齿轮或正时皮带轮带动凸轮轴旋转。当转动到凸轮上升曲线段时,凸轮顶起挺柱、推杆、摇臂,使摇臂绕摇臂轴旋转,压缩弹簧后顶开气门。当凸轮轴转到凸轮的基圆部分(无升程段)时,气门在气门弹簧的作用下落座而关闭。该形式配气系统的零件包括:凸轮轴挺柱、推杆、摇臂组(包括摇臂、摇臂轴、摇臂座)、气门组(包括气门、弹簧座、气门弹簧、导管等)。这种布置结构的主要优点是凸轮轴离曲轴较近,可用齿轮驱动,传动简单。但由于零件多、传动链长、系统刚度

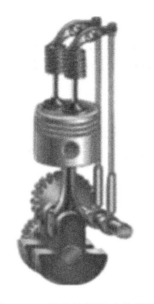

图3-2 下置凸轮轴驱动的顶置气门

差等缺点,此结构在现代轿车高速发动机中已被淘汰。目前国产轻、中型汽车上,采用这种布置形式有:BJ2023、EQ1090、CA1091等。

2)单顶置凸轮轴(SOHC)驱动的顶置气门

这种布置形式的发动机在国内经济型轿车(如西耶那、赛欧、奇瑞等)被广泛采用,它利用单凸轮轴驱动气门,并将凸轮轴布置在气缸盖上,通过凸轮、摇臂直接推动气门开启和关闭。单顶置凸轮轴的布置也有如下几种形式:图3-3(a)为气门平行布置,凸轮压摇臂再推开气门。图3-3(b)所示气门也是平行布置,但它采用凸轮顶起摇臂,使摇臂绕摇臂轴旋转后再顶开气门。图3-3(c)是气门成夹角布置,单凸轮轴推动摇臂,再推动双列气门。图3-3(d)是单凸轮轴推动成夹角布置的4气门布置。后两种形式广泛用在多气门发动机上。由于它仅用一根凸轮轴同时驱动进排气门,结构简单、布置紧凑。

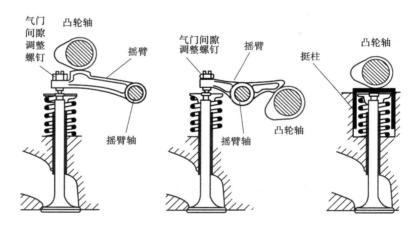

图3-3 单顶置凸轮轴气门布置形式

3)双顶置凸轮轴(DOHC)驱动的顶置气门

双顶置凸轮轴的布置有两种形式:

①双凸轮轴的凸轮通过摇臂驱动气门的形式,如图3-4(a)所示。

②双凸轮轴的凸轮直接驱动挺柱从而驱动气门的形式,如图3-4(b)所示。双顶置凸轮轴布置形式的发动机在国内中高档轿车(如奥迪A6、本田雅阁)以及某些经济型轿车(如金夏利、夏利2000、美日、优利欧、海马323、杰士达美鹿)上被广泛采用。

DOHC发动机与SOHC发动机相比,在性能上各有利弊,在发动机设计、制造和使用方面,两者各有不同。DOHC发动机可以调节不同工况下的配气相位,而SOHC则只能维持设计时的标准,这点对赛车尤为重要,所以绝大多数的赛车发动机均采用DOHC设计结构,但DOHC发动机制造工艺较复杂、成本较高。

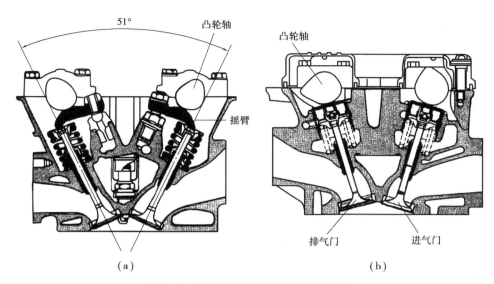

图 3-4　双顶置凸轮轴气门的布置形式

2. 配气机构的传动

配气机构的传动大致有以下几种形式：

1）齿轮传动

凸轮轴下置的配气机构大多采用圆柱形正时齿轮传动。一般从曲轴到凸轮轴的传动只需一对正时齿轮，必要时可加装中间齿轮。为了啮合平稳，减小噪声，正时齿轮多用斜齿。在中、小功率发动机上，曲轴正时齿轮用钢来制造，而凸轮轴正时齿轮则用铸铁或夹布胶木制造，以减小噪声。为了装配时保证正确的配气相位，齿轮上都有正时记号，装配时必须使记号对齐。解放 CA1091 和东风 EQ1090E 型载货汽车的配气机构均采用齿轮传动，如图 3-5 所示。

2）链传动

链传动一般用在凸轮轴顶置的配气机构中，为了不致脱链和工作时链条具有适度的张力，一般装有导链板和张紧轮等装置，如图 3-6 所示。链传动的优点是布置容易，若传动距离较长时，还可用两级链传动。但其可靠性和耐久性不如齿轮传动，其传动性能在很大程度上取决于链条的制造质量。另外，由于多处使用导链板和张紧轮，结构质量噪声（除无声链）也较大。此种传动方式在奔驰、宝马等高档车型上比较常见。

图 3-5　正时齿轮传动

图 3-6　凸轮轴的链传动装置

3）同步带传动

现代高速汽车发动机上广泛采用同步带传动的形式。凸轮轴的同步带传动装置如图 3-7 所示。中间设置一个张紧轮，可以调整同步带的张紧力。采用同步带传动，不但可以减少噪声，减少结构质量而且有效降低了成本。一汽奥迪 100 和捷达高尔夫、上海桑塔纳轿车配气机构均采用同步带传动。

图 3-7　凸轮轴的同步带传动装置

3. 气门数目及排列方式

一般发动机都采用每缸两气门，即一个进气门和一个排气门的结构。为了进一步改善气缸的换气性能，在结构允许的条件下，应尽量增大进气门头部的直径。当气缸直径较大、活塞平均线速度较高时，每缸一进一排的气门结构就不能保证良好的充气效率，因此，在现代汽车发动机上普遍采用每缸多气门结构，如图 3-8 所示。如奔驰 S320 型汽车发动机采用每缸三气门结构（图 3-9）；POLO1.4L 型汽车发动机采用每缸四气门结构；帕萨特 1.8T 型发动机、捷达王 EAll3 型（图 3-10）发动机采用每缸五气门结构（三个进气门、两个排气门）。气门数目的增加，使发动机的进、排气通道的横截面积大大增加，提高了发动机的充气效率，改善了发动机的动力性能。

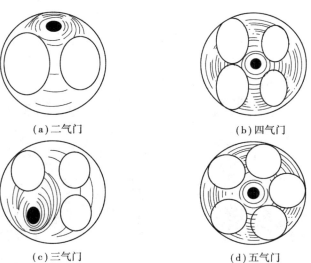

(a)二气门　　　　　　　　　(b)四气门

(c)三气门　　　　　　　　　(d)五气门

图 3-8　发动机气门排列形式

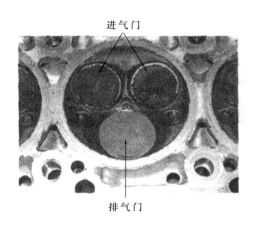

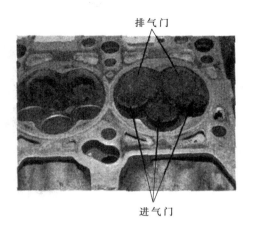

图 3-9 奔驰 S320 轿车发动机三气门的布置 **图 3-10 帕萨特 1.8T 轿车发动机五气门的布置**

当每缸采用两气门时,为了使结构简单,常采用所有气门沿气缸体纵向轴线排成一列的方式。这样,相邻两缸同名气门就有可能合用一个气道,并得到较大的气道通过截面;另一种方式是将进、排气门交替布置,每缸单独占用一个气道,这样有助于气缸盖冷却均匀。发动机的进、排气道通常置于气缸盖的同一侧,以便进气受到排气的预热。采用汽油喷射的发动机多数将进、排气道分别置于气缸盖的两侧,以便于布置气道,在需要进气预热时,可采用进气预热系统。

当每缸采用四气门时,气门排列的方式有两种。一种是同名气门排成两列,如图 3-11(a)所示,由一个凸轮轴通过 T 形驱动件同时驱动,并且所有气门都可以由一根凸轮轴驱动,但由于两个气门串联,会影响充气效率,且使前后两排气门热负荷不均匀,这种方案不常采用;另一种是同名气门排成一列,如图 3-11(b)所示。这种结构在组织进气涡流、保证排气门及缸盖热负荷均匀等方面都具有相当的优越性,但一般需用两根凸轮轴,进、排气门各用一根。

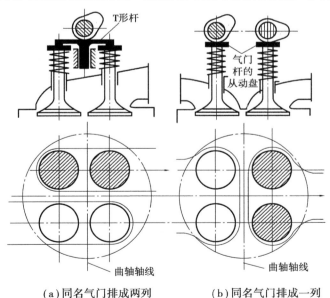

(a)同名气门排成两列 (b)同名气门排成一列

图 3-11 每缸四气门的布置

四、配气机构的工作原理

凸轮轴是通过正时齿轮由曲轴驱动的。四冲程发动机完成一个工作循环,曲轴旋转两周(720°),各缸进排气门各开启一次,凸轮轴只需转一周,因此曲轴转速与凸轮轴转速之比为2:1。

工作原理:当凸轮基圆部分与挺柱接触时,挺柱不升高;凸轮轴上凸起部分与挺柱接触时,将挺柱顶起,挺柱通过推杆调整螺钉使摇臂绕摇臂轴顺时针摆动,摇臂的长臂端向下推动气门,压缩气门弹簧,将气门头部推离气门座而打开。凸轮凸起部分的顶点转过挺柱后,便逐渐减小了对挺柱的推力,气门在其弹簧张力的作用下,开度逐渐减小,直至最后关闭,使气缸密封。

从上述工作过程可以看出,气门的开启是通过气门传动组的作用来完成的,而气门的关闭则是由气门弹簧来完成的。气门的开闭时刻与规律完全取决于凸轮的轮廓曲线形状。每次气门打开时,压缩弹簧,为气门关闭积蓄能量。

活动二　配气相位和气门间隙

📖 **学习目标**

(1)知道什么是配气相位和气门间隙。

(2)知道配气相位和气门间隙的作用。

(3)能准确描述配气相位的角度。

📖 **学习内容**

配气相位就是用曲轴转角表示进、排气门的开闭时刻和开启持续时间。图 3-12 是用曲轴转角绘制的配气相位图。

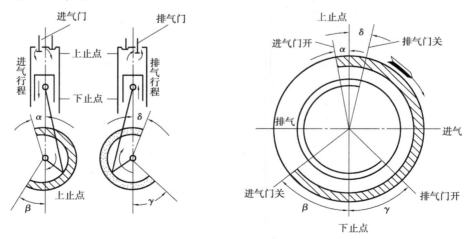

图 3-12　配气相位图

发动机在换气过程中,若能够做到排气彻底、进气充分,则可以提高充气系数,增大发动机输出的功率。四冲程发动机的每一个工作行程,其曲轴要旋转180°。由于现代发动机转速很高,一个行程经历的时间是很短的。如上海桑塔纳的四冲程发动机,在最大功率时的转速达5 600 r/min,一个行程的时间只有0.005 4 s。这样短时间的进气和排气过程往往会使发动机充气不足或排气不净,从而使发动机功率下降。因此,现代发动机都采用延长进、排气时间,使气门早开晚关,以改善进、排气状况,提高发动机的动力性。

一、进气门的配气相位

1.进气提前角

在排气行程接近终了、活塞到达上止点之前,进气门便开始开启。从进气门开始开启到上止点所对应的曲轴转角称为进气提前角,用 α 表示,一般为10°~30°。

由于进气门早开,使得活塞到达上止点开始向下移动时,进气门已有一定开度,所以可较快地获得较大的进气通道截面,减少进气阻力。

2.进气迟后角

在进气行程下止点过后,活塞上行一段,进气门才关闭。从下止点到进气门关闭所对应的曲轴转角称为进气迟后角,用 β 表示,一般为40°~80°。

进气门晚关,是因为活塞到达下止点时,由于进气阻力的影响,气缸内的压力仍低于大气压且气流还有相当大的惯性,仍能继续进气。下止点过后,随着活塞的上行,气缸内压力逐渐增大,进气气流速度也逐渐减小,直到流速等于零时,进气门便关闭。若 β 过大,便会将进入气缸的气体重新又压回进气管。进气门开启持续时间内的曲轴转角,即进气持续角,为 $\alpha + 180° + \beta$。

二、排气门的配气相位

1.排气提前角

在做功行程的后期,活塞到达下止点前,排气门便开始开启。从排气门开始开启到下止点所对应的曲轴转角称为排气提前角,用 γ 表示。γ 一般为40°~80°。

在做功行程结束前,气缸内还有0.3 MPa~0.5MPa的压力,做功能力已经不大,但此时如提前打开排气门,可利用此压力使气缸内的废气迅速地自由排出,待活塞到达下止点时,气缸内只剩下约110~120 kPa的压力,使排气行程所消耗的功率大为减小。此外,高温废气的早排,还可防止发动机过热。若 γ 角过大,则得不偿失。

2.排气迟后角

在活塞越过上止点后,排气门才关闭。从上止点到排气门关闭所对应的曲轴转角称为排气迟后角,用 δ 表示。δ 一般为10°~30°。

由于活塞到达上止点时,气缸内的压力仍高于大气压,且废气流有一定的惯性,所以排气门适当晚关可使废气排得较干净。

排气门开启持续时间内的曲轴转角,即排气持续角,为 $\gamma + 180° + \delta$。

三、气门重叠与气门重叠角

由于进气门早开和排气门晚关,在排气终了和进气刚开始、活塞处于上止点附近时,进排气门同时开启,这种现象称为气门重叠。进排气门同时开启过程对应的曲轴转角,称为气门重叠角。气门重叠角的大小为 $\alpha + \delta$。

由于气门必须早开晚关,气门重叠现象是不可避免的。由于新鲜气流和废气气流都有各自的流动惯性,在短时间内不会改变流向,只要角度选择合适,就不会出现废气倒流进气道和新鲜气体随废气一起排出的现象。相反,进入气缸内部的新鲜气体可增加气缸内的气体压力,有利于废气的排出,但气门重叠角必须选择适当,否则会出现气体倒流现象。

四、配气相位对发动机工作性能的影响

配气相位四个角度的大小,对发动机性能有很大影响。进气提前角增大或排气迟后角增大使重叠角增大,会出现废气倒流、新鲜气体随废气排出的现象,不但影响废气的排出量和进气的充气量大小,对于汽油机来说,还会造成燃料的浪费。相反,气门重叠角过小,又会造成排气不彻底和进气量减少。

对发动机性能影响最大的是进气迟后角。该角过小,会导致进气门关闭过早而影响进气量。但该角过大,进气门关闭过晚,会由于活塞上行,气缸内压力升高,进入气缸内的气体被重新压回到进气道内,同样影响发动机的进气量。

排气提前角过大,会将仍有做功能力的高温高压气体排出气缸,造成发动机功率下降,油耗增大,排气压力过高还会造成排气管产生放炮现象。但排气提前角过小,不但因排气阻力而增加发动机的功耗,还可能造成发动机过热。

合理的配气相位是根据发动机结构形式、转速等因素通过反复试验而确定的。结构不同,配气相位也不同。目前,大多数发动机的配气相位是不能改变的。它是按照发动机性能要求,通过试验来确定某一转速下较合适的配气相位。因此,发动机在这一转速下运转时,配气相位最合适,而在其他转速下运转时,配气相位就不是最合适的。

现在,有采用集中控制系统的发动机,其配气相位可以随发动机转速、负荷变化而自动调整。调整装置装在凸轮轴正时齿轮(或正时链轮)与凸轮轴之间,接受集中控制系统电脑的指令,对发动机配气相位进行自动调整。

五、气门间隙

发动机工作时,气门将因温度升高而膨胀,如果气门及其传动件之间在冷态时无间隙或间隙过小,则在热态时,气门及其传动件的受热膨胀势必引起气门关闭不严,造成发动机在压缩和做功行程中漏气,而使功率下降,严重时甚至不易起动。为了消除这种现象,通常在发动机冷态装配时,在气门与其传动机构中留有适当的间隙,以补偿气门受热后的膨胀量,这一间隙通常称为气门间隙。有的发动机采用液压挺柱,挺柱的长度能自动调整,随时补偿气门的热膨胀量,故不需要预留气门间隙。

气门间隙的大小由发动机制造厂根据试验确定。一般在冷态时,进气门的间隙为 0.25 ~ 0.35 mm,排气门的间隙为 0.30 ~ 0.35 mm。如果气门间隙过小,发动机在热态下可能因气门关闭不严而发生漏气,导致功率下降,甚至气门烧坏。如果气门间隙过大,则使传动零件之间以及气门和气门座之间产生撞击响声,并加速磨损,同时也会使气门开启的持续时间减少,让气缸的充气以及排气情况变坏。

活动三　发动机的换气过程

📖 **学习目标**

（1）知道发动机的换气过程作用。

（2）能描述发动机的换气过程。

（3）知道什么是充气效率。

📖 **学习内容**

发动机的排气过程和进气过程统称为换气过程。其任务是尽可能将缸内的废气排除干净，并吸入更多的新鲜混合气。换气过程的质量对发动机的动力性、经济性和排放性能有重要的影响。

一、充气效率

每循环实际进入气缸内的新鲜充气量与进气状态下充满气缸工作容积的新鲜充气量的比值。称为充气效率（η_v），即

$$\eta_v = \frac{\Delta G}{\Delta G_0}$$

式中　ΔG——实际进入气缸内的新鲜充气量的质量；

ΔG_0——进气状态下充满气缸工作容积的新鲜充气量的质量。

因为 $\Delta G < \Delta G_0$，所以非增压发动机的充气效率 $\eta_v < 1$。η_v 越大，说明每循环进入气缸的充气量越多，混合气燃烧时可能放出的热量越大，则发动机发出的功率越大，动力性越好。

二、提高发动机充气效率的措施

1.减小进气系统的流动损失

（1）增大进气门直径，配置适当大小的排气门。增大进气门直径，可使进气门通道截面增大，减小进气阻力。

（2）增加进气门数目。采用 2 进 2 排的 4 气门结构，每缸 4 气门的发动机与每缸 2 气门发动机相比，在气缸直径相同的情况下，进气门面积可增大 30%，排气门面积可增大 40%，这对换气过程极为有利，由此可获得较高的 η_v。

（3）增大气门升程。适当增加气门升程，改进凸轮轮廓设计，在惯性力容许的条件下使气门开闭得尽可能快，以提高气门处的通过能力，减小进气阻力。

（4）减小进气门锥角。在气门升程相同的情况下若将进气门锥角由 45°减小 30°，可增大气流通过端面，减小进气阻力。

2.减小进气道和进气管的阻力

（1）采用较大的通道面积。常采用圆形、D 形和矩形三种形状的截面。

87

（2）减少弯道和截面突变。尽量使其截面的变化转折缓和，减少对气流的阻力和涡流损失。

（3）直接喷射代替化油器。因汽油直接喷射系统的进气道是一个光滑的圆管，它没有化油器式供油系统进气道中的喉管，进气道直径大，空气流动阻力小，进气流量呈圆柱状向缸内流动，可以充分利用进气惯性增加进气量，能进一步提高 η_v，提高发动机功率。

3. 进、排气管分置

柴油机中采取进、排气管分置于气缸两侧的布置方案，以免排气加热进气，使 η_v 得以提高。

4. 减少排气系统对气流的阻力

（1）减少排气门处阻力。排气系统中最小的流通截面在排气门处，应设法减小废气排出时的阻力。如加大气门升程及采用四气门结构，均能有效地提高 η_v。

（2）减少排气道和排气管阻力。应避免排气道内截面突变、急转弯、凸台，以减少排气阻力。

5. 合理选择配气定时

在进、排气门开闭的 4 个提前和迟后角中，合理选择进气门迟闭角，能提高 η_v。因此在配气定时控制中，重点是控制进气门的合理关闭时刻，其次是气门重叠角。

（1）增大进气迟闭角。在进气门开启持续角保持不变的情况下，随着发动机转速的升高，控制进气凸轮轴相对于正时齿形带旋转一个角度，从而改变进气配气正时，提高充气系数。

（2）适当增加气门重叠角。发动机高速运转时，通过改变进气门开启持续时间和升程，增大进气迟后角和重叠角，从而提高充气效率。

6. 利用进、排气管内的动态效应

当发动机的进、排气管具有较长的长度时，由于管内气体具有相当的惯性和可压缩性，在进、排气过程间歇而又周期性的进行中，根据流体力学的规律，势必要在进气管内引起一定的动力现象。这种现象可视为管内气流的惯性效应和管内压力的波动效应共同作用的结果。他们对改善发动机的换气过程、提高气缸的 η_v 有很大影响。

一般而言，进气管长度长，压力波波长大，可使发动机中低转速区功率增大；进气管长度短时，压力波波长短，可使发动机高速区功率增大。

7. 采用发动机增压技术

所谓增压，是在增压器中压缩进入发动机进气管前的充量，增加其密度，使进入气缸的实际进气量比自然吸气发动机的进气量多，从而达到增加发动机功率、改善燃料经济性和排放性能的目的。

活动四　可变气门控制机构

📖 学习目标

（1）知道可变进气正时和升程电子控制系统。

（2）知道凌志 LS400 智能可变配气正时系统工作原理。

（3）知道可变进气正时和升程电子控制（VTEC）系统工作原理。

📖 **学习内容**

一、可变进气正时和升程电子控制系统

为了进一步满足发动机高低速工况的需要，更大程度地提高发动机的性能，比较先进的可变气门正时和升程电子控制（VTEC）的技术已经越来越多地应用到汽车发动机上，这种技术可以使发动机在高速时改变气门正时和升程，从而实现高速大功率和低速大转矩的要求。

现以广州本田雅阁为例具体介绍它的结构和原理。本田雅阁轿车采用单顶置凸轮轴（SOHC）16 气门，每缸有两个进气门和两个排气门。它的 VTEC 系统由发动机控制模块（ECM）控制。发动机低速运转时，VTEC 不工作，发动机的燃烧效率较高且燃油消耗较低；发动机高速运转时，发动机控制模块 ECM 控制 VTEC 同时改变正时和升程，增加进气量，使发动机动力性和经济性大大提高。

1. VTEC 的结构

具有可变气门正时和升程电子控制系统的发动机在每个气缸的两个进气门上都装有一套 VTEC 机构。VTEC 机构主要由气门、凸轮、摇臂、同步活塞 A、同步活塞 B、正时活塞以及正时板等组成，如图 3-13 所示。其中凸轮有 3 个，除了普通发动机具有的主凸轮和辅助凸轮外，还在它们之间增设了一个中间凸轮。中间凸轮升程最大，其次是主凸轮，辅助凸轮最低，与这三个凸轮相对应的摇臂分别称为中间摇臂、主摇臂和辅助摇臂。在三个摇臂内有一个孔道，里面装有正时活塞、同步活塞 A、同步活塞 B 以及定位活塞等，参见图 3-15 和图 3-16。

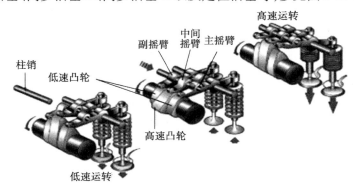

图 3-13　VTEC 的组成

2. VTEC 的工作原理

1）工作原理

VTEC 控制系统由传感器、控制部分和执行部分组成，如图 3-14 所示。其中，控制部分包括发动机控制模块 ECM、VTEC 电磁阀及 VTEC 压力开关。执行部分包括凸轮摇臂和各个活塞。传感器包括转速传感器、车速传感器、冷却液温度传感器等。发动机运转时，发动机控制模块 ECM 根据各种传感器的信号，判断是否需要改变气门正时和升程。当需要改变时，ECM

操纵 VTEC 电磁阀打开油路,使机油推动同步活塞将主摇臂、中间摇臂和辅助摇臂连锁,中间摇臂参与工作,改变气门正时和升程,改变了进气量,从而增加了发动机功率。当 ECM 判断不需 VTEC 系统工作时,VTEC 电磁阀断电,切断油路,同步活塞在回位弹簧的作用下回到初始位置,VTEC 系统不工作。

此外,VTEC 电磁阀开启后,控制系统还可以通过 VTEC 压力开关反馈一信号给 ECM,以便监控系统工作。

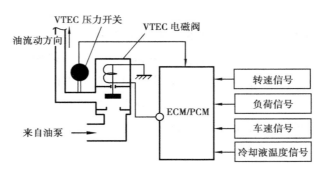

图 3-14　VTEC 的控制系统

2)工作过程

VTEC 系统的具体工作过程如下:

(1)发动机低速运转时。

如图 3-15 所示,当发动机在低速运转时,VTEC 机构的油道内没有机油压力,各个活塞在回位弹簧作用下都处于左端,正时板卡入正时活塞,使其不能移动,同步活塞 A 和同步活塞 B 正好在主摇臂和辅助摇臂内使中间摇臂、主摇臂和辅助摇臂彼此分离独立工作。这时的两个进气门中,一个由主凸轮带动主摇臂驱动,另一个由辅助凸轮带动辅助摇臂驱动。因为主凸轮升程大,所以气门开度大,辅助凸轮升程小,它驱动的气门开度也小。但主凸轮的升程决定了此时进入气缸的燃油混合气还是相对较少。这时虽然中间摇臂也被凸轮驱动,但因为三个摇臂彼此分开互不干涉,所以中间摇臂并不参与工作,对气门动作毫无影响。由此可见,发动机低速运转时,VTEC 系统不工作,此时的发动机与不带 VTEC 系统的发动机完全一样。

(2)发动机高速运转时。

如图 3-16 所示,当发动机转速达到某一特定转速时,发动机控制模块 ECM 控制 VTEC 电磁阀打开,使机油注入 VTEC 机构油道内,正时板移出。气门关闭时,摇臂对正,机油推动正时活塞、同步活塞 A 和同步活塞 B 克服回位弹簧的作用力向右移动,并逐渐接通三个摇臂,使三个摇臂锁为一体,同时动作。由于中间凸轮的升程最高,所以摇臂锁为一体后由它驱动,此时的气门开启时间和开启升程都增加。所以在发动机高速运转时,VTEC 系统工作,改变气门正时和气门升程,使发动机功率和扭矩均得到提高。

当发动机转速再次下降到规定值后,VTEC 电磁阀断电,切断油路,使摇臂内孔中的油压降低,正时活塞在回位弹簧的作用下回到原位,使三个摇臂再次分离,独立工作。

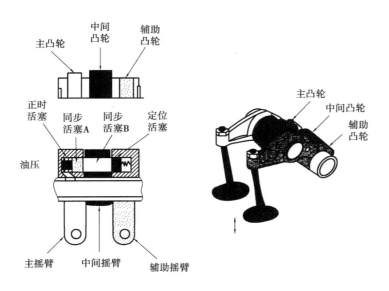

图 3-15　发动机低速运转

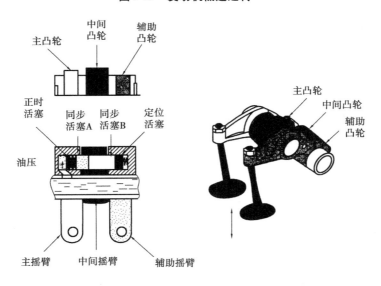

图 3-16　发动机高速运转

二、凌志 LS400 智能可变配气正时系统（简称 VVT-i）

VVT-i 系统用于控制进气门凸轮轴在 50°范围内调整凸轮轴转角,使配气正时满足有优化控制发动机工作状态的要求,从而提高发动机在所有转速范围内的动力性、经济性和降低尾气的排放。

如图 3-17 所示,VVT-i 系统由 VVT-i 控制器、凸轮轴正时机油控制阀和传感器三部分组成。其中,传感器有曲轴位置传感器、凸轮轴位置传感器和 VVT 传感器。

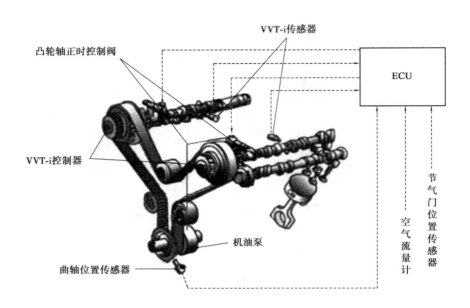

图 3-17　LS400 智能可变配气正时系统的组成

LS400 汽车的发动机是 8 缸 V 形排列 4 气门式的,有两根进气凸轮轴和两根排气凸轮轴。在工作过程中,排气凸轮轴由凸轮轴齿形带轮驱动,其相对于齿形带轮的转角不变。曲轴位置传感器测量曲轴转角,向 ECU 提供发动机转速信号;凸轮轴位置传感器测量齿形带轮转角;VVT 传感器测量进气凸轮轴相对于齿形带轮的转角。它们的信号输入 ECU,ECU 根据转速和负荷的要求控制进气凸轮轴正时控制阀,控制控制器使进气凸轮轴相对于齿形带旋转一个角度,达到进气门延迟开闭的目的,用以增大高速时的进气迟后角,从而提高充气效率。

1. 结构

VVT-i 控制器的结构如图 3-18 所示,它包括由正时带驱动的外齿轮和与进气凸轮轴刚性连接的内齿轮,以及一个内齿轮、外齿轮之间的可动活塞。活塞的内、外表面上有螺旋形花键。活塞沿轴向的移动,会改变内、外齿轮的相对位置,从而产生配气相位的连续改变。

VVT 外壳通过安装在其后部的剪式齿轮驱动排气门凸轮轴。

凸轮轴正时控制阀根据 ECU 的指令控制阀轴的位置,从而将油压施加给凸轮轴正时带轮以提前或推迟配气正时。发动机停机时,凸轮轴正时控制阀处于最延迟的位置,如图 3-19(b)所示。

2. 工作原理

根据发动机 ECU 的指令,当凸轮轴正时控制阀位于图 3-19(a)所示时,机油压力施加在活塞的左侧,使得活塞向右移动。由于活塞上的旋转花键的作用,进气凸轮轴相对于凸轮轴正时带轮提前转一角度。

当凸轮轴正时控制阀位于图 3-19(b)所示位置时,活塞向左移动,并向延迟的方向旋转。进而,凸轮轴正时控制阀关闭油道,保持活塞两侧的压力平衡,从而保持配气相位,由此得到理想的配气正时。

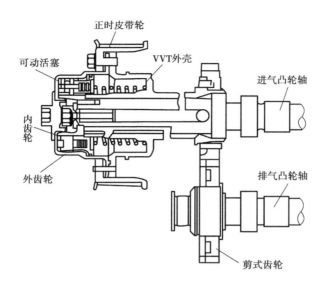

图 3-18　VVT-i 控制器的结构

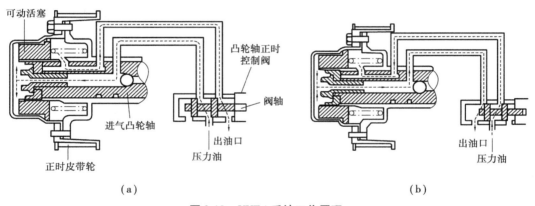

（a）　　　　　　　　　　　　　　（b）

图 3-19　VVT-i 系统工作原理

活 动 五　气 门 组 的 构 造

📖 **学习目标**

（1）知道气门组的组成。

（2）知道气门组的功用。

（3）知道气门组的工作原理。

📖 **学习内容**

如图 3-20 所示,气门组由气门、气门导管、弹簧座、气门弹簧、锁片等零件组成。有的进气门还设有气门旋转机构。气门组应保证气门能够实现气缸的密封,因此要求:①气门头部与气门座贴合严密;②气门导管对气门杆的往复运动有良好的导向;③气门弹簧的两端面与气门杆的中心线相垂直,以保证气门头部在气门座上不偏斜;④气门弹簧的弹力足以克服气门

锁片
弹簧座
气门弹簧
气门导管
气门座圈
气门

图 3-20　气门组

及其传动件的运动惯性力,使气门能迅速开闭,并保证气门紧压在气门座上。

1. 气门

气门由气门头部及杆部两部分组成。气门头部顶面的形状有凸顶、平顶和凹顶(图 3-21)。凸顶的刚度大,受热面积也大,用于某些排气门;平顶的结构简单、制造方便,受热面积小,应用最多;气门顶部形状为漏斗形,其质量小、惯性小,头部与杆部有较大的过渡圆弧,使气流阻力小,以及具有较大的弹性,对气门座的适应性好(又称柔性气门),容易获得较好的密封,但受热面积大,易存废气,容易过热及受热易变形,所以仅用作进气门;凹顶气门的刚性和弹性居于平顶和漏斗形顶之间,对气门座口也有较好的适应性,应用也较多。气门头部的工作面被加工成锥形,它与气门座相配合形成密封带,此锥形面的锥角一般为 30° 或 45°。

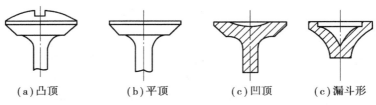

(a)凸顶　　　(b)平顶　　　(c)凹顶　　　(c)漏斗形

图 3-21　气门的顶部形状

气门杆是一个圆柱形的杆,一端与头部相连接,另一端称为气门杆端,与弹簧座相连。气门杆端与弹簧座连接的方式有两种。

一种是带有锁片的杆端(图 3-22),在气门杆端部车有沟槽,在沟槽上装有两个半圆形的锁片。锁片外表面为圆锥面,具有内锥面的弹簧座安装在锁片外面。在弹簧的支撑下,弹簧座紧压两个半圆锁片使其紧箍在气门杆端部,这样,弹簧座、锁片与气门连成一个整体,在凸轮控制下与气门一起运动。

另一种气门杆尾部是利用气门调整座来固定气门弹簧的(图 3-23)。气门调整座的杆部车有外螺纹,它与气门杆上部的内螺纹相配合,调整座底面的圆周上铣有小齿。在调整座的下面有齿锁,在齿锁的上端面的圆周上也铣有小齿,齿锁上的小齿与气门调整座上的小齿互相咬合。齿锁的内孔做成三棱形,气门杆外表面也加工成三棱形,使其与齿锁内孔相配合。在气门调整座拧入气门杆后,在弹簧力的作用下,套在气门杆外面的齿锁与气门调整座紧紧咬住,从而使气门调整座、齿锁与气门形成了一个整体。

2. 气门导管

气门导管的功用是:在气门做往复直线运动时进行导向,以保证气门与气门座之间的密封;当凸轮直接作用于气门杆端时,承受侧向作用力并散出气门的部分热量。

气门导管(图 3-24)内、外圆柱面经加工后压入气缸盖或气缸体的气门导管孔中,然后再精铰内孔。为了防止轴向运动,设有卡环定位槽,它与定位卡环配合便可防止工作时导管移动而落入气缸中。气门杆与气门导管之间一般留有微量间隙,使气门杆能在导管中自由运动。气门导管工作温度较高,润滑较差,一般用含石墨较高的铸铁或铁基粉末冶金制成,以提高自身润滑性能。

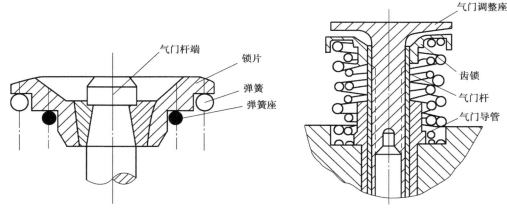

图 3-22　气门杆尾端锁夹固定弹簧座　　图 3-23　气门调整座固定气门弹簧

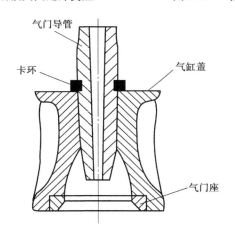

图 3-24　气门导管和气门座

3. 气门座

气门座(图 3-24)的功用是防止气门直接落座在气缸盖上而引起缸盖的过度磨损。有些发动机的气门座是在缸盖(或缸体)上直接加工出来的,而大多数发动机的气门座是用耐热合金钢或合金铸铁单独制成座圈,然后压入气缸盖(体)中,以提高使用寿命和便于修理更换。

4. 气门弹簧

气门弹簧的功用是:保证气门回位;在气门关闭及振动弹跳时保证气门与气门座之间的密封;保证气门在工作时不致因惯性力而与凸轮分离。

发动机的气门弹簧一般采用圆柱螺旋弹簧(图 3-25)。有的发动机上每个气门采用直径不同的两个弹簧,这两个弹簧同心地安装在气门导管的外面(图 3-26)。采用两个弹簧既可减低弹簧的高度,从而降低发动机的高度尺寸,又可提高弹簧工作可靠性,可以抑制共振的产生。为了保证两圈弹簧在工作时不致互相卡住,内、外弹簧的螺旋方向应该相反。有些发动机采用不等距的圆柱螺旋弹簧,其目的也是减少共振的产生。在安装时,螺距较小的一侧通常朝向缸盖,或将有色标的一侧按维修手册要求安装。

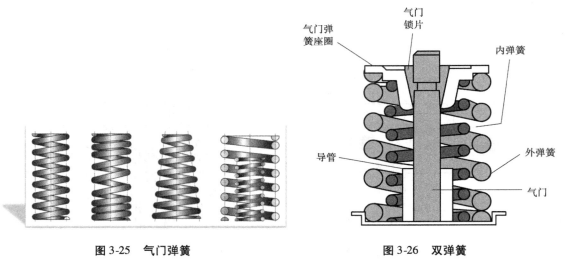

图 3-25　气门弹簧

图 3-26　双弹簧

5. 气门旋转机构

为改善气门局部过热和清除气门杆及气门座锥面上的积碳,有些发动机上采用了气门旋转机构(图 3-27)。气门旋转机构由外壳、底座、碟形弹簧、滚珠与回位弹簧所组成。底座的内孔与气门导管相配合,以保证底座不旋转。底座上有 6 个凹槽、6 个滚珠和回位弹簧分别放在每个凹槽中。碟形弹簧支承在底座的凸台上,其外边缘与外壳相连。碟形弹簧与滚珠之间有间隙。气门关闭时,碟形弹簧的弹力大于气门弹簧的预紧力,旋转机构处于自由状态。气门开启时,气门弹簧弹力增大,碟形弹簧开始产生变形——变形量由小至大逐渐变化,直至与滚珠接触为止。当气门弹簧弹力继续增大,便迫使滚珠向凹槽低处移动,由于底座不能转动,在摩擦力作用下,碟形弹簧以上的部分产生转动,从而带动气门一起旋转一个微小的角度。气门逐渐关闭时,弹簧力不断放松,碟形弹簧不断复原,当复原到一定程度时,滚珠在回位弹簧作用下便返回原处。这样,气门每开、闭一次,就向一个方向转过一定的角度。

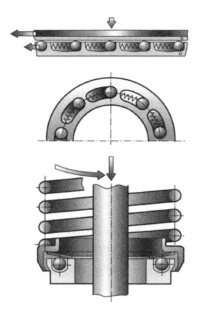

图 3-27　气门旋转机构

6. 气门油封

气门杆与气门导管之间有一定的间隙。配气机构工作时,会有适量的润滑油从此间隙流进气门和排气门上,对气门杆和气门导管进行润滑。但如果进入的润滑油量过大,过多的润滑油就会进入燃烧室内燃烧(即发生烧机油现象),这不仅增加了润滑油的消耗量,还会在气门、气门锥面以及气门杆上产生积碳,影响气门的密封,甚至有可能造成气门杆与气门导管咬死,导致严重后果。为了防止由于过量机油进入燃烧室而造成这种严重后果的发生,一般在气门导管上端安装有橡胶油封,这就是气门油封。

<h1 style="text-align:center">实训项目六　气门组零件的检修</h1>

实训目的及要求

(1)知道气门组常见故障。

(2)能检测气门组数据并判断是否正确。

(3)能根据检测数据判断检修气门组常见故障。

实训设备及工量具

(1)设备:完整的汽车发动机。

(2)工量具:常用工具,常用量具,气门密封检验器。

实训内容

一、气门与气门座的配合要求

气门与气门座圈的配合是配气机构的重要环节,它影响到气缸的密封性,对发动机的动力性和经济性关系极大。

对气门与气门座的配合要求是:

(1)气门与座圈的工作锥面角度应一致。为改善气门与气门座圈的磨合性能,磨削气门的工作锥面,其锥面角度比座圈小 0.5°~1°。

(2)气门与座圈的密封带位置在中部靠内侧,过于靠外,会使气门的强度降低;过于靠内,会造成与座圈接触不良。

(3)气门与座圈的密封带宽度应符合原设计规定,一般为 1.2~2.5 mm。排气门密封带宽度大于进气门密封带宽度;柴油机密封带宽度大于汽油机密封带宽度。密封带宽度过小,将使气门磨损加剧;宽度过大,容易烧蚀气门。

(4)气门工作锥面与杆部的同轴度误差应不大于 0.05 mm。

(5)气门杆与导管的配合间隙应符合原厂规定。

二、气门的检修

气门的常见耗损:气门杆部的磨损,气门工作面磨损与烧蚀,以及气门杆的弯曲变形等。气门出现下列耗损之一时,应予更换:

(1)载货汽车气门杆的磨损量大于 0.10 mm,轿车气门杆的磨损大于 0.05 mm,或出现明显的台阶形磨损。

(2)气门头圆柱面的厚度小于 1.0 mm。因为气门头圆柱部分厚度过小会增大燃烧室容积,影响发动机工作的平稳性,同时使气门头的强度降低;此外,在气门落入座圈的瞬间,尤其是重型柴油机的气门,在高冲击波的作用下可能会出现振弹,容易引起密封带的烧蚀。

（3）气门尾端的磨损大于 0.5 mm。

（4）气门杆的直线度误差应不大于 0.05 mm 时,应予更换或校直,校直后的直线度误差不得大于 0.02 mm。气门杆的直线度按图 3-28 检查:将气门杆部支撑在两只 V 形支架上,用百分表检查气门杆中部,检查时将百分表触头与气门杆接触,将气门杆转动一周,百分比摆差的一半即为气门杆的直线度误差。

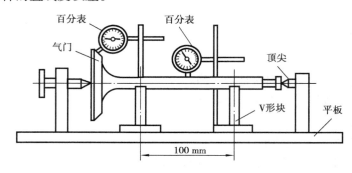

图 3-28　气门杆弯曲的检测

三、气门座的修理

气门座的磨损主要是磨料磨损和由于冲击负荷造成的硬化层疲劳脱落,以及排气门座受高温燃烧气体的腐蚀和烧蚀。气门座磨损后,工作面加宽,气门关闭不严,气门密封性降低。

1. 气门座的镶换

当气门座圈有裂纹、松动、烧蚀或磨损严重;或铰削气门座后,装入新气门,气门大端平面仍低于气缸盖燃烧室平面 2 mm 以上,应镶换新的气门座圈。镶配气门座圈的工艺如下:

（1）拉出旧气门座。

（2）选择新气门座圈。用外径千分尺测量座圈外径,用内径量表测量座圈孔内径,选择合适过盈量,一般为 0.07 ~ 0.17 mm。

（3）气门座圈的镶换。将检验合格的新座圈用于冰或液氮冷却,时间不少于 10 min,同时将缸盖的座圈承孔用汽油喷灯或在箱式炉中加热至 373 ~ 423 K,同时取出加热的缸盖和冷缩的气门座圈,并在座圈外涂上一层密封胶,将座圈压入承孔内。

2. 气门座的铰削

气门座的铰削通常是用手工进行。绞刀的尺寸和形状不同,导杆的尺寸也不同。气门座的铰削工艺过程如下:

（1）选择刀杆。铰削气门座时,利用气门导管作为定位基准,根据气门导管的内径选择相适应的定心杆直径。定心杆插入气门导管内,调整定心杆,使它与导管内孔密切接触不活动,保证铰削的气门座与气门导管中心线重合。

（2）粗铰。选用与气门工作面锥角相同的粗绞刀,置于导杆上。铰削时,把纱布垫在绞刀下,两手用力要均匀,不要用力过大,直到凹陷、斑点全部去除。要磨除座口硬化层,以防止绞刀打滑和延长绞刀使用寿命,如图 3-29(a)所示。

（3）试配。粗铰后,应用光磨过的同一组气门进行涂色试配,查看印痕,看清接触面的宽度和所处的位置。接触面应处于气门座的中下部,接触宽度一般进气门为 1.0～2.2 mm,排气门为 1.5～2.5 mm。当接触面偏上时,用15°锥角的绞刀绞上口,如图3-29(b)所示;接触面偏下时,用75°锥角的绞刀绞下口,如图3-29(c)所示。

(4)精铰。最后选用与工作面角度相同的细刃绞刀进行精铰,并在绞刀下面垫以细纱布进行气门磨修,以降低气门座口表面粗糙度,如图3-29(d)所示。

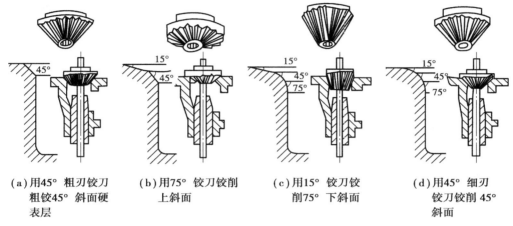

(a)用45°粗刃铰刀　　(b)用75°铰刀铰削　　(c)用15°铰刀铰　　(d)用45°细刃
　粗铰45°斜面硬　　　上斜面　　　　　　　削75°下斜面　　　铰刀铰削45°
　表层　　　　　　　　　　　　　　　　　　　　　　　　　斜面

图 3-29　气门座的铰削顺序

3. 气门座的磨削

气门座的工作表面可以用高速砂轮机进行磨削。用光磨机磨气门座,速度快,质量好,特别是用于气门座硬度高的工作表面,其效果更好。磨削工艺如下:

(1)选择砂轮。根据气门工作面的角度和尺寸选择合适的砂轮:修磨砂轮工作面口达到平整并与轴孔同轴度公差在 0.025 mm 以内。

(2)安装导杆。在气门导管内安装合适的导杆,再将选择好的砂轮装在光磨机上。

(3)光磨。开动电机,并施以轻的压力。光磨时间不要太长,要边磨边检查。

4. 气门的研磨

气门工作锥面经光磨或更换新件,气门座经过磨削后,为使它们达到密封,还需要互相研磨。气门研磨可用手工操作或使用气门研磨机。

(1)手工研磨。研磨前,应先用汽油清洗气门、气门座和气门导管,将气门按顺序排列或在气门头部打上记号,以免搞乱;再在气门工作锥面上涂上一层粗研磨砂,同时在气门杆上涂以润滑油,插入导管内;然后利用气门捻子,将气门做往复和旋转运动与气门进行研磨,注意旋转角度不宜过大,提起和转动气门,变换气门与座相对位置,以保证研磨均匀。手工研磨中,不应过分用力,也不要提起气门用力在气门座上撞击,否则会将气门工作面磨宽或磨出凹槽。

当气门工作面与气门座工作面磨出一条完整且无斑痕的接触环带时,可以将粗研磨砂洗去,换用细研磨砂,继续研磨。当工作面出现一条整齐的灰色的环带时,再洗去细研磨砂,涂上润滑油,继续研磨几分钟即可。

(2)机器研磨。将气缸盖清洗干净,置于气门研磨机工作台上,在已配好的气门工作面上涂一层研磨膏,将气门杆部涂以润滑油装入导管内,调整各转轴,对正气门座孔,连接好研磨装置,调整气门升程,进行研磨,一般研磨10~12 min即可。研磨后,将气门和气门座清洗干净,研磨后的工作面应成为一条平滑。光泽的圆环,不允许有中断和可见的凹槽。

5.气门导管的更换

发动机工作时,气门杆在气门导管中滑动,气门导管起着导向作用,使气门头部与气门座同心。气门导管与缸盖承孔过盈量过小,或气门导管磨损严重,使气门杆与导管的配合间隙超过限度,应予以更换。更换的步骤如下:

(1)用外径略小于气门导管内孔的阶梯轴捅出气门导管。

(2)选择外径尺寸符合要求的新气门导管。

(3)安装气门导管。用细砂布打磨气门导管承孔口,在承孔内壁与导管外表面上涂少许机油,并放正气门导管,垫上铜质的阶梯轴用压力机或手锤将导管装入承孔内。

(4)气门导管的铰削。采用成型专用气门导管绞刀铰削,进刀量不宜过大,绞刀保持垂直,边铰边试,直至间隙合适。

气门杆与导管间隙的经验检查方法为:将气门杆和导管擦净,在气门杆上涂上一层薄机油;将气门放置在导管上后,上下拉动数次后,气门在自重下能徐徐下落,表示气门杆与导管的配合间隙适当。

6.气门弹簧的检测

气门弹簧的损坏除断裂外,还有歪斜、弹力减退。气门弹簧的歪斜将影响气门关闭时的对中性,使气门关闭不严,容易烧蚀密封带,影响发动机的正常工作。

1)气门弹簧弹力的检测

气门弹簧弹力降低,将使气门关闭时回弹振抖,不但影响气缸的密封性,也容易烧蚀气门。气门弹簧的弹力应在弹簧检验仪上进行检测。当弹簧力的减小值大于原厂规定10%时,应予更换。在无弹簧的原厂数据时,一般多采用测量弹簧的自由长度减少值来判断,当其自由长度减小值超过2 mm时,应予更换。

2)气门弹簧歪斜的检验

检查气门弹簧的端面与中心线的垂直度。要求其不超过2°;各道弹簧圈的外径应在同一平面上,其误差不超过1 mm,否则应更换。

7.气门的密封性检验

1)凭经验检验法

(1)检验前,将气门及气门座清洗干净,在气门锥面上用软铅笔均匀地划上若干条线,每线相隔约4 mm,然后与相配气门座接触,略压紧并转动气门45°~90°,取出气门,查看铅笔线条,如铅笔线条均被切断,如图3-30所示,则表示密封良好,否则,应重新研磨。

(2)将气门与相配气门座轻轻敲击几次,查看接触带,如有明亮的连续接触环痕,即为合格。

(3)在气门工作面上涂抹一层轴承蓝或红丹,然后用橡皮捻子吸住气门在气门座上旋转1/4圈,再将气门提起。若轴承蓝或红丹布满气门座工作表面而无间断,又十分整齐,即表示密封良好。

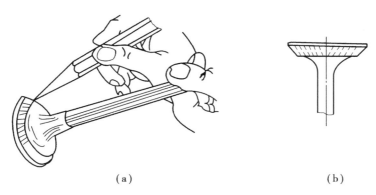

图 3-30　用铅笔划线检查

（4）可用煤油或汽油浇在气门顶面上，5 min 内视气门与座接触处是否有渗漏现象，如无则为合格。

2）检验器试验法

如图 3-31 所示，气门与气门座密封性试验器由气压表、空气容筒及橡皮球等组成。试验时，先将空气容筒紧密贴在头部周围，再压缩橡皮球，使空气容筒内具有一定压力（68.6 kPa 左右）。在半分钟内，如果气压表的读数不下降，则表示气门与座的密封性良好。

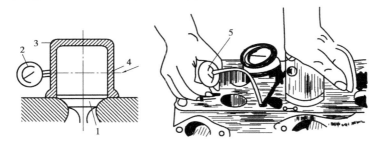

图 3-31　用气门密封检验器检验气门的密封性
1—气门；2—气压表；3—空气容筒；4—同橡皮球相同的气孔；5—橡皮球

实训工单

实训项目		专业班级	
姓名		学号	
实训小组		日期	

一、实训要求

二、实训内容

三、实训步骤

四、评价（优 、良 、差）

	自我评价	学生互评	老师评价	总　评
实训情况				
实训态度				
卫生打扫				

活动六　气门传动组的构造

📖 **学习目标**

（1）知道气门传动组的组成。

（2）知道气门传动组的功用。

（3）知道气门传动组的工作原理。

📖 **学习内容**

气门传动组主要包括凸轮轴和正时齿轮、挺柱及其导管，气门顶置式配气机构还有推杆、摇臂和摇臂轴等。气门传动组的作用是使进、排气门能按配气相位规定的时刻开闭，且保证有足够的开度。

1. 凸轮轴

凸轮轴主要由凸轮、凸轮轴轴颈等组成（图 3-32）。下置凸轮轴的汽油机还具有用以驱动机油泵、分电器的螺旋齿轮和用以驱动汽油泵的偏心轮。凸轮受到气门间歇性开启的周期性冲击载荷，因此要求凸轮表面要耐磨，凸轮轴要有足够的韧性和刚度。凸轮轴一般用优质锻钢或特种铸铁制成。凸轮和轴颈的工作表面经热处理后还要精磨和抛光，以提高其硬度及耐磨性。

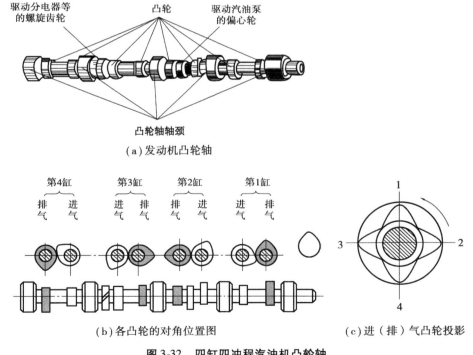

（a）发动机凸轮轴

（b）各凸轮的对角位置图　　　　（c）进（排）气凸轮投影

图 3-32　四缸四冲程汽油机凸轮轴

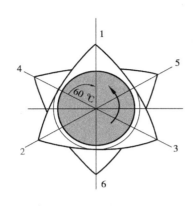

图 3-33 六缸四冲程发动机
进(排)气凸轮投影

由图 3-32 可以看出,同一气缸的进、排气凸轮的相对角位置是与既定的配气相位相适应的。发动机各个气缸的进、排气凸轮的相对角位置应符合发动机各缸的点火次序和点火间隔时间的要求。因此,根据凸轮轴的旋转方向以及各缸进、排气和凸轮的工作顺序,就可以判定发动机的点火次序。图 3-32 所示的四缸四冲程发动机,每完成一个工作循环,曲轴须旋转两周而凸轮轴只旋转一周。在这期间,每个气缸都要进行进气或排气,且各缸进气或排气的时间间隔相等,即各缸进或排气凸轮彼此间的夹角均为 360°/4 = 90°。由图 3-32 可见,汽车发动机的点火次序为 1-3-4-2(凸轮轴旋转方向,从前端向后看)。若六缸四冲程发动机的凸轮轴逆时针旋转,其点火次序为 1-5-3-6-2-4,任何两个相继点火的气缸进气或排气凸轮间的夹角均为 360°/6 = 60°,如图 3-33 所示。

凸轮轮廓形状如图 3-34 所示。O 点为凸轮轴的轴心,EA 为凸轮的基圆。当凸轮按图示方向转过 EA 弧段时,挺柱处于最低位置不动,气门处于关闭状态。凸轮转过 A 点后,挺柱开始上移。至 B 点气门间隙消除,气门开始开启,凸轮转到 C 点,气门开度达到最大,而后逐渐关小,至 D 点,气门闭合终了。此后,挺柱继续下落,出现气门间隙,至 E 点,挺柱又处于最低位置。φ 对应着气门开启持续角,ρ_1 和 ρ_2 则分别对应着消除和恢复气门间隙所需的转角。凸轮轮廓 BCD 弧段为凸轮的工作段,其形状决定了气门的升程及其升降过程的运动规律。

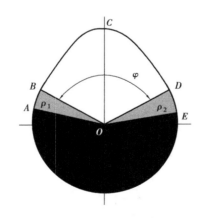

图 3-34 凸轮轮廓形状

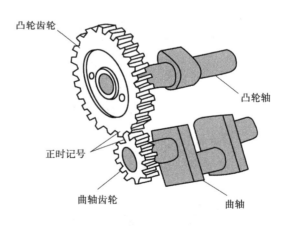

图 3-35 下置凸轮轴式发动机配气正时

为了确保进气门、排气门与活塞位置保持正确的关系,优化燃烧和发动机性能,保证凸轮轴和曲轴正时正确是关键。下置式凸轮与曲轴间用一对正时齿轮传动,安装时候必须对准正时齿轮上正时记号(图 3-35);顶置式凸轮与曲轴相距较远,用链条或同步带传动,配气正时较复杂,而且不同车型正时记号位置有所不同,如奥迪 5000 轿车发动机采用单顶置凸轮轴,配气正时点有两处(图 3-36),帕萨特 1.8T 轿车发动机采用双顶置凸轮轴,配气正时点有四处(图 3-37)。

机油泵上的正时记号   曲轴带轮正时记号

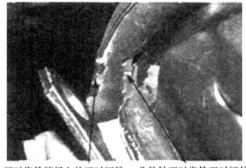

正时齿轮挡板上的正时记号   凸轮轴正时齿轮正时记号

图 3-36   单顶置凸轮轴式发动机配气正时(奥迪 5000)

排气凸轮轴   进气凸轮轴
正时记号   正时记号

凸轮轴正时记号

曲轴正时记号

图 3-37   双顶置凸轮轴式发动机配气正时(帕萨特 1.8T)

为了防止凸轮轴在工作中产生轴向窜动和承受正时斜齿轮产生的轴向力,凸轮轴必须有轴向定位装置,常见的有以下几种:

1)止推凸缘定位

这种定位装置装在凸轮轴正时齿轮与气缸体之间(图3-38)。在凸轮轴第一轴颈与正时齿轮1之间装有隔圈6,隔圈上再套装比隔圈薄0.08~0.20 mm的止推凸缘4,止推凸缘用螺栓5固定于气缸体上。这样,可使凸轮轴在工作中能够可靠定位而不致轴向窜动。

2)轴承的翻边定位

国产大众车系(桑塔纳、捷达、奥迪等)发动机,其凸轮轴的轴向定位是在第一和第五道轴颈处,用轴承的翻边代替止推片进行定位。

3)卡块定位

有些发动机在凸轮轴的尾端(如微型车462Q汽油机)或前端(富康轿车发动机)加工一环形槽,再用固定于气缸盖后端面或前端面上的半圆形卡块卡入环槽中进行定位。

4)润滑油自动控制定位

北京切诺基发动机凸轮轴的轴向定位由润滑油自动控制。装配时,凸轮轴的轴向间隙较大,但当发动机工作时,润滑油进入凸轮轴轴端,能防止凸轮轴轴向窜动。

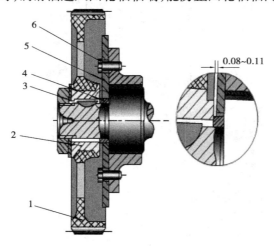

图3-38 凸轮轴的轴向定位

1—正时齿轮;2—正时齿轮轮毂;3—固定螺母;4—调节环;5—止推板;6—螺钉

2.挺柱

挺柱是凸轮的从动件。它的功用是将来自凸轮的运动和作用力传至推杆,承受凸轮传来的侧作用力,并将此侧作用力传给发动机机体。

挺柱分为平面挺柱与滚子挺柱。平面挺柱[图3-39(a)]由作为工作面的圆盘和起导向作用的圆柱体组成。在挺柱的内部有球窝,与推杆下端的球头相配合,挺柱的工作面与凸轮相接触。为了减少挺柱工作面的磨损,往往采用以下两种方法:一是将挺柱工作面做成半径较大的球面(其球半径$R = 500 \sim 1\ 000$ mm),而将凸轮的母线做成斜率很小的锥体(斜率为7°~15°),这样可以使挺柱在工作时绕其中心稍作转动,达到均匀磨损的目的[图3-40(a)]。

另一种方法是将挺柱中心线与凸轮中心线偏心安置,使工作时挺柱可绕其中心线稍作转动 〔图 3-40(b)〕。

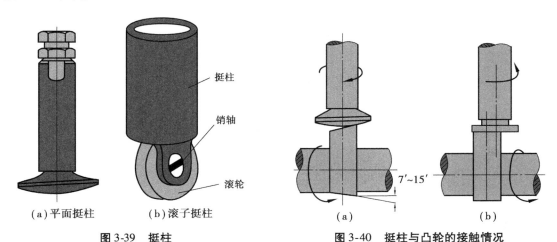

（a）平面挺柱　　（b）滚子挺柱

图 3-39　挺柱

图 3-40　挺柱与凸轮的接触情况

滚子挺柱结构比较复杂,质量也较大,一般用于缸径较大、转速较低或某些具有特殊要求的发动机上。配气机构中存在间隙,在高速运行时会产生很大的振动和噪声,这对某些要求行驶平稳与低噪声的发动机来说是很不适宜的。液压挺柱(图 3-41)就解决了这个问题。

图 3-41　液压挺柱

图 3-42 为红旗 CA7560 型轿车 8V100 型发动机所用的液压挺柱结构图。在挺柱体 1 中装有柱塞 3,在柱塞上端压入支撑座 5。柱塞经常被柱塞弹簧 8 压向上方,其最上位置由卡环 4 来限制,柱塞下端的单向阀架 2 内装有单向阀碟形弹簧 6 和单向阀 7。发动机工作时,发动机润滑系中的机油从主油道经挺柱体侧面的油孔流入,并经常充满柱塞内腔及其下面的空腔。

当气门关闭时,弹簧 8 使柱塞 3 连同压合在柱塞中的支撑座 5 紧靠着推杆,整个配气机构中不存在间隙。当挺柱被凸轮推举向上时,推杆作用于支撑座 5 和柱塞 3 上的反力力图使柱塞克服柱塞弹簧 8 的弹力而相对于挺柱 1 向下移动,于是柱塞下部空腔内的油压迅速增高,使单向阀 7 关闭。由于液体的不可压缩性,整个挺柱便如同一个刚体一样上升,这样便保证了必要的气门升程。当气门开始关闭或冷却收缩时,柱塞所受压力缩小。由于柱塞弹簧 8 的作用,柱塞向上运动,始终与推杆保持接触,同时柱塞下部空腔中产生真空度,于是单向阀 7 再次被吸开,油液便流入挺柱体腔,再度充满整个挺柱内腔。

由上述工作过程可以看出,若气门受热膨胀伸长,由于气门弹簧的弹力大于挺柱弹簧力,迫使柱塞下移,将挺柱内腔油液从柱塞与挺柱体之间的间隙中挤出。同时,每次气门关闭以

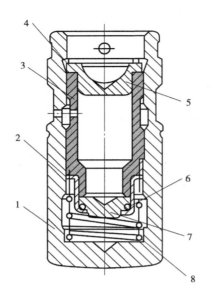

图 3-42　液压挺柱的结构
1—挺柱体;2. 单向阀架;3—柱塞;4—卡环;5—支撑座;
6—单向阀碟形弹簧;7—单向阀;8—柱塞弹簧

后柱塞上移受限,补油量减少,从而使挺柱自动"缩短",保证气门关闭紧密。相反,若气门冷却收缩,柱塞弹簧将使柱塞上移,单向阀打开,柱塞内腔的油液进入柱塞下腔。同时,每次气门关闭后,柱塞上移量增大,补油量增加,从而使挺柱自动"伸长",保证配气机构无间隙。因此,配气机构中不留气门间隙仍能保证气门可靠地关闭。

采用液压挺柱消除了配气机构中的间隙,减小了各零件的冲击和噪声。同时,凸轮廓可设计得陡一些,以便气门开启和关闭得更快,减小进、排气阻力,改善发动机的换气,提高发动机的性能,特别是高速性能。但液压挺柱结构复杂,加工精度要求较高,而且磨损后无法调整,只能更换。—汽奥迪 100、捷达/高尔夫、红旗 CA7220 及上海桑塔纳型轿车发动机均采用液压挺柱。

如图 3-43 所示为奥迪轿车和桑塔纳轿车发动机上采用的液压挺柱,其特点为:采用倒置的液压挺柱,直接推动气门的开启;挺柱体上是由上盖和圆筒经过加工后再用激光焊接成一体的薄壁零件。

3. 推杆

推杆位于挺柱与摇臂之间,它的作用是将挺柱传来的运动和作用力传给摇臂。推杆是一个细长的杆,其上、下两端装有凹、凸的球头,上端的凹槽与摇臂上的球头相接触,下端的凸头与挺柱的凹槽相接触。由于推杆传递的力很大,因此必须保证良好的纵向稳性,为此,推杆往往采用钢管制造,以保证在不增加质量的情况下提高抗弯性。

4. 摇臂

摇臂的功用是将挺杆(或是凸轮)传来的力改变方向后作用于气门端面,推开或关闭气门,同时利用摇臂两边臂的长度比(摇臂比)来改变气门的升程。它可以在小的凸轮升程下

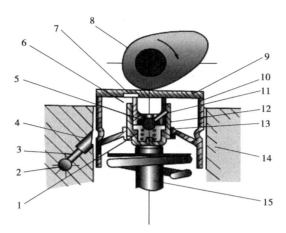

图 3-43   奥迪轿车发动机液压挺柱

1—高压油腔;2—缸盖油道;3—油量孔;4—斜油孔;5—球阀;6—低压油腔;7—键形槽;

8—凸轮轴;9—挺柱体;10—柱塞焊缝;11—柱塞;12—套筒;13—弹簧;14—缸盖;15—气门杆

（或挺柱升程）获得较大的气门升程。一般将与气门接触的工作面做成圆弧形。摇臂摆动时，可沿气门端面滑动,这样可使两者之间的接触力尽可能沿气门轴线作用。摇臂内往往钻有油道或油孔,以便润滑。在摇臂与挺杆接触端钻有螺钉孔,用以安装调节气门间隙的调节螺钉,并设有紧固螺钉螺母。一般螺钉的下端做成外球头或内凹球坑,以很好地与挺杆头配合。

摇臂一般用 45# 钢模锻或球墨铸铁精密铸造,断面作成"工"字形或"T"字形。为了降低配气机构的驱动力矩,以降低摩擦消耗功率,很多轿车发动机上将摇臂与凸轮接触方式由滑动改为滚动(图 3-44)。由于采用了滚动接触(图 3-45),其配气系统的驱动力矩可降低 1/3左右。在中低速区,发动机的全体摩擦力最大可降低 14% 左右。采用滚轮后,惯性问题可通过最佳设计来加以解决,以确保与滑动接触相同的高速追随性。

摇臂支座支承着摇臂轴,而摇臂套在摇臂轴上,并用弹簧支在两个相邻摇臂的侧面,以保证摇臂的轴向位置。

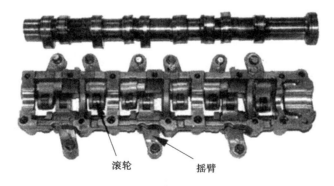

滚轮   摇臂

图 3-44   奔驰 S320 轿车发动机摇臂及凸轮轴

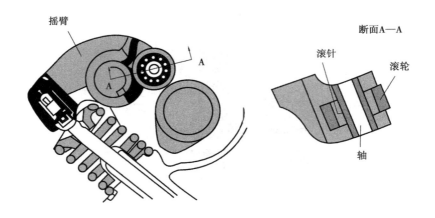

图 3-45　滚动滚轮式摇臂结构

实训项目七　气门传动组的检修

实训目的及要求

(1)知道气门传动组的常见故障。

(2)能检测气门传动组数据并判断是否正确。

(3)能根据检测数据判断检修气门传动组常见故障。

实训设备及工量具

(1)设备:完整的汽车发动机。

(2)工量具:常用工具,常用量具。

实训内容

一、凸轮轴及轴承的检修

1. 凸轮轴的损坏与检修

凸轮轴的主要损坏包括凸轮、支承轴颈表面和正时齿轮轴颈键槽的磨损,以及凸轮轴的弯曲变形等。这些磨损和变形将使气门的最大开度和充气效率降低,配气相位失准,改变气门上下运动的速度特性,从而影响发动机的动力性、经济性,增大发动机的噪声。

(1)凸轮磨损的检修。凸轮的磨损会改变气门的升程规律和减小最大升程,因此凸轮的最大升程减小值是凸轮检验分类的主要依据。当凸轮最大升程减小值大于 0.40 mm 时,则更换凸轮轴。

(2)凸轮轴轴颈的检修。凸轮轴轴颈的圆度误差大于 0.015 mm,各轴颈的同轴度误差超过 0.05 mm 时,应在专用凸轮轴磨床上进行磨削修复。若误差过大,应先进行校正再磨修。修磨后轴颈的圆柱度公差为 0.005 mm,以两端轴颈的公共轴线为基准,中间任一轴颈的径向圆跳动公差为 0.025 mm,正时齿轮轴颈与止推端面的圆跳动公差为 0.03 mm。

（3）汽油泵驱动偏心轮的直径极限磨损量为 1 mm。

2. 凸轮轴轴承的修理

凸轮轴轴承的配合间隙超过使用极限（载货车为 0.20 mm，轿车为 0.15 mm）时，应更换新轴承。更换轴承时应注意：

（1）轴承与承孔的过盈量，剖分式轴承为 0.07～0.19 mm；整体式轴承为 0.05～0.13 mm，铝合金气缸体为 0.03～0.07mm。

（2）轴承内径与其承孔的位置顺序相适应。

（3）安装时，应使用专用的压装工具压入。

轴承内孔的修理有拉削、铰削和镗削三种方法。轴颈和轴承的配合间隙一般为 0.05～0.10 mm（如 EQ6100-1 型发动机为 0.06～0.12 mm；CA6102 型发动机为 0.03～0.079 mm）。

二、气门挺柱的检修

1. 普通挺柱的检修

普通挺柱多为由冷激铸铁材料制成的筒式挺柱。其缺点是底面的冷激层极易产生疲劳磨损；此外，因挺柱运动的特殊性，加之润滑条件较差或其他原因使挺柱运动阻滞，造成底部的不均匀磨损，导致挺柱底部对凸轮的反磨效应加剧，在不长的行驶里程内使凸轮早期磨耗而报废。检修普通挺柱时，应注意：

（1）挺柱底部出现疲劳剥落时，立即更换。

（2）底部出现环形光环，该光环说明磨损不均匀，应尽早更换新件。

（3）底部出现擦伤划痕时，应更换，如图 3-46 所示。

（4）挺柱的圆柱面部分与导孔的配合间隙一般为 0.03～0.10 mm。如果超过 0.12 mm 时，应视情况更换挺柱或导孔支架。装有衬套的结构可更换衬套。

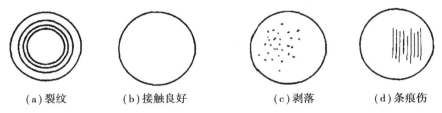

（a）裂纹　　　（b）接触良好　　　（c）剥落　　　（d）条痕伤

图 3-46　挺柱的配合表面

2. 液压挺柱的检修

检修液压挺柱时，应注意：

（1）液压挺柱与承孔的配合间隙一般为 0.01～0.04 mm，使用极限为 0.10 mm。超值后应更换液压挺柱。

（2）发动机总成修理时，如气门出现开启高度不足，一般应更换挺柱。有条件时，可按照原厂规定在液压实验台上将规定的压力施加于液压挺柱上方的球座上，检查液压挺柱的柱塞向下滑移规定的距离所需的时间。此时间过短，即表示挺柱内部有泄漏，应予报废。

发动机维护时，出现气门开度不足时，可用专用的工具排完液压挺柱内渗入的空气，恢复气门的最大升程。

3. 气门推杆的修理

气门推杆易发生弯曲,直线度误差应不大于0.30 mm,杆身应平直,不得有锈蚀和裂纹。上端凹球端面和下端凸球面半径磨损应控制在0.03~0.01 mm。

气门推杆弯曲,应进行校直。

4. 摇臂和摇臂轴的修理

摇臂的损伤主要是摇臂头的磨损。检查时,摇臂头部应光洁无损。修理后的凹陷应不大于0.50 mm。如超过规定则应修理,其修理方法为堆焊修磨。

摇臂修理应注意:

(1)摇臂与摇臂轴的配合间隙如超过规定,应更换衬套,并按轴的尺寸进行铰削或镗削修理。镶套时,要使衬套油孔和摇臂上的油孔重合,以免影响润滑。

(2)摇臂上调整螺钉的螺纹孔损坏时,一般应更换。

(3)摇臂轴轴颈的磨损大于0.02 mm,或摇臂轴与摇臂承孔的配合间隙超过规定值(EQ6100-1和CA6102型发动机应不大于0.10 mm),应刷镀修复或更换。摇臂轴弯曲变形,应冷压校直,使其直线度误差在100 mm长度上不大于0.03 mm。

5. 正时链轮和链条的检查

采用上置凸轮式配气机构的发动机在工作中,正时传动机构会因正时链条的磨损,造成节距变长、噪声增大,严重时会使配气正时失准。因此,在维修中应认真检查。

1)正时链条的检查

测量全链长。测链条长度时,对链条施以一定的拉力拉紧后测量其长度l,如图3-47所示,测量时的拉力可定为50N。例如丰田2Y、3Y发动机的链条长度应不超过291.4 mm,如长度超过此值时,应更换新链条。

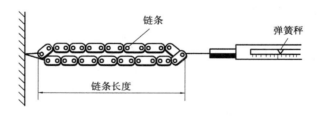

图3-47 正时链条长度的测量

2)正时链轮的检查

测量最小的链轮直径。将链条分别包住凸轮轴正时链轮,用游标卡尺测量其直径,如图3-48所示,其直径不得小于允许值。例如丰田2Y、3Y发动机其允许的最小值:凸轮轴正时链轮为114 mm;曲轴正时链轮为59 mm。若小于此值时,应更换链条和链轮。

6. 正时皮带的安装

(1)曲轴带轮和正时带轮上都有标记(通常以"0"作标记)。装配时都要将标记和气缸体上正时齿轮带轮室上的标记对齐,以保证配气相位的正确性,如图3-49所示。

(2)装上正时带并检查确认齿形带不开裂,齿数、齿形不残缺,否则更换。

(3)正时齿形带张紧度的检查。如图3-50所示,检查正时齿形带的张紧度,用手指在正时齿轮和中间齿轮之间捏住正时齿形带,以刚好能转 90°为合适,调整张紧轮固定螺母并拧紧。将曲轴转 2～3 圈后,复查确认。

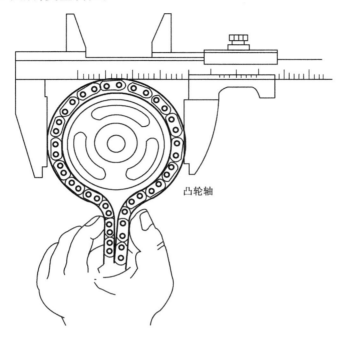

图 3-48 链轮直径的测量

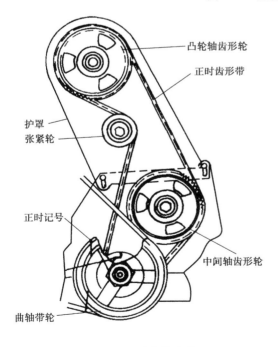

图 3-49 正时齿轮安装

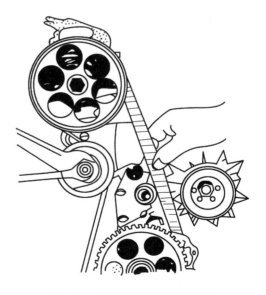

图 3-50 正时齿形带张紧度检查

113

实训工单

实训项目		专业班级	
姓名		学号	
实训小组		日期	

一、实训要求

二、实训内容

三、实训步骤

四、评价（优 、良 、差）

	自我评价	学生互评	老师评价	总 评
实训情况				
实训态度				
卫生打扫				

实训项目八　配气机构的装配与调整

实训目的及要求

(1)能装配配气机构。

(2)能调整配气机构。

实训设备及工量具

(1)设备:完整的汽车发动机。

(2)工量具:常用工具,常用量具。

实训内容

一、配气机构的装配

(1)将已经检验和修理完好的所有配气机构的零件进行彻底清洁,然后在零件的工作面上涂抹一层润滑油。

(2)将带正时链轮或正时齿轮的凸轮轴装进轴承座孔内,对正正时记号。

(3)两轮之间的齿隙一般为 0.04 ~ 0.12 mm,最大不应超过 0.20 mm。

(4)气门挺柱在挺柱导管内上下运动应灵活无阻滞,一般应有 0.02 ~ 0.09 mm 的活动间隙。

(5)顶置气门摇臂轴与摇臂铜套之间一般应有 0.025 ~ 0.038 mm 的间隙,不应超过 0.150 mm。

(6)安装不等距气门弹簧时,螺距小的一端应放在朝气门头部的一端。

(7)气门、气门弹簧、气门弹簧座及锁块(销)的安装,可用专用的气门弹簧钳按顺序装妥。

二、凸轮轴轴向间隙的调整

凸轮轴轴向间隙的调整一般是以止推板与隔圈的厚度差来决定的(图 3-38)。在凸轮轴正时齿轮或链轮与凸轮轴装合后,用塞尺检查其轴向间隙,其方法如图 3-51 所示,一般间隙为 0.05 ~ 0.20 mm,如超过极限,可更换隔圈。

三、气门间隙的检查与调整

1.气门间隙的意义

进、排气门头部直接位于燃烧室内,而排气门整个头部又位于排气通道内,因此其温度更高。在此高

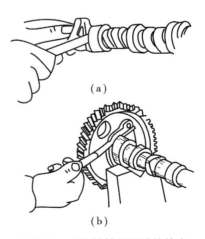

(a)

(b)

图 3-51　凸轮轴轴向间隙的检查

温下,气门会因受热膨胀而伸长。由于气门传动组零件都是刚性体,假如在冷态时各零件之间不留间隙,受热膨胀的气门就会使气门关闭不严而漏气,导致发动机功率下降,燃油消耗增加,发动机过热,甚至不能启动。

为了防止上述情况的发生,补偿气门受热后的膨胀量,在发动机冷态装配时,常在气门组与气门传动组之间留有一定的间隙。这一间隙称为气门间隙。

在发动机使用过程中,气门间隙的大小会发生变化,因此在配气机构气门传动组中设有气门间隙调节装置,以便对气门间隙进行调整。有些发动机(主要是轿车发动机)采用了长度能自动变化的液力挺杆,可随时补偿气门的膨胀量,故不需要预留气门间隙,也没有气门间隙调整装置。

2.气门间隙的调整

气门间隙应符合原厂规定。表3-1为常见汽车发动机的气门间隙,在二级维护时,应对气门间隙进行检查和调整。

表3-1　常见汽车发动机的气门间隙(mm)

发动机型号	进气门		排气门	
	热　车	冷　车	热　车	冷　车
解放 CA6102		0.20 ~ 0.30		0.20 ~ 0.30
东风 EQ6100-1		0.20 ~ 0.25		0.20 ~ 0.25
一汽车奥迪 100	0.20 ~ 0.30	0.15 ~ 0.25	0.40 ~ 0.50	0.35 ~ 0.45
上海桑塔纳	0.25 ± 0.05	0.20 ± 0.05	0.45 ± 0.05	0.45 ± 0.05
南京依维柯		0.50		0.50
天津大发 TJ7100	0.20		0.20	

1)气门间隙的二次调整法——"双排不进法"

"双排不进法"的"双"指该缸的两个气门间隙均可调,"排"指该缸仅排气门间隙可调,"不"指两个气门间隙均不可调,"进"指该缸的进气门间隙可调。

(1)二次调整法的操作程序:

①从飞轮壳上的检视孔中顺时针拨动飞轮齿环,至飞轮上的"1—6 缸"标记与固定在飞轮壳内的指针对准,说明 1、6 缸均处在上止点位置。

②检查第一缸两气门摇臂能否绕轴颈微摆,若第一缸进、排气门摇臂均能摆动,则第一缸处于压缩行程上止点。

③按"双、排、不、进"原则检查、调整气门间隙。

④用同样方法将曲轴再转一圈,确认第六缸处于压缩行程上止点后的以"不、进、双、排"原则检查、调整剩余的气门。

(2)几种工作顺序不同的发动机可调气门的排列:见表3-2 至表3-6。

①六缸发动机。

表 3-2　六缸发动机可调气门的排列

工作顺序	1	5	3	6	2	4
	1	4	2	6	3	5
第一遍（一缸在压缩上止点） 第二遍（六缸在压缩上止点）	双 不	排 进		不 双	进 排	

②五缸发动机。

表 3-3　五缸发动机可调气门的排列

工作顺序	1	2	4	5	3
第一遍（一缸在压缩上止点） 第二遍（一缸在排气上止点）	双 不	排 进	不 双		进 排

③四缸发动机。

表 3-4　四缸发动机可调气门的排列

工作顺序	1	3	4	2
	1	2	4	3
第一遍（一缸在压缩上止点）	双	排	不	进
第二遍（四缸在压缩上止点）	不	进	双	排

④八缸发动机。

表 3-5　八缸发动机可调气门的排列

工作顺序	1	5	4	2	6	3	7	8
第一遍（一缸在压缩上止点）	双		排		不		进	
第二遍（六缸在排气上止点）	不		进		双		排	

⑤三缸发动机。

表 3-6　三缸发动机可调气门的排列

工作顺序	1	2	3
第一遍（一缸在压缩上止点）	双	排	进
第二遍（一缸在排气上止点）	不	进	排

（3）进气门和排气门的确定：

①根据进、排气门与所对应的进、排气道确定。

②用转动曲轴观察确定。方法是:转动曲轴,观察一缸的两个气门,先动的为排气门,后动的为进气门,并在一种气门上做记号,然后依次检查各缸,做好记号。

(4)一缸压缩上止点的确定:

①分火头判断法:记下一缸分高压线的位置,打开分电器,转动曲轴,当分火头与一缸高压线位置相对时,表示一缸在压缩上止点。

②逆推法:转动曲轴,观察与一缸曲轴连杆轴颈同在一个方位的六(四)缸的排气门打开轧又逐渐关闭到进气门动作瞬间,六(四)缸在排气上止点,即一缸在压缩上止点。

2)气门间隙的逐缸调整法

其调整步骤如下:

①打开气门室盖,检查哪一缸的进、排气门均处于关闭状态(如是凸轮轴上置式,则看哪一缸进、排气门凸轮的基圆对准气门杆)。

②可检查与调整该缸进、排气门的间隙。

③转动曲轴,以同样方法检查其余的各缸气门间隙。

3)气门间隙的调整方法

其调整步骤如下:

①拆下摇臂室罩盖,使用专用扳手和旋具,松开气门调整螺钉的锁紧螺母,将厚薄规插入气门杆与摇臂之间,拧动调整螺钉,使厚薄规被轻轻压住,抽出时稍有压力即可。

②调好后拧紧锁紧螺母,然后用厚薄规复查一次。

四、配气相位的检查与调整

1. 配气相位的变化

汽车在使用过程中,会因配气相位失准影响到发动机的动力性和经济性。其原因是:

(1)维修质量的影响。由于制造和装配误差产生的累计误差,在极限状态下可能使配气相位偏差达到 ±3°,各缸的配气相位偏差达 ±2°,若加上凸轮轴轮廓误差、配气机构传动间隙等影响,配气相位将会更偏离标准值。

(2)使用中配气相位的变化。发动机经长时间使用,机件磨损,配合间隙增大(如正时齿轮、曲轴和凸轮轴轴向间隙等),凸轮表面的不规则磨损等也是引起配气相位偏移的原因。

(3)动态变形引起配气相位偏移。特别是顶置气门式发动机的配气机构的刚度较差,在工作过程中产生弹性变形。据估测,其初始静态变形在 0.05 mm 左右,相当于配气相位角偏移 5°。发动机转速越高或配气机构刚度越差,其动态配气相位与静态配气相位的偏差越大。

(4)使用条件的影响。由于各地使用条件的差异,原厂规定的配气相位与实际要求不能适应,不同的工况和不同的使用条件,对配气相位的要求也不尽一样,各地区和部门也有必要因地制宜地对配气相位进行调整。

2. 配气相位的检测

各种车型的维修手册上都提供了发动机的配气相位角度,但是要直接测量进、排气门的开启和关闭角度却很难,通常是测量进、排气门的开启升程来间接获得进、排气门的开闭的角度。两者之间的相互关系是可以通过一系列复杂计算得到的,但实际工作中,往往采用对新的发动机在排气上止点时进、排气门叠开的升程作为标准,将标准发动机的测量结果与之比较,来判断配气相位是否提前或滞后。

进、排气门叠开时升程的测量方法如下:

(1)先将发动机各气门间隙按要求调整好。

(2)转动发动机的曲轴,使第一缸活塞处于排气上止点位置;在第一缸火花塞处安装一个百分表,如图3-52所示;在排气行程接近上止点时,慢慢转动发动机至百分表被压缩到最大处,即为活塞上止点。

(3)在该缸排气门弹簧座上安装百分表(注意百分表触针应与气门平行),并将表置于"0"位。

(4)慢慢地顺时针转动曲轴,至排气门完全关闭。检查百分表指针,顺时针读数即为该排气门在排气上止点时尚未关闭的降程。

(5)逆时针转动曲轴至该缸进气门全闭位置,在其弹簧座上安装一个百分表(注意百分表触针应与气门平行),并置于"0"位。

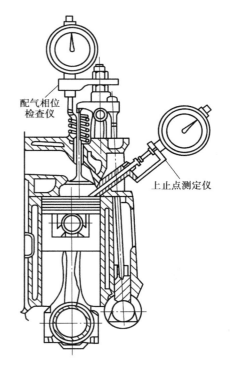

图 3-52　顶置气门式配气相位测量

(6)慢慢地顺时针转动曲轴至排气上止点,检查百分表逆时针读数,即为进气门在排气上止点的升程。

(7)将该缸进、排气门的升、降程与标准值进行比较,如果进气门升程太大,排气门降程太小,则配气相位提前;反之,如进气门升程太小,排气门升程太大则配气相位滞后。

3. 配气相位的调整

调整配气相位时,应根据不同情况采取不同的措施。如个别气门配气相位偏早或偏迟不大时,可通过调整该气门间隙的方法予以解决;若是进气门的微开量与排气门的微开量相比有大有小,且不符合规定值时,表明各缸迟早不一,通常是由于凸轮磨损严重,应修磨或更换凸轮轴;如各缸进气门的微开量比排气门都大,表明进、排气门的配气相位均提前,应将其适当推迟。反之,表明配气相位均延迟,应将所有各缸进、排气门的配气相位均适当提前。常用的调整方法有:

(1)凸轮轴偏位键法。此方法是通过改变正时齿轮和凸轮轴的连接键的断面来调整气门的配气相位的。其偏位键如图3-53所示。将键的矩形断面改制成阶梯形,当键装入键槽时,使其露出轴颈的部分左、右有所偏移,从而使正时齿轮相对凸轮轴偏转相应角度。

键的偏移量可按下述公式近似计算:

$$S = \pi d\varphi/720$$

式中　　S——键的偏移量，mm；

　　　　d——凸轮轴装键处的断面直径，mm；

　　　　φ——需要调整的配气相位角，(°)。

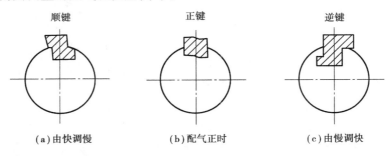

图 3-53　偏位键及其安装方向

如东风 EQ6100—1 型发动机凸轮轴安装正时齿轮处的轴颈的 d 为 30 mm，若需要改变配气相位角 $1°(\varphi=1)$，则键的偏移量为

$$S = 3.14 \times 30 \times 1/720 \approx 0.13(\text{mm})$$

即，当键偏移 0.13 mm 时，则配气相位角变化 1°（曲轴转角）。

如图 3-53 所示，偏位键分为正键、顺键（由快调慢）和逆键（由慢调快）三种。在安装时，应注意方向，不得装反；否则，将引起配气相位成倍改变。

（2）凸轮正时齿轮轴轴向移动法。由于下置凸轮轴的正时齿轮多为斜齿轮，如将凸轮轴正时齿轮做轴向位移时，因斜齿的关系，凸轮轴同时也跟随转过一个角度（凸轮轴轴向间隙要求保持不变），以此可达到调整配气相位的目的。此方法一般是通过改变止推凸缘厚度或正时齿轮轮毂厚度并同时改变隔圈厚度，使正时齿轮获得轴向位移量而进行调整的。

（3）气门间隙法。CAl091 发动机气门间隙在冷态时为 0.25 mm，热态时则减少到 0.20 mm，说明配气机构在热态时的膨胀量仅为 0.05 mm，因此气门间隙不仅仅是为了保证气门在正常温度下能关闭严密，客观上它也影响了配气相位。试想，如进气门间隙稍小并不会使该气门关闭不严，它只能使该气门提前打开、提前关闭。由此，在气门间隙可调的发动机上（特别是各缸的配气相位不同时），我们常采用气门间隙法来调整配气相位。通过对各新车（发动机状态良好的汽车）的配气相位测量，得到活塞在排气上止点时理想的进、排气门升程量。在检测故障发动机时用上述方法测量其在排气上止点时的进、排气门升程量，并与标准比较，如不符合，则通过调整气门间隙来满足。比如，某发动机标准气门间隙为 0.25 mm，进气门在排气上止点时的理想气门升程量为 0.50 mm，实际测量结果是进气门在排气上止点时的理想气门升程量为 0.60 mm，则退出气门间隙调节螺钉至气门升程量由 0.60 mm 降为 0.50 mm。如此，尽管气门间隙比标准大，但配气相位得到了保证，只要气门间隙不要过分大到引起气门脚有响声即可。同理，如配气相位滞后，只要不使气门因间隙过小而关闭不严，也可采用气门间隙调整法。

采用凸轮轴偏位键法的工艺简单，但偏移量大时会使键的强度降低，误差也将增大。采用凸轮轴正时齿轮轴向位移法，配气相位的可调范围小，且工艺复杂。气门间隙法调整方便，且能修正各气门配气相位的偏差,是比较常用的方法。缺点是调整后各气门的间隙均不相同,将来再次维修时会将其当作故障予以排除。采用液压挺杆、凸轮轴上置的发动机一般只能依靠更换已磨损的零件来恢复配气相位。除此以外,如需要调整较大的配气相位角,可采用改变正时齿轮键槽位置法。此方法准确,但要求有一定加工设备才能使用。

五、VTEC 的检修

当 VTEC 系统出现故障时,发动机故障指示灯 MIL 就会点亮,显示出故障码。若故障码为 21,表示 VTEC 电磁阀线路不良;若故障码为 22,表示 VTEC 压力开关线路不良。应做以下检查:

1. 检查 VTEC 电磁阀

(1)从 VTEC 电磁阀上拆下连接器,测量电磁阀电阻应为 $14 \sim 30\ \Omega$。若不符合,更换电磁阀。

(2)拆下电磁阀,检查滤网是否堵塞,若堵塞应进行清洁并更换机油和机油滤芯。另外因为拆装了电磁阀,所以必须更换它的密封垫。

(3)用手指推动电磁阀柱塞,它应该能自由运动。

(4)测量电磁阀连接导线与 ECMA4 端子间的电阻,应导通。

2. 检查 VTEC 压力开关

因为 VTEC 机构的运动是由机油压力推动进行的,所以要检查机油压力。对本田雅阁而言,当发动机转速超过 $3\ 000\ r/min$ 时,机油压力应不低于 $250\ kPa$。

(1)熄灭发动机,拆下压力开关的电插头,测量压力开关两接线端子之间的电阻,应导通。

(2)启动发动机,当发动机在 $3\ 000\ r/min$ 运转时,将压力开关的两接线端子分别接蓄电池正、负极时,压力开关应断开。

(3)检查压力开关与发动机控制模块之间的连线。

3. 检查摇臂

(1)拆下气门室盖,当某一气缸在压缩上止点时,用手推动相应的 3 个摇臂应该能独立自由动作。

(2)VTEC 工作状态检查。

①用专用工具堵住释气孔。

②从检查孔上拧下密封螺栓,然后连接气门检查工具。

③松开气门检查工具上的调节阀,向同步活塞 A 和 B 施加 $400\ kPa$ 压力的压缩空气。

④把正时板推高 $2 \sim 3\ cm$ 时,同步活塞应能把 3 个摇臂连锁。当卸下压缩空气向上推动正时板,3 个摇臂又应该分开独立动作。VTEC 摇臂的检查,如图 3-54 所示。图 3-55 为广州本田奥德赛的 VTEC 机构图。

注意:如果需要更换摇臂,应将主摇臂、中间摇臂和辅助摇臂作为一体来更换。

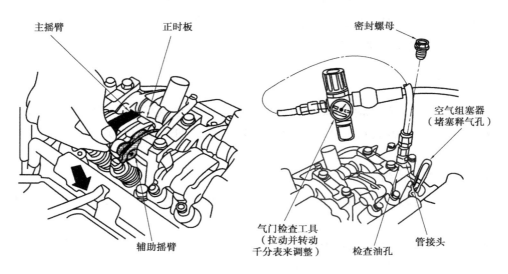

图 3-54　VTEC 摇臂的检测

图 3-55　广州本田奥德赛的 VTEC 机构图

实训工单

实训项目		专业班级	
姓名		学号	
实训小组		日期	

一、实训要求

二、实训内容

三、实训步骤

四、评价(优 、良 、差)

	自我评价	学生互评	老师评价	总　评
实训情况				
实训态度				
卫生打扫				

实训项目九　配气机构常见故障的诊断与排除

实训目的及要求

(1)知道配气机构常见故障。

(2)能检测配气机构数据并判断是否有故障。

(3)能排除配气机构常见故障。

实训设备及工量具

(1)设备:完整的汽车发动机,整车。

(2)工量具:常用工具,常用量具。

实训内容

配气机构传动链长、零件多,旋转、往复运动频繁,运动规律特殊,润滑条件相对较差,工作中由于磨损使各配合副、摩擦副的间隙增大,都会影响到发动机的技术性能。配气机构常见的故障有以下几种:

一、气门脚响

气门脚响是因为气门间隙过大而发出的一种连续而有节奏的金属敲击声。

1. 故障现象

发动机发出清脆有节奏的"哒哒"响声,响声随转速而变化,与温度变化无关。

2. 故障原因

该响声在发动机任何转速下均能听到,并且响声随发动机转速升高而增大,尤其在怠速、中速时响声更加清晰,其响声不随温度改变和"断火"而变化。

3. 诊断方法

响声在缸盖处比较明显,拆下气门室盖,发动机怠速运转,用厚薄规依次插入气门间隙处检查,如果插入一个气门后,响声减弱或消失,即为气门间隙过大而发响。

4. 排除方法

重新调整气门间隙。

二、气门漏气

气门漏气是指气门与气门座工作面密封不良,产生气体渗漏,导致气缸压力下降的现象。

1. 故障现象

发生该故障时,发动机会出现启动困难、进气管回火、排气管放炮、冒烟、燃油消耗增加以及出现异响等现象。

2. 故障原因

(1)气门与气门座工作面磨损、烧蚀、密封不良而漏气。

(2)气门与气门座工作面有积炭,气门关闭不严而漏气。

(3)气门与气门导管间隙过大,气门杆晃动,导致气门关闭不严而漏气。

(4)气门杆在气门导管内发涩或卡住,气门不能上下移动。

(5)气门弹簧失去弹性,或弹簧折断。

3．诊断方法

在排除点火系、燃料系故障原因后,尚不能确定故障时,测量气缸压力或测量进气歧管的真空度,可以比较准确地确定该故障。测量气缸压力时,气门漏气的气缸压力较其他气缸低。

4．排除方法

拆卸缸盖,对气门组零件进行修理,修磨或更换损坏的气门等零件。

三、凸轮轴响

1．故障现象

发动机缸盖处出现有节奏而较钝的"嗒嗒"响声,无其他异常现象。

2．故障原因

凸轮轴及其轴承间配合松旷;凸轮轴弯曲变形;凸轮轴轴向间隙过大。

3．诊断方法

在缸盖处可听到有节奏而较钝的"嗒嗒"响声,发动机中速运转时比较明显,高速时消失。做单缸断火试验,声响依旧。

4．排除方法

拆检配气机构,更换故障零件。

四、液力挺柱故障

1．故障现象

发动机发出类似普通机械气门脚响的现象。

2．故障原因

(1)发动机机油油面过高或过低,导致有气泡的机油进入液压挺柱中,形成弹性体而产生噪声。

(2)机油压力过低。

(3)机油泵、集滤器损坏或破裂,使空气被吸到机油中去。

(4)液力挺柱失效。

(5)使用质量低劣的机油。

3．诊断方法

发动机运转时,出现有节奏的"嗒嗒"声,怠速时明显,中速以上减弱或消失。

4．排除方法

拆卸油底壳,检查更换机油泵、集滤器;调整机油液面或更换机油;拆检配气机构,更换液压挺柱或气门导管。

实训工单

实训项目		专业班级	
姓名		学号	
实训小组		日期	

一、实训要求

二、实训内容

三、实训步骤

四、评价(优 、良 、差)

	自我评价	学生互评	老师评价	总　评
实训情况				
实训态度				
卫生打扫				

项目 4
汽油机燃料供给系的构造与维修

活动一　汽油机燃料供给系的组成与工作原理

📖 **学习目标**

(1)知道燃油供给系的组成。

(2)知道燃油供给系的功用。

(3)知道燃油供给系的工作原理。

📖 **学习内容**

汽油机以汽油为燃料。燃料要能在发动机内迅速、完全燃烧,首先必须使汽油在进入气缸前喷成雾状和蒸发,与适量的空气均匀混合。这种一定比例的汽油与空气均匀混合的混合物称为可燃混合气。可燃混合气中燃油含量的多少,称为可燃混合气的浓度。

汽油机燃料供给系的作用,是根据发动机各种不同工况的要求配制出一定数量和浓度的可燃混合气,供入气缸,并在燃烧做功后,将废气排入大气。

一、汽油机燃料供给系的组成

汽油机燃料供给系如图 4-1 所示。

(1)汽油供给装置:汽油箱、汽油滤清器、汽油泵和输油管,用以完成汽油的储存、输送和滤清任务:为检查汽油箱中的汽油储存量,设置了汽油油面指示表。

(2)空气供给装置:空气滤清器。有的轿车还设置有进气消声器,以减小进气噪声。

(3)可燃混合气形成装置:化油器。现已被电控燃油喷射系统所取代。

(4)可燃混合气供给和废气排出装置:由进气歧管、排气歧管和排气消声器组成。

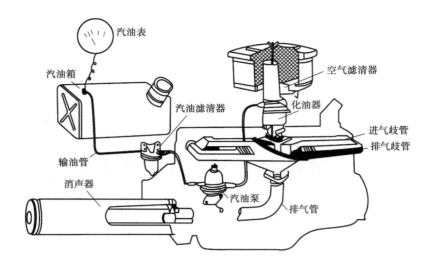

图 4-1　汽油机燃料供给系

二、汽油机燃料供给系的工作过程

汽油泵将汽油从油箱中吸出,经输油管进入汽油滤清器,滤去其中的杂质和水分后进入化油器。空气受气缸吸力的作用经空气滤清器滤去所含的尘土和沙粒后,高速流过化油器,从化油器喷嘴吸出汽油并使它雾化后与空气混合。混合气流经进气管被进一步蒸发汽化,初步形成可燃混合气后分配到各缸。混合气在气缸内燃烧做功后形成的废气经排气管和排气消声器排入大气。

如何根据发动机不同工况的要求配制出不同浓度和不同数量的可燃混合气,是汽油机燃料供给系所要完成的主要任务,而化油器则是其中关键的部件。

活动二　汽油机供给系辅助装置的构造

📖 **学习目标**

(1)知道汽油机供给系辅助装置的组成。

(2)知道汽油机供给系辅助装置的功用。

📖 **学习内容**

一、汽油箱

汽油箱的作用是储存汽油。一般汽油箱的容量所存汽油可供汽车行驶 300～600 km。普通汽车装有一个汽油箱,越野车一般都装设主、副两个汽油箱。汽油箱的安装位置和几何形状服从于全车的合理布置,多位于车架的一侧和车身的后部。

车型不同,汽油箱的外形不尽相同,但其结构形式基本相同。如图 4-2 所示为常见汽车汽油箱的构造。

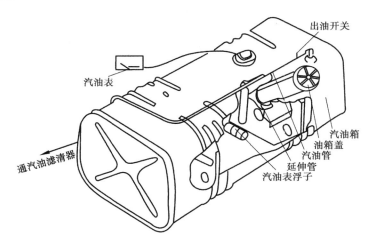

图4-2　常见汽车汽油箱

箱体是用薄钢板冲压件焊成,内壁镀锌或锡,以防腐蚀。上部焊有加油管,内装可拉出的延伸管。延伸管底部有滤网,可滤去加油时油中的杂质,加油管口由油箱盖盖住。油箱上部装有与油面指示表相连接的传感器以及出油开关,汽油经出油管、出油开关、油管送往汽油泵。油箱底部有放油螺塞,用以排出汽油中的水分和杂质。箱内装有隔板,可减轻汽车行驶时汽油的振荡。

为了防止汽油在汽车行驶中因振荡而溅出,延伸管口必须加盖密封。但随汽油量的减少,会造成一定的真空吸力,使汽油不能被汽油泵正常吸出;另一方面,在外界温度很高时,过多的汽油蒸气会造成油箱内气压过大。这两种情况都要求油箱在内外压力差较大时,能自动与大气相通。为此,一般采用带有空气阀和蒸气阀的油箱盖。

图4-3为双阀式油箱盖工作示意图。油箱盖内装有耐油胶垫,用以密封延伸管口。空气阀受较软弹簧控制,当油量减少,油箱内气压降低到预定数值(约98 kPa)时,外界大气顶开空气阀进入油箱内[图4-3(a)]。蒸气阀受较硬弹簧控制,当汽油蒸发使油箱内气压增大到约120 kPa时,蒸气阀被顶开,汽油蒸气泄入大气[图4-3(b)],从而保持了油箱内正常压力。

如图4-4所示,桑塔纳轿车汽油箱外形较前述油箱有较大区别,但它们结构类似,这里不再赘述。

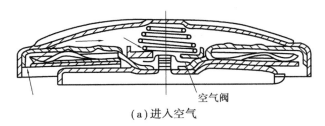

空气阀

(a)进入空气

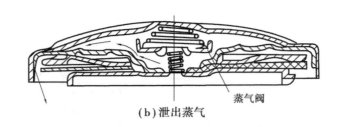

（b）泄出蒸气

图4-3　双阀式油箱盖工作示意图

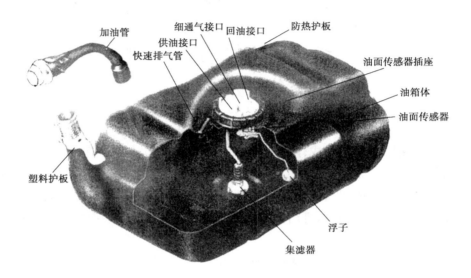

图4-4　桑塔纳轿车汽油箱

二、汽油滤清器、储油罐

1. 汽油滤清器

汽油滤清器的作用是在汽油进入汽油泵前清除其中的杂质和水分，保证汽油泵和化油器的正常工作。

现代轿车发动机多采用不可拆式纸质汽油滤清器。它由一个中央多孔筒、特制折叠纸质滤芯和一个多孔滤纸外筒组成，其结构及工作过程如图4-5所示。它无须清洗，一般每行驶15 000 km需更换。更换时，应注意滤清器上箭头所指的汽油流动方向。图4-6是桑塔纳轿车汽油滤清器，它由塑料壳体和纸质滤芯组成，在进行维护时一般予以更换。

2. 储油罐

现代轿车的燃料供给系统中除包含汽油滤清

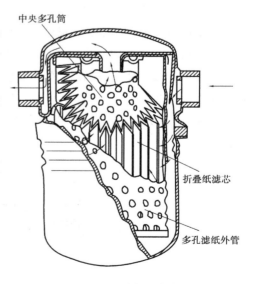

图4-5　纸质汽油滤清器

器外,常串联了储油罐,其作用主要是滤去燃油中的水分,并兼有储液和再次滤清的作用。图 4-7 所示为桑塔纳轿车储油罐。其构成与汽油滤清器类似,即由滤芯和壳体组成,出油端除设有与化油器相连的油管接头外,还设有与油箱回油管相连的接头。

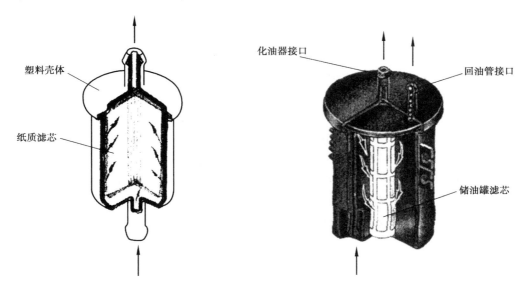

图 4-6 桑塔纳轿车汽油滤清器   图 4-7 桑塔纳轿车储油罐

发动机工作时,汽油在汽油泵的驱动下,经过汽油滤清器滤清后进入储油罐,水分和杂质将沉积在壳体内或积附在滤芯的表面,再次滤清后的汽油经出油口送出去,用不完的汽油将从另一出油口送回油箱。这样使汽油泵始终保持了较大的汽油流量,从而保证了发动机的工作需要。

三、汽油泵

汽油泵的作用是将汽油从油箱中吸出并加压,供给发动机混合气形成所需的足量燃油。电动汽油泵装在汽油箱内,浸泡于汽油之中,由点火开关控制。打开点火开关,汽油泵立即工作,汽油泵在工作中产生的热量可通过汽油散失。

电动汽油泵的外形和工作示意图如图 4-8 和图 4-9 所示。

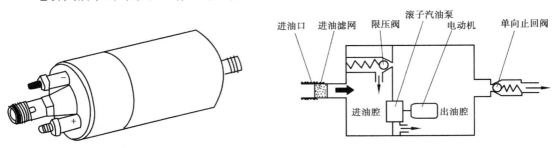

图 4-8 电动汽油泵外形图   图 4-9 电动汽油泵工作示意图

电动汽油泵由限压阀、滚子汽油泵、电动机、单向止回阀、进油口、进油滤网等组成。

汽油泵分进油腔和出油腔两部分,两腔之间设有一个限压阀,在进油腔进油口处有一个进油滤网,以防止油箱内较大杂质进入汽油泵。在出油腔的出油口处有一个单向止回阀,以防止汽油泵不工作时油路中的汽油返回油泵内。汽油泵为滚子油泵,由电动机驱动。

接通点火开关,汽油泵的电动机立即运转,带动滚子汽油泵泵油,将进油腔内的汽油吸入油泵内,加压后送往出油腔,使出油腔内的油压升高,顶开单向止回阀向外部油路系统供油。当出油腔内的油压超过限压阀的限定压力时,限压阀自动开启,出油腔的汽油流回进油控,从而使油路的系统油压被限定在规定值以内。

四、空气滤清器

空气滤清器的作用是清除流向化油器的空气中所含的尘土和砂粒,以减少气缸、活塞和活塞环的磨损。货车试验表明,不装空气滤清器,气缸磨损将增加8倍,活塞磨损增加3倍,活塞环磨损增加9倍,大大缩短了发动机的使用寿命,因此,汽车在使用时,必须装上空气滤清器。

按照滤清方法,汽车用空气滤清器可分为三类:惯性式、过滤式和综合式(前两种的综合)。

综合式空气滤清器又称油浴式空气滤清器(图4-10)。它由滤清器盖、滤芯及带有机油盘的滤清器壳组成。

发动机工作时,空气以很大的速度从盖与壳之间的夹缝中流入并向下行,较大颗粒的尘土具有较大的惯性,冲向机油面上,被机油所黏附,较轻的尘土随空气转向滤芯流去,被滤芯黏附。这样,经过两级过滤,空气中的尘土将滤去95%~97%。已滤清的空气从上方经气管流入化油器。

粘附在滤芯上的尘土由于受到被气流带起的油粒的清洗,渐渐流回油底壳内。

图4-11所示为纸质干式(外壳内不装机油)空气滤清器。其滤芯是用树脂处理的微孔滤纸做成的。滤芯的上下两端有塑料密封圈,以保证滤芯两端的密封。

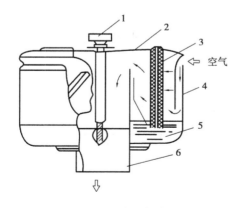

图4-10　油浴式空气滤清器

1—碟形螺母;2—滤清器盖;3—滤芯;
4—滤清器体;5—油池;6—中心管

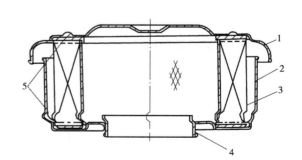

图4-11　纸质干式空气滤清器

1—滤清器盖;2—外壳;3—纸质滤芯;
4—接管;5—密封圈

发动机工作时,空气由盖与外壳之间的空隙进入,经纸质滤芯被滤清,进入接管通向化油器。

实践表明,它比油浴式滤清器具有质量小、高度小、成本低、安装任意、使用方便和滤清效率高(可达99.5%)的优点。缺点是使用寿命较短,在恶劣使用条件下,工作不够可靠。为延长纸质滤芯的使用寿命,一般情况下在汽车每行驶12 000 km进行一次维护,即将它取出用手轻拍,或用压缩空气(从里向外)吹去积灰。

五、进气管与排气管

进气管的作用是将化油器所供给的可燃混合气分别送到发动机的各个气缸,排气管的作用是汇集各气缸的废气,从排气消声器排出。

进、排气管一般用铸铁制成。进气管也可用铝合金铸造。二者可铸成一体,也可分别铸造,都用螺栓固定在气缸体上或气缸盖上,其接合面处装有石棉衬垫,以防漏气。进气总管以凸缘连通化油器,排气总管连通排气消声器,而进、排气管的各支管则分别与进、排气门的通道相连。

解放CA1091型汽车进、排气管的构造如图4-12所示。进气管有6个分支,每缸有单独进气道,有利于改善混合气分配的均匀性。排气歧管则采用前、中、后三段结合式的结构,排气歧管的中部设有带沟槽的预热装置,使排气的余热直接传至进气管以便预热。为了加强预热,在进气歧管的中部设有带沟槽的预热装置,以增加预热面积,使化油器底部的燃油能得到较好的雾化。排气歧管的前、后两段,经单独制造加工后与中间段装配成一体,其连接处采用一二道耐热合金铸铁环密封。各排气管内设有双弧形导流板,使排出的废气各行其道,减少排气阻力,降低排气温度。

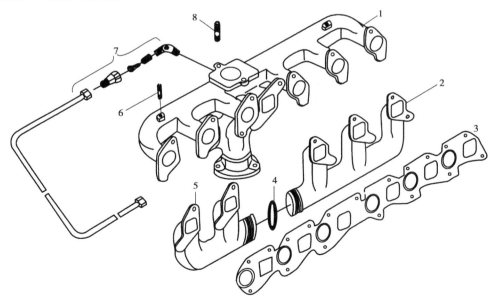

图4-12 解放CA1091型汽车进排气管

1—进气管;2—前端排气管;3—衬垫;4—铸铁环;5—后端排气管;

6—空气滤清器支架紧固螺栓;7—曲轴箱通风单向阀;8—化油器紧固螺栓

进排气管的衬垫是整体式钢片包石棉,比较坚固耐用,安装时应尽量使衬垫处于中间位置,先用两定位螺栓将衬垫及进、排气歧管定位,再将螺栓逐一拧紧以避免进、排气道孔被衬垫挡住而减少流通面积。

北京 BJ492Q 型汽车发动机采用双腔并动化油器,其进气管是双式的,即在同一管内有两个进气通道,如图 4-13 所示。化油器的一个管腔对第一、第四气缸供气,另一管腔则对第二、第三气缸供气。

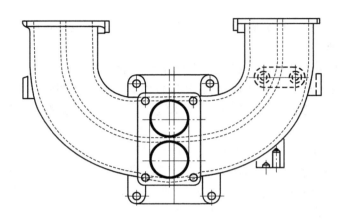

图 4-13　北京 BJ492 型汽车发动机进气管排列

六、混合气的预热装置

为促进混合气中燃油颗粒的蒸发,并防止油气在进气管壁凝结,常利用排气管中高温废气的热量对进气管入口处的可燃混合气进行预热。进、排气管铸在一起,是依靠废气直接对进气管壁进行预热的,其预热作用不能调节(图 4-14)。

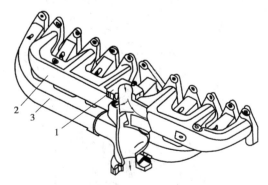

图 4-14　解放 CA1091 型汽车发动机进、排气管及预热装置图
1—化油器安装凸缘;2—进气管;3—排气管

北京 BJ492Q 型汽车发动机的混合气预热装置是可调节的(图 4-15)。排气管内装有混合气预热阀 4,可根据不同季节(冬季或夏季)调至不同位置,以改变对混合气的预热程度。

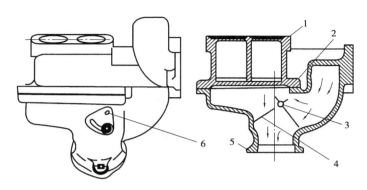

图 4-15 北京 BJ492Q 型汽车发动机预热装置图
1—进气管;2—石棉衬垫;3—混合气预热阀轴;
4—混合气预热阀;5—排气管;6—混合气预热阀调节手柄

七、排气消声器

废气在排气管中流动时,因排气门的开闭与活塞往复运动的影响,气流呈脉动形式。当排气门刚打开时压力约 0.4 MPa,具有一定的能量。如果让废气直接排入大气,会产生强烈的排气噪声。为了减小噪声和消除废气中的火焰及火星,在排气管出口处装有排气消声器。消声器的基本原理是:消耗废气流的能量,并平衡气流的压力波动。一般可采用以下几个方法:

①多次变动气流方向。

②重复地使气流通过收缩而又扩大的断面。

③将气流分割为很多小的支流并沿着不平滑的平面流动。

④将气流冷却。

图 4-16 为东风 EQ6100-1 型发动机的排气消声器。外壳 1 用薄钢板制成,隔板 3 把外壳分隔成几个尺寸不同的滤声室,多孔管 2、4 在室内通过。

废气进入多孔管 2 后,进入多孔管与外壳间的滤声室,受到反射,并在这里膨胀冷却,又多次与壁碰撞消耗能量,结果压力降低,振动减轻,最后从多孔管 4 排到大气,使噪声显著减小。

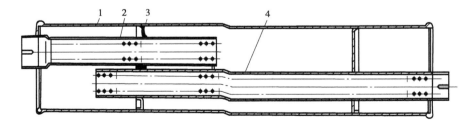

图 4-16 EQ6100-1 型发动机排气消声器
1—外壳;2,4—多孔管;3—隔板

八、排气净化装置

为了减少汽车的排气污染,现代汽车上采用了多种排气净化措施。如 EQ6100-1 型发动机、奥迪 100 型轿车发动机等采用的曲轴箱强制通风装置,把漏窜到曲轴箱内的未燃气体引到进气歧管重新燃烧,不但改善了曲轴箱的通风,使润滑油不易变质,而且也减少了未燃烧的 HC 对大气的污染;又如桑塔纳 jv 发动机等采用的进气温度自动调节装置都有利于排气净化。

现代电喷汽车上多采用以下三种措施:三元催化转换器、废气再循环(EGR)、活性炭罐蒸发控制装置。

1. 三元催化转换器、氧传感器与闭环控制装置

三元催化转换剂是金属铂(或钯)和锗的混合物,它能与 HC、CO 和 NO_x 发生反应,生成无害气体。转换器安装在排气管中,它的转换效率在空燃比为 14.7∶1 时最佳。为保证空燃比在 14.7∶1 附近的范围内,电喷发动机一般采用闭环控制方式,即由氧传感器测得空燃比的值,再把信号输入发动机 ECU,由发动机 ECU 来发出控制指令增加或减少喷油量。

2. 废气再循环控制装置(EGR 阀)

废气再循环是发动机工作过程中,将一部分废气引到吸入的新鲜空气(或混合气)中,返回气缸进行再循环,降低最高燃烧温度从而降低 NO_x 的排放量。

废气再循环装置如图 4-17 所示,它位于进排气管交叉处。真空室 8 受化油器喉部真空度的作用,当真空度达到 0.01 MPa 左右时,即可克服复位弹簧 7 的预紧力使膜片 6 连同阀杆 1 上移,阀门 5 开启,废气便从排气进入进气管。当真空度达到 0.013 ~ 0.026 MPa 时,阀门 5 全开。由此可见,废气再循环装置能随发动机运转条件的改变而改变废气的循环量。急速时,由于化油器喉管真空度很低,阀门关闭,不进行废气循环,以保证急速稳定。

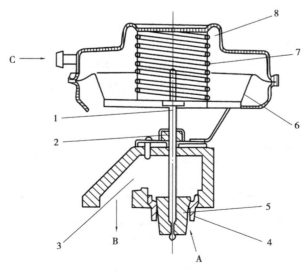

图 4-17　废气再循环装置图

1—阀杆;2—密封圈;3—阀室;4—阀座;5—阀门;6—膜片;7—复位弹簧;8—真空气室

A—引入废气;B—通进气管;C—接化油器真空度

3.活性炭罐蒸发控制装置

为了防止汽油箱向大气排放燃油蒸气而产生污染,在发动机控制装置中普遍采用由发动机 ECU 控制的活性炭罐蒸发污染控制装置。

图 4-18 所示为活性炭罐蒸发污染控制装置图。油箱的燃油蒸气通过单向阀 1 进入活性炭罐 9 上部,空气由活性炭罐下部进入清洗活性炭。在炭罐右上方有一定量排放小孔 8 及受真空控制的排放控制阀 7,排放控制阀 7 上部的真空度由炭罐控制电磁阀 4 控制,而炭罐控制电磁阀受发动机 ECU 控制。

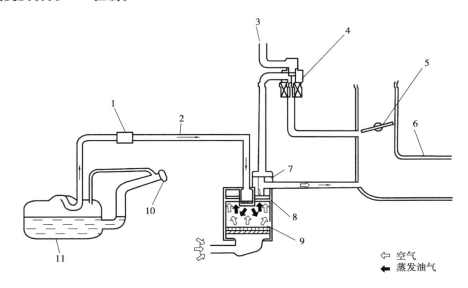

图 4-18 活性炭缸罐蒸发污染控制装置图
1—燃油单向阀;2—蒸气通气管路;3—接缓冲器;4—炭罐控制电磁阀;5—节气门;6—进气歧管;
7—排放控制阀;8—定量排放小孔;9—活性炭罐;10—油箱盖附真空泄放阀;11—油箱

发动机工作时,发动机 ECU 根据转速、冷却水温度、空气流量等信号控制炭罐电磁阀的开闭,进而控制排放控制阀上部的真空度,从而控制排放控制阀的开度。当排放控制阀打开时,汽油蒸气通过排放控制阀被吸入进气歧管。

实训项目十 汽油机燃料供给系辅助装置的检修

实训目的及要求

(1)能准确找到汽油机燃料供给系辅助装置各零部件位置。

(2)能判断汽油机燃料供给系辅助装置是否正常工作。

(3)能拆装和检修汽油机燃料供给系辅助装置。

实训设备及工量具

(1)设备:完整的汽车发动机。

(2)工量具:常用工具,常用量具。

实训内容

一、油箱的检修

1. 油箱的检查

应该检查油箱泄漏、管路损坏、腐蚀和金属油箱的锈蚀情况以及松动、损坏或焊缝损坏，安装螺钉松动和损坏，紧固夹板损坏等情况(图4-19)。油箱、油管或滤清器的泄漏可能使车辆内或车辆四周有汽油味，特别是在低速行驶和怠速的情况下。在多数情况下，油箱必须拆下修理。

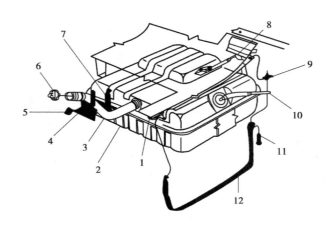

图4-19　油箱安装零件

1—底板；2—油箱；3—加油管；4—加油管托架；5—螺母；6—加油管盖；7—紧固夹板；
8—到活性炭罐通气管；9—U形螺母；10—油管；11—固定螺钉；12—紧固夹板

2. 油箱的修理

金属油箱的泄漏可能是由焊缝不牢、锈蚀或管路损坏引起的。永久地解决这一问题的最好方法是更换油箱。另一种方法是把油箱拆下来用蒸汽清洗或在苛性溶液中煮沸油箱除去汽油残余物。做完这些以后，泄漏部分可在有专门设备的车间焊接或铜焊。

如果油箱被刺穿或有小孔泄漏，可以通过装一个带有聚氯丁橡胶垫圈的钢制螺钉堵住。塑料油箱上的孔有时可以用专用的油箱修理工具来修理。进行修理时，要遵照生产厂家说明书来进行。

3. 油箱的更换

当油箱渗漏有脏水或油箱里有水时，油箱必须被清洗、修理或更换。更换油箱的步骤如下：

①拆下蓄电池的负极。拆下油箱加油管盖，放出油箱中所有的油。

②在油管和软管上加防护胶带以保证正确地再安装，拆下通气管和连接于传感器的导线。

③从油箱上松开加油管。如果加油管是一段刚性管，拆下靠近加油管盖的加油管颈部周围的螺钉。如果它是由三段管组成的，松开卡箍后拆下聚氯丁橡胶管。

④放松油箱紧固夹板上的螺钉(图4-19),一直放松到剩下最后两扣螺纹为止。

⑤为了再安装新的或修好的油箱,按上述相反的顺序进行。保证所有的橡胶或毛毡绝缘体安装好。然后把油箱紧固夹板安装就位、放好油箱。在油箱四周松松地装上油箱紧固夹板,但不要上紧。确保软管、电线和通气管都正常地连接好。检查加油管颈是否校准和是否插进油箱。拧紧油箱紧固夹板的螺钉,使油箱安全地装在汽车上。装上油箱所有的附件(通气管、传感器导线、接地线和加油管)。把油箱充满燃油,检查它是否泄漏。特别是检查加油管颈部四周部件。再连接蓄电池并检查燃油表是否正常。

⑥拆下和更换燃油表传感器。传感器通过一个固定环,或通过螺钉固定在油箱里。用传感器专用工具或用改锥和圆头锤拆下传感器固定环(图4-20)。

当从油箱拆下传感器时,要非常小心,不要损坏浮子臂、浮子或燃油表传感器。仔细检查传感器有无损坏的元件。摇动浮子,如果听见里面有油,则更换浮子。要保证浮子臂不弯曲。通常最好是在把传感器复位前更换滤清器和O形环。

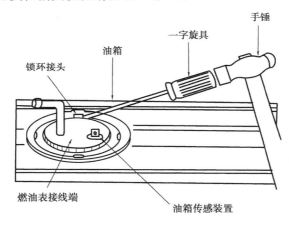

图4-20 传感器的拆卸

二、机械燃油泵的检修

图4-21表示了机械燃油泵的常见故障。更换机械燃油泵要拆下油泵的进油管和出油管,用一个塞子来阻止燃油从油箱的流出;用合适尺寸的套筒扳手拆下安装螺钉,然后,从发动机上拆下油泵。从发动机机体上清除旧的垫片。把垫片的密封面对着发动机上的安装表面和安装螺钉的螺纹部分,安装新的垫片,然后通过把油泵或者朝向机体方向或者背离机体方向摆动,来使其操纵臂正确地对着凸轮位置。如果油泵由推杆驱动,推杆必须举起,使摇臂在它下面。当油泵正确地放置时,随着油泵的每次运动应该有内部啸声。牢固地拧紧安装螺钉。接上进油管和出油管,启动发动机并检查是否泄漏。

三、燃油滤清器的检修

燃油滤清器和部件只做更换维护。按照汽车或发动机制造厂家推荐的里程更换汽油滤清器或部件,是减少缺油现象和解决其他化油器问题的最有效方法。有时燃油系统已经存有过量污染物时,滤清器可能需要更换得更频繁些。

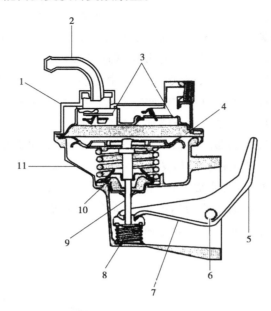

图 4-21　与机械燃油泵有关的常见故障

1—外壳机械损坏;2—管接头损坏;3—阀泄漏;4—膜片破裂;5—摇臂磨损;6—摇臂轴的磨损;
7—摇臂的损坏;8—回位弹簧的断裂;9—拉杆的磨损;10—密封不好;11—外壳泄漏

四、燃油管的检修

检查全部燃油管是否有小孔、破裂、泄漏、扭曲或凹陷迹象。任何损坏或泄漏的油管,都必须被更换。为了安装新的油管,需要选择合适种类、合适尺寸的油管,并且开始的长度比旧的油管要稍长一点。许多燃油系统的问题是出现在汽油泵或化油器上。例如,油路中的小孔会使空气进入而在汽车底部并未显示有任何油滴的痕迹。空气就此进入油路中,使燃油受重力作用返回油箱。然后,汽油泵只在油路中通过软管吸空气而代替了从油箱中吸油。当存在这种情况时,要经常测试汽油泵,如果没有足够的油,就应考虑油管出了问题,而油泵本身没有坏。如果怀疑有孔,应拆下油箱和油泵的接头并对油管加压,此时很容易观察出泄漏的空气。

由于燃油处在压力下,汽油泵和化油器或喷油器之间油管的泄漏相对容易判明。当发现油管损坏时,用相似结构的油管来代替损坏的油管,钢管用新钢管代替,柔性管用尼龙或合成橡胶代替。安装柔性管时,要用新的夹子。旧的夹子在拆下后失去了一些弹力,如果仍用在新的油管上,就会出现密封不严的问题。

五、曲轴箱通风装置(PCV 阀)的检修

PCV 阀在发动机上的安装位置如图 4-22 所示。

PCV 阀堵塞后,会造成发动机怠速运转不稳或频繁熄火,机油会因此倒流入空气滤清器。

维护时,应检查管路接口处是否松动,有无泄漏等现象。排除上述现象后,启动发动机并怠速运转,用手反复捏住和放松通风管 7,检查 PCV 阀是否有响声;如无响声,表示管路或 PCV 阀有堵塞现象,应拆下进行彻底清洗。用手上下摇动 PCV 阀,应有阀芯移动产生的敲击声。经维护后,系统的所有管路必须保持畅通。

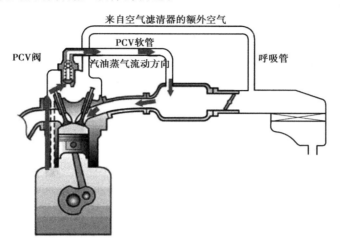

图 4-22 PCV 系统示意图

六、进气恒温控制系统的检修

图 4-23 为北京切诺基发动机进气恒温系统的示意图。当外界气温低于 5 ℃时,双金属片开关 3 膜片室 5 通过延迟阀 4 变成真空,将空气阀 6 提起,排气管附近的温度较高的空气进入气缸。当气温高于 13 ℃时,双金属片开关 3 使真空源与大气相通,膜片室 5 内的真空经延迟阀 4 缓慢释放,空气阀 6 逐渐下降,使未经预热的空气进入气缸。温度在 5~13 ℃时,通道 A 和 B 均处于部分开启状态。

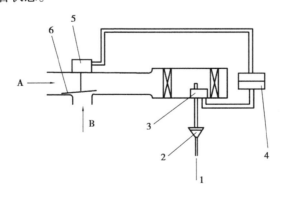

图 4-23 进气恒温系统示意图

1—真空源;2—单向阀;3—双金属片开关;4—真空延迟阀;

5—真空膜片装置;6—空气阀;A—主空气通道;B—热空气通道

进气恒温系统的故障常表现在空气阀 6 不能正常开启和关闭,如气温较低而空气阀不能提起,就会出现发动机怠速发抖或熄火的现象。

1. 真空膜片装置的检查

发动机熄火时,从空气滤清器上拆下进气软管,受真空膜片装置控制的空气阀的通道 A 应开启,通道 B 应关闭。

在环境温度低于 5 ℃时启动发动机,观察空气阀的位置,其通道 A 应被关死。迅速打开节气门至全开位置的 1/2 ~ 3/4,然后放开空气阀,空气阀应短暂地保持静止,然后向关闭通道 B 的方向移动后,再回到原来位置。

装回进气软管,使发动机升温至正常工作温度,拆下进气软管。此时,空气阀应能将通道 B 基本关闭,向气缸提供冷空气。

如上述功能失灵,应检查空气阀是否卡死,真空管和其他元器件是否松动或漏气等。

2. 双金属片开关的检查

试验时,将真空软管从开关上拆下,在开关上连接真空泵和真空表,施加 47 kPa 的真空度。在气温低于 5 ℃时,应能保持住真空度,开关温度高于 13 ℃时,真空度应降到零。如不符合上述要求时,在确认其他元器件没有漏气的前提下,应更换双金属片开关。

七、蒸发污染控制系统的检修

蒸发污染控制系统用于收集燃油箱和浮子室的汽油蒸气,充分利用燃料,防止其排入大气污染环境。北京切诺基发动机的蒸发污染控制系统如图 4-24 所示。

发动机熄火后,油箱内蒸气经止回阀 5 和翻转止回阀 10 进入炭罐 11 被活性炭吸附。此时,电磁阀 14 处于开启状态,浮子室内的汽油蒸气经电磁阀和集液器 4 也进入炭罐,集液器可积存因冷凝而成的汽油。

发动机怠速运转时,真空源 2 的高真空度使炭罐真空口 13 的开度很小,少量空气经滤清后进入炭罐下部,清洁活性炭吸附的汽油,并通过软管 1 进入 PCV 系统重新进入气缸被烧掉。

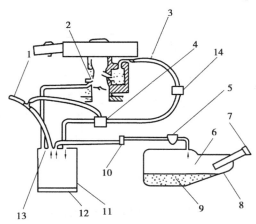

图 4-24　蒸发污染控制系统

1—通 PCV 系统软管;2—真空源;3—浮子室蒸气;4—集液器;

5—止回阀;6—蒸气;7—单向阀;8—油箱;9—燃油;

10—翻转止回阀;11—炭罐;12—滤清器;13—真空口;14—电磁阀

　　蒸气污染控制装置的故障主要是燃料泄漏。汽油的泄漏可能会引起发动机怠速不稳。

　　蒸气污染控制装置检修的重点有两方面,一是各阀门动作应灵活可靠,例如油箱盖,有蒸气污染控制装置的油箱盖仅有一个空气阀,如阀门动作失灵或被粘死,发动机就会因缺油而不能正常工作,油箱甚至会被吸瘪;二是各个元器件必须根据相应的工况开启或关闭,通道不得有堵塞现象,否则也会影响蒸气的流动,改变混合气的浓度,使发动机不能正常稳定工作。

实训工单

实训项目		专业班级	
姓名		学号	
实训小组		日期	

一、实训要求

二、实训内容

三、实训步骤

四、评价（优 、良 、差）

	自我评价	学生互评	老师评价	总　评
实训情况				
实训态度				
卫生打扫				

项目 **5**

柴油机燃料供给系的构造与检修

柴油机以柴油作燃料。与汽油相比,柴油黏度大,蒸发性差,不可能通过化油器在气缸外部与空气形成均匀的混合气,故采用高压喷射,在压缩行程终了时把柴油喷入气缸,直接在气缸内部形成混合气,并借助缸内空气的高温自行发火燃烧。由此决定了柴油机供给系的组成、构造及其工作原理与汽油机供给系有较大的区别。

活动一　柴油机燃料供给系的功用、组成和工作原理

📖 **学习目标**

(1)知道柴油机燃料供给系的组成。

(2)知道柴油机燃料供给系的功用。

(3)知道柴油机燃料供给系的工作原理。

📖 **学习内容**

一、柴油机燃料供给系的功用

柴油机燃料供给系的作用是储存、滤清柴油,并按柴油机不同的工况要求,以规定的工作顺序,定时、定量、定压并以一定的喷油质量将柴油喷入燃烧室,使其与空气迅速混合并燃烧,最后将燃烧后的废气排入大气。

二、柴油机燃料供给系的组成

柴油机燃料供给系由燃油供给装置、空气供给装置、混合气形成装置及废气排出装置组成。一种常见的汽车柴油机燃料供给系组成如图 5-1 所示。

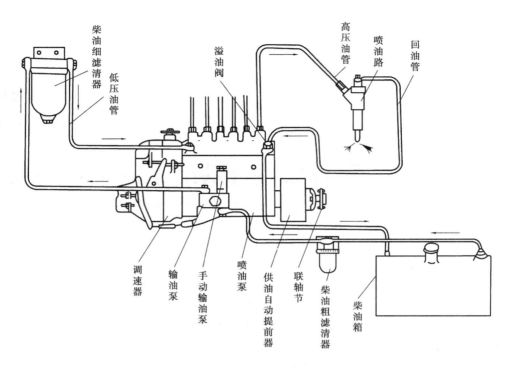

图 5-1　柴油机燃料供给系的组成示意图

（1）燃油供给装置：由柴油箱、输油泵、低压油管、柴油滤清器、喷油泵、高压油管、喷油器和回油管组成。

（2）空气供给装置：由空气滤清器、进气管和气缸盖内的进气道组成。

（3）混合气形成装置：由燃烧室组成。

（4）废气排出装置：由气缸盖内的排气道、排气管及排气消声器组成。

柴油机燃料供给系中的空气滤清器，进、排气管，排气消声器及柴油箱的作用、构造和工作原理基本与汽油机燃料供给系的相同。

三、柴油机燃料供给系工作原理

柴油机在工作过程中，依靠输油泵的作用不断地将油箱中的柴油吸出，并经柴油滤清器滤去杂质后，输入喷油泵的低压油腔。喷油泵将燃油压力提高，按柴油机不同工况的要求，定时、定量、定压输出柴油，经高压油管至喷油器。当燃油压力达到规定值时，喷油孔开启，燃油呈雾状喷入燃烧室，形成混合气。由于输油泵的供油量比喷油泵供油量大得多，过量的柴油便经回油管回到输油泵。

从柴油箱到喷油泵入口处这段油路中的油压是由输油泵建立的，一般为 0.15～0.3 MPa，故这段油路称为低压油路。从喷油泵到喷油器这段油路中的油压是由喷油泵建立的，一般在 10 MPa 以上，故称此段油路为高压油路。

为了在柴油机启动时排除整个油路中的空气，使柴油充满喷油泵，在输油泵上装有手动油泵。喷油泵的前端与供油自动提前器连接，后端与调速器组成一体，它们分别起喷油定时和喷油量的自动调节作用。

活动二　柴油机混合气的形成和燃烧室

📖 **学习目标**

(1)知道柴油机可燃混合气的形成。

(2)知道柴油机燃烧室构造特点。

(3)能描述柴油机油气混合过程。

📖 **学习内容**

一、可燃混合气的形成与燃烧

柴油机可燃混合气的形成与燃烧条件比汽油机差得多。在汽油机中,可燃混合气形成过程在化油器中即已开始,并在进气管和气缸中继续进行,直到压缩行程终了时为止。因此可以认为在火花塞跳火时,已形成了品质较好的可燃混合气。柴油机在进气行程中进入气缸的是纯空气,在压缩行程接近终了时,将柴油喷入气缸,混合气随即在燃烧室内形成。在高温、高压条件下,柴油自行着火燃烧,故混合气形成时间极短,而且存在喷油、蒸发、混合和燃烧重叠进行的过程。

在柴油机压缩和做功过程中,气缸内气体压力随曲轴转角 θ 变化的关系如图 5-2 所示。当曲轴转到上止点前 O 点的位置时,喷油泵开始供油;当曲轴转到稍后一些的 A 点位置时,开始喷油。O 点到上止点之间所对应的曲轴转角称为供油提前角(图中虚线为不供油时气缸压力的变化曲线)。

根据气缸中压力和温度的变化特点,可将混合气的形成与燃烧过程按曲轴转角划分为四个阶段。

(1)备燃期:从喷油始点 A 到燃烧始点 B。在此期间,喷入气缸的雾状柴油于气缸内的高温空气中吸收热量,逐渐蒸发、扩散,与空气混合,并进行燃烧前的化学准备。

若备燃期时间过长,缸内积存的油量增多,一旦燃烧,会造成缸内压力急剧升高,致使发动机噪声增大,工作粗暴,机件磨损加剧。因此,备燃期的长短是影响柴油发动机工作粗暴程度的重要因素。

(2)速燃期:从燃烧始点 B 到气缸内产生最大压力点 C。从 B 点起,火焰自火源处迅速向各处传播,燃烧速度加快,缸内温度和压力迅速上升,至 C 点时达到最高值。在此期间,早已

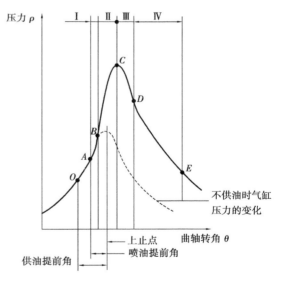

图 5-2　气缸压力与曲轴转角的关系

Ⅰ—备燃期;Ⅱ—速燃期;Ⅲ—缓燃期;Ⅳ—后燃期

喷入但尚未来得及蒸发的柴油,以及在燃烧开始后陆续喷入的柴油便能在已燃气体的高温作用下迅速蒸发、混合和燃烧。

(3)缓燃期:从最高压力点 *C* 起到最高温度点 *D* 为止。在此阶段,开始燃烧很快,但由于氧气减少,废气增加,燃烧条件变差,故燃烧越来越慢,但燃气温度却能继续升高到 1 973 ~ 2 273 K。缓燃期内,喷油通常已结束。

(4)后燃期:从 *D* 点起,燃烧在逐渐恶化的条件下于膨胀行程中缓慢进行直到停止(*E* 点)。在此期间,压力和温度均降低。

由于柴油的蒸发性和流动性较汽油差,且柴油机混合气形成时间极短,使得柴油难以在燃烧前彻底雾化蒸发并同空气均匀混合,即柴油机可燃混合气的品质较汽油机差。因此,柴油机采用较大的过量空气系数,使喷入气缸的柴油能够燃烧得比较完全。

为改善混合气形成条件,不致出现太长的备燃期,保证柴油机工作柔和,除了选用烷值较高的柴油,采用较高的压缩比(15 ~ 22),以提高气缸内空气温度、促进柴油蒸发外,还要求喷油器必须有足够的压力,一般在 10 MPa 以上,以利于柴油的雾化。此外,应在燃烧室内形成强烈的空气运动,促进柴油与空气的均匀混合。

二、燃烧室

由于柴油机混合气的形成和燃烧均在燃烧室中进行,所以燃烧室的结构将直接影响混合气的形成与燃烧。对燃烧室的要求,一是配合喷油形成良好均匀的混合气,改善燃烧;二是结构要紧凑,以减小散热损失,提高热效率。

柴油机燃烧室的种类较多,通常分为统一式燃烧室和分隔式燃烧室两大类。

1.统一式燃烧室

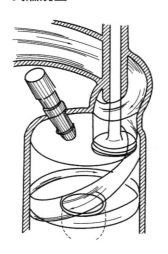

统一式燃烧室是由凹形活塞顶与气缸盖底面所包围的单一内腔构成,几乎全部容积都在活塞顶面上。

这种燃烧室一般使用多孔喷油器将柴油直接喷射到燃烧室中,借喷射油注的形状和燃烧室形状的配合以及燃烧室内的空气涡流运动,迅速形成可燃混合气,故此种燃烧室又称为直接喷射式燃烧室。图 5-3 是直接喷射式燃烧室进气涡流示意图,利用在气缸盖上铸出的螺旋气道,使进入气缸的空气呈涡流状来促进油气混合是直接喷射式燃烧室的一大特点。空气经由螺旋进气道进入气缸时,会产生绕气缸轴线旋转的进气涡流,来帮助燃油与空气的混合。

图 5-3　直接喷射式燃烧室进气涡流示意图

常见的统一式燃烧室结构型式有 ω 形燃烧室、球形燃烧室和 U 形燃烧室,如图 5-4 所示。

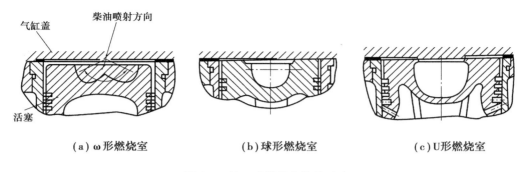

（a）ω形燃烧室　　　　　（b）球形燃烧室　　　　　（c）U形燃烧室

图 5-4　统一式燃烧室结构形式

目前车用柴油机大都采用 ω 形燃烧室及其各种改进型。以 ω 形为例,其燃烧室主要靠喷注形状与燃烧室形状相配合,利用进气涡流和挤流(在压缩行程上止点附近,活塞顶部的空气被挤入燃烧室时形成的气流)等空气运动,形成可燃混合气。这类燃烧室要求喷油系统喷油压力高,并采用小孔径多孔喷油器,使喷出的大部分燃油均匀地以雾状分布在燃烧室空间,吸收空气的热量而蒸发,并借助气流运动与空气混合。另有少量燃油被喷到燃烧室壁面,形成油膜,在燃烧开始后才迅速蒸发而参加燃烧。

ω 形燃烧室形状较简单,易于加工,结构紧凑,散热面积小,热效率高,有利于冷机启动,但与之配套的燃料供给系要求较高。

为了更好地组织直喷式燃烧室的燃烧过程,在传统的圆形 ω 形燃烧室基础上,发展了多种新型燃烧室,它们有着各自的特点。

（1）泼金斯挤流口燃烧室(图 5-5)。它是为降低柴油机噪声、改善排放而设计的,主要是缩小了燃烧室凹坑唇口处尺寸来产生强烈的压缩挤流,从而产生空气的紊流运动。其主要优点是:①能防止燃气从活塞顶上碗形室过早地向燃烧室传播;②可保持燃烧室较高壁温,以防止火焰熄灭并能促进油滴蒸发。

（2）日本五十铃四角 ω 形燃烧室(图 5-6)。它利用四角 ω 形凹坑组织、二次扰动(除了进气涡流外,拐角处又形成小旋涡)来实现燃油和空气的良好混合,以提高燃烧速度。

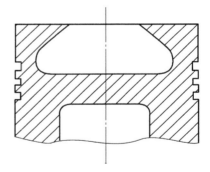

图 5-5　泼金斯燃烧室

（3）小松微涡流燃烧室(图 5-7)。这种燃烧室由两部分组成:上部为四角形,下部分为圆形,两部分经切削加工圆滑过渡。设计思想是集中 ω 形和四角 ω 形二者的优点,同时又有缩口,增加了挤流的影响。

（4）花瓣形燃烧室(图 5-8)。YC6110Q 和 YC6105QC 型柴油机采用这种燃烧室,基本结构与 ω 形燃烧室近似,仅横截面形状呈花瓣状。它利用花瓣形所具有的几何特点,恰当地选择进气涡流、喷油系统与燃烧室形状,将三者良好匹配,可保证柴油机具有较低的燃油消耗率,经济运行区宽广,启动性能变好,并且在降低最大爆发压力、减小噪声、降低排污方面获得较佳的综合指标。

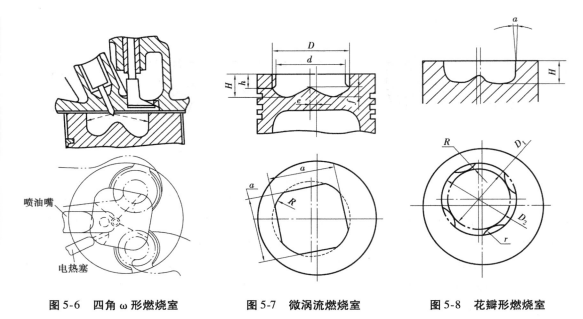

图5-6　四角 ω 形燃烧室　　　图5-7　微涡流燃烧室　　　图5-8　花瓣形燃烧室

2. 分隔式燃烧室

燃烧室被分隔成两部分,一部分位于缸盖底面与活塞顶之间,称主燃烧室;另一部分在气缸盖内,称辅助燃烧室。二者之间由一个或多个通道相通。常见的分隔式燃烧室有涡流室式和预燃室式两种,如图5-9所示。

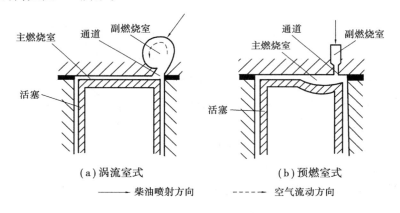

（a）涡流室式　　　　　　　　　　（b）预燃室式

──── 柴油喷射方向　　- - - - 空气流动方向

图5-9　分隔式燃烧室

（1）涡流室式燃烧室。它的辅助燃烧室是球形或圆柱形的涡流室,其容积约占燃烧室总容积的 50% ~ 80%,借与其内壁相切的孔道与主燃烧室连通,因此在压缩行程中,空气从气缸被挤入涡流室时形成强烈的有规则的压缩涡流。

在这种燃烧室中,柴油直接喷入涡流室空间,靠强烈的空气涡流作用,很快与空气混合。大部分燃油在涡流室内燃烧,未燃部分在做功行程初期与高压燃气一起通过切向孔道喷入主燃烧室,进一步与那里的空气混合、燃烧。

在结构方面,为便于加工,涡流室一般做成两半,上半部直接铸在气缸盖内,下半部则用耐热钢制造,镶在缸盖内。为改善启动性能,一般在涡流室内装有预热塞,在镶块的主喷孔前还有一个小锥孔,允许少部分燃油直接进入主燃烧室,以改善启动性。

涡流室中产生的气流运动比上述直接喷射燃烧室中的进气涡流更强,因此可降低对喷雾质量的要求,可采用喷油压力较低(12～14 MPa)的轴针式喷油器。

(2)预燃室式燃烧室。它的预燃室(辅助燃烧室)容积约为燃烧室总容积的25%～40%,并用一个或几个小孔与主燃烧室相通。在压缩行程中,空气从气缸进入预燃室后即产生无规则的紊流运动。活塞临近上止点时,由单孔喷油器将燃油喷入预燃室,喷射压力可较低。燃油喷入后,依靠空气的紊流运动形成混合气并发火燃烧,使预燃室的压力急剧升高,大部分未燃柴油连同燃烧产物经小孔高速喷入主燃烧室,在主燃烧室内产生不规则的涡流运动,进一步与空气混合以达到完全燃烧。

预燃室一般用耐热钢制造,嵌入气缸盖内。

总的看来,分隔式燃烧室主要靠强烈的空气运动形成混合气,对空气的利用比统一式燃烧室充分,因此过量空气系数可以小一些。转速的增加,有利于混合气的形成,可改善高速性能。分隔式燃烧室允许采用较大喷孔的轴针式喷油器及较低的喷射压力。先辅助燃烧室后主燃烧室的两级燃烧,使发动机工作柔和,曲柄连杆机构载荷也较小,而且排气污染小。但分隔式燃烧室散热损失(因燃烧室散热面积大)和节流损失都较大,启动性和经济性都较差,必须用更高的压缩比而且要在辅助燃烧室中装启动电热塞。

涡流室和预燃室多用于小型高速柴油机,缸径一般在100 mm以下。

活动三　喷油器

📖 **学习目标**

(1)知道喷油器的种类。

(2)知道喷油器的工作原理。

📖 **学习内容**

喷油器的作用是将喷油泵供给的高压油以一定的压力、速度和方向喷入燃烧室,使喷入燃烧室的燃油雾化成细粒并适当地分布在燃烧室中,以利于混合气的形成和燃烧。

根据混合气的形成与燃烧的要求,喷油器应具有一定的喷射压力和射程,以及合理的喷注锥角。此外,喷油器在规定的停止喷油时刻应能迅速地切断燃油的供给,不发生滴漏现象。

喷油器分为开式和闭式两种。开式喷油器的高压油腔通过喷孔直接与燃烧室相通,而闭式喷油器则在其之间装针阀隔断。目前,中小功率高速柴油机绝大多数采用闭式喷油器,其常见的形式有两种:孔式喷油器和轴针式喷油器。孔式喷油器多用于直接喷射式燃烧室,轴针式喷油式则主要用于分隔式燃烧室。

一、孔式喷油器

1.孔式喷油器的结构

孔式喷油器的结构如图5-10所示。喷油器由针阀、针阀体、顶杆、调压弹簧、调压螺钉及喷油器体等零件组成。其中,最主要的是用优质合金钢制成的针阀和针阀体一对精密偶件。针阀下端的一圆锥面与针阀体下端的环形锥面共同起密封作用(图 5-11),用于打开或切断高压柴油与燃烧室的通路。针阀底部还有一环形锥面位于针阀体的环形油槽中,该锥面承受燃油压力推动针阀向上运动。针阀顶部通过顶杆承受调压弹簧的预紧力,使针阀处于关闭状态。该预紧力决定针阀的开启压力或喷油压力,调整调压螺钉可改变喷油压力的大小(拧时压力增大,拧出时压力减小),用调整螺钉盖将它锁紧固定。

喷油器工作时,从针阀偶件间隙中泄漏的柴油经回油管接头螺栓流回回油管。

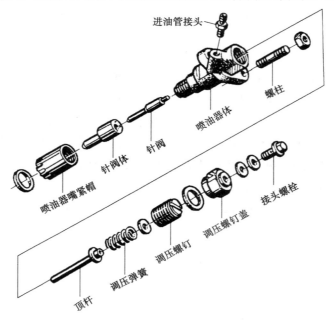

图 5-10　YC6105QC 型柴油机喷油器

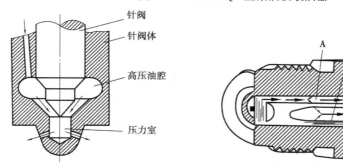

图 5-11　孔式喷油嘴　　　　　图 5-12　缝隙式滤芯工作原理图

为防止细小杂物堵塞喷孔,在某些喷油器进油接头中装有缝隙式滤芯,如图 5-12 所示。柴油从滤芯的两个平面 A 进入,穿过棱边 B 进入滤芯的另两个平面 C 才能进入喷油器,棱边 B 即起过滤作用,而且滤芯具有磁性,可吸住金属磨屑。

2. 孔式喷油器的工作原理

柴油机工作时,来自喷油泵的高压柴油经喷油器体与针阀体中的油孔道进入针阀中部周围的环状空间——高压油腔。油压作用在针阀的锥形承压环带上形成一个向上的轴向推力,此推力克服调压弹簧的预压力及针阀偶件之间的摩擦力使针阀向上移动,针阀下端锥面离开针阀锥形环带,打开喷孔,高压柴油喷入燃烧室中。喷油泵停止供油时,高压油路内压力迅速下降,针阀在调压弹簧作用下及时回位,将喷孔关闭,如图 5-13 所示。

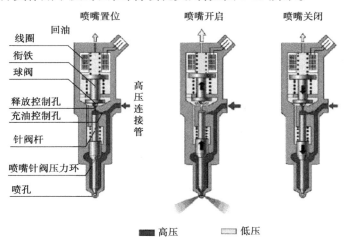

图 5-13　喷油器工作原理图

孔式喷油器的特点是喷孔数目较多,1 ~ 8 个;喷孔直径较小,一般为 0.2 ~ 0.8 mm。喷孔数目和分布的位置,根据燃烧室的形状和要求而定。

多缸柴油机,为使各缸喷油器工作一致,各缸采用长度相同的高压油管。

YC6105QC 型和 YC6110Q 型柴油机采用多孔式喷油器,喷油嘴为四孔等直径(0.32 mm),针阀开启压力(喷油压力)为 18.62 ± 0.49 MPa。

二、轴针式喷油器

轴针式喷油器的工作原理与孔式喷油器相同。其构造特点是针阀下端的密封锥面以下还延伸出一个轴针,其形状可以是倒锥形和圆柱形,如图 5-14 所示。轴针伸出喷孔外,使喷孔成为圆柱状的狭缝(轴针与孔的径向间隙一般为 0.005 ~ 0.25 mm)。这样,喷油时喷注将呈空心的锥状或柱形(图 5-15)。

轴针式喷油器喷孔直径一般在 1 ~ 3 mm,喷油压力为 10 ~ 14 MPa。喷孔直径大,加工方

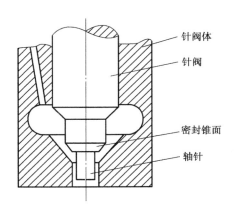

图 5-14　轴针式喷油嘴

便。轴针工作时在喷孔内往复运动,能清除喷孔中的积炭和杂物,工作可靠。它适用于对喷雾要求不高的涡流室式燃烧室和预燃室式燃烧室。

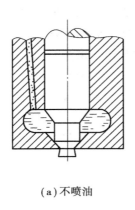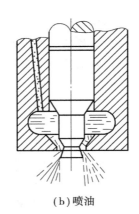

（a）不喷油   （b）喷油

图 5-15　轴针式喷油器的喷油情况

活 动 四　喷 油 泵

📖 **学习目标**

（1）知道喷油泵的组成。

（2）知道喷油泵的工作原理。

📖 **学习内容**

喷油泵即高压油泵（简称油泵），一般和调速器连成一体，其作用是使燃油通过喷油泵的工作变成高压，并按照柴油机各种不同工况的要求，定时、定量地将高压燃油送至喷油器，然后喷入燃烧室中。

1）对多缸柴油机喷油泵的要求

（1）保证定时：严格按照规定的供油时刻开始供油，并保证一定的供油持续时间，不可过长。

（2）保证定量：根据柴油机负荷的大小供给相应的油量。

（3）保证压力：向喷油器供给的柴油应具有足够的压力，以获得良好的喷雾质量。

（4）对于多缸柴油机，为保证各缸工作的均匀性，要求各缸的相对供油时刻、供油量和供油压力等参数都相同。

（5）供油开始和结束要求迅速干脆，避免喷油器产生滴漏现象或不正常喷射现象。

2）喷油泵的分类

车用柴油机的喷油泵按作用原理不同大体可分为 3 类：

（1）柱塞式喷油泵。柱塞式喷油泵性能良好，使用可靠，为目前大多数汽车柴油机所采用。

（2）喷油泵——喷油器。其特点是将喷油泵和喷油器合成一体，直接安装在缸盖上，以消除高压油管带来的不利影响。应用于 PT 燃油供给系统的喷油器即属此类。

（3）转子分配式喷油泵。转子分配式喷油泵是 20 世纪 50 年代后期出现的一种新型喷油泵,依靠转子的转动实现燃油的增压(泵油)及分配,它具有体积小、质量小、成本低、使用方便的优点,尤其体积小,对发动机和汽车的整体布置是十分有利的。

一、柱塞式喷油泵泵油原理

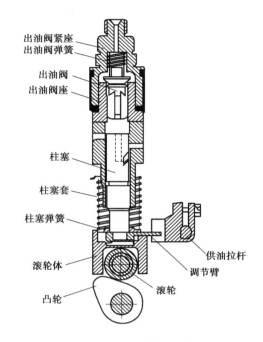

图 5-16　柱塞式喷油泵分泵

柱塞式喷油泵利用柱塞在柱塞套内的往复运动吸油和压油,每一副柱塞与柱塞套只向一个气缸供油。单缸柴油机,由一套柱塞偶件组成单体泵;多缸柴油机,则由多套泵油机构分别向各缸供油。中、小功率柴油机大多将各缸的泵油机构组装在同一壳体中,称为多缸泵,而其中每组泵油机构则称为分泵。

如图 5-16 所示,是一种分泵的结构图,其关键部分是泵油机构。泵油机构主要由柱塞偶件(柱塞和柱塞套)、出油阀偶件(出油阀和出油阀座)等组成。柱塞的下部固定有调节臂,可通过它调节和转动柱塞的位置。

柱塞上部的出油阀由出油阀弹簧压紧在油阀座上,柱塞下端与装在滚轮体中的垫块接触,柱塞弹簧通过弹簧座将柱塞推向下方,并使滚轮保持与凸轮轴上的凸轮相接触。

喷油泵凸轮轴由柴油机曲轴通过传动机构来驱动。对于四冲程柴油机,曲轴转两圈,喷油泵凸轮轴转一圈。

柱塞式喷油泵的泵油原理如图 5-17 所示。柱塞的圆柱表面上铣有直线形(或螺旋形)斜槽,斜槽内腔和柱塞上面的泵腔用孔道连通。柱塞套上有两个圆孔都与喷油泵体上的低压油腔相通。柱塞由凸轮驱动,在柱塞套内做往复直线运动,此外它还可以绕本身轴线在一定角度范围内转动。

(1)吸油过程。当柱塞下移到图 5-17(a)所示位置,燃油自低压油腔经进油孔被吸入并充满泵腔。

(2)压油过程。在柱塞自下止点上移的过程中,起初有一部分燃油被从泵腔挤回低压油腔,直到柱塞上部的圆柱面将两个油孔完全封闭时为止。此后柱塞继续上升[图 5-17(b)],柱塞上部的燃油压力迅速增高到足以克服出油阀弹簧的作用力,出油阀即开始上升。当出油阀的圆柱环形带离开出油阀座时,高压燃油便自泵腔通过高压油管流向喷油器。当燃油压力高出喷油器的喷油压力时,喷油器则开始喷油。

(3)回油过程。当柱塞继续上移到图 5-17(c)中所示位置时,斜槽与油孔开始接通,于是泵腔内油压迅速下降,出油阀在弹簧压力作用下立即回位,喷油泵停止供油。此后,柱塞仍继续上行,直到凸轮达到最高升程为止,但不再泵油。

由上述泵油过程可知,由驱动凸轮轮廓曲线的最大矢径决定的柱塞行程 h,即柱塞的上、下止点间的距离[图 5-17（e）]是一定的,但并非在整个柱塞上移行程 h 内都供油,喷油泵只在柱塞完全封闭油孔之后到柱塞斜槽和油孔开始接通之前的这一部分柱塞行程 h_g 内才泵油。h_g 称为柱塞有效行程。显然,喷油泵每次泵出的油量取决于有效行程的长短,因此欲使喷油泵能随柴油机工况不同而改变供油量,只需改变有效行程。一般借改变柱塞斜槽与柱塞套油孔的相对位置来实现,将柱塞转向图 5-17（e）中箭头所示的方向,有效行程的供油量即增加;反之则减少。

（4）停止供油状态。当柱塞转到图 5-17（d）中所示位置时,柱塞根本不可能完全封闭油孔,因此有效行程为零,即喷油泵处于不泵油状态。

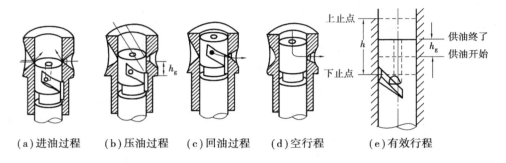

（a）进油过程　（b）压油过程　（c）回油过程　（d）空行程　（e）有效行程

图 5-17　柱塞式喷油泵泵油原理示意图

二、国产系列喷油泵

喷油泵的系列化是以柱塞行程、泵缸中心距和结构形式为基础,再分别配以不同尺寸的柱塞直径,组成若干种在一个工作循环内供油量不等的喷油泵,以满足各种柴油机的需要。喷油泵的系列化有利于制造和维修。

国产喷油泵分为Ⅰ、Ⅱ、Ⅲ和 A、B、P、Z 等系列。目前虽以发展Ⅰ、Ⅱ、Ⅲ号系列泵为主,但并未放弃各种在世界上得到广泛应用的 A、B、P、Z 型喷油泵。其主要参数列于表 5-1 中。

表 5-1　国产系列喷油泵主要参数

主要参数 ＼ 系列代号	Ⅰ	Ⅱ	Ⅲ	A	B	P	Z
柱塞升程/mm	7	8	10	8	10	10	12
分泵中心距/mm	25	32	38	32	40	35	5
柱塞直径范围/mm	5~8	7~11	9~13	7~9	8~10	8~13	10~13
每循环最大供油量范围/mm³	60~150	80~250	250~330	60~150	130~225	130~475	300~600
分泵数目	1~12	2~12	2~8	2~12	2~12	4~8	2~8
最大转速范围/(r·min⁻¹)	1 500	1 500	1 000	1 400	1 000	1 500	900
适用柴油机缸径范围/(mm)	<105	105~135	140~160	105~135	135~150	120~160	150~180

1. A 型喷油泵(A 型泵)

A 型喷油泵总成是国际上通用的一种系列产品,也是国内中、小功率柴油机使用最为广泛的柱塞式喷油泵。A 型喷油泵示意图如图 5-18 所示。

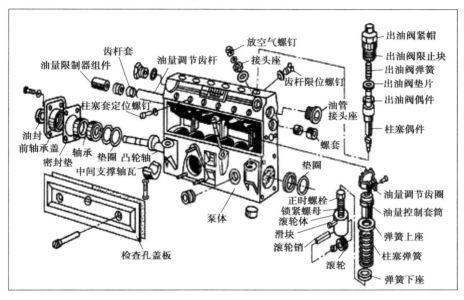

(a)分解图

(b)外观图

图 5-18 A 型喷油泵

A 型喷油泵结构及特点如下:

(1)分泵。分泵是带有一副柱塞偶件的泵油机构,喷油泵分泵数目与发动机缸数相等,各分泵的结构和尺寸完全相同。

分泵的主要零件有柱塞偶件、柱塞弹簧、弹簧上下座、出油阀偶件、出油阀弹簧、减容器、出油阀紧帽等。

柱塞上部的圆柱表面铣有与轴线成45°夹角的直线斜槽,斜槽底部与柱塞顶面有孔道相通。

柱塞和柱塞套是喷油泵中的精密偶件,用优质合金钢制造,并通过精密加工和选配,严格控制其配合间隙(0.001 5 ~ 0.002 5 mm),以保证燃油的增压和柱塞偶件的润滑。间隙过大时,易漏油,使油压下降;如间隙过小,则柱塞偶件的润滑困难。为保证供油压力不低于规定值,出油阀弹簧在装合后应有一定的预紧力。

出油阀常制成如图5-19所示的结构。出油阀的圆锥面是密封表面,阀的尾部同阀座内孔间为滑动配合,起运动导向作用。为了留出油流通路,阀尾带有切槽,形成十字形断面。出油阀中部的圆柱面称为减压环带,其作用是在喷油泵供油停止后迅速降低高压油管中的燃油压力,使喷油器立即停止喷油。

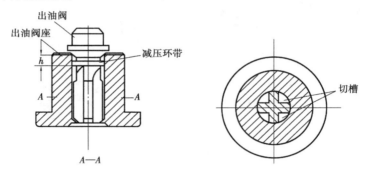

图5-19 出油阀

在出油阀压紧帽中还装有一个减容器,减少了高压油腔的容积,有利于喷油过程的改善,同时起限制出油阀最大升程的作用。

出油阀的封油装置有两个:出油阀座和出油阀压紧帽之间有铜垫圈,以防止高压油漏出;出油阀压紧帽与泵体之间有密封圈,利用它来防止低压油腔漏油。

(2)油量调节机构。油量调节机构的作用是根据柴油机负荷和转速的变化相应改变喷油泵的供油量并保证各缸的供油量一致。

A型喷油泵采用齿杆式油量调节机构,如图5-20所示。柱塞下端的条状凸块伸入套筒的缺口内,套筒则松套在柱塞套的外面。套筒的上部用紧固螺钉锁紧一个可调齿圈,可调齿圈与齿杆相啮合,移动齿杆即可改变供油量。当需要调整某个缸的供油量时,先松开可调齿圈的紧固螺钉,然后转动套筒,并带动柱塞相对于齿圈转动一个角度,再将齿圈固定。

齿杆式油量调节装置的特点是传动平稳,但制造成本高。

(3)传动机构。它由凸轮轴和滚轮传动部件组成。滚轮传动部件如图5-21所示。带有衬套的滚轮松套在滚轮轴上,轴又支承在滚轮架的座孔中,滚轮左侧圆柱面上镶有导向块,泵体开有轴向长槽,导向块插入该槽中,使滚轮架只能上下移动而不能转动。

喷油泵的凸轮轴是由柴油机的曲轴通过齿轮驱动的。当凸轮轴上的凸轮凸起的部分与滚轮接触时,便克服柱塞弹簧的弹力推动柱塞向上运动。当凸轮的凸起部分转过后,柱塞便在弹簧的作用下回位。为保证在相当于一个工作循环的曲轴转角后,各缸都能喷油一次,四冲程柴油机的喷油泵凸轮轴的转速应等于曲轴转速的1/2。当然,凸轮轴上与各缸相应的各个凸轮的相对位置还必须符合所要求的发动机发火顺序。

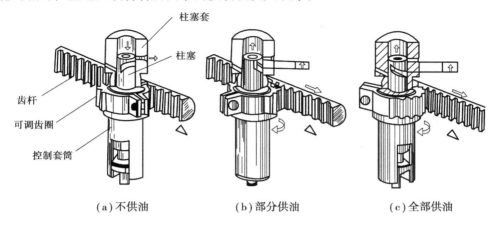

（a）不供油　　　　　（b）部分供油　　　　　（c）全部供油

图 5-20　齿杆式油量调节机构

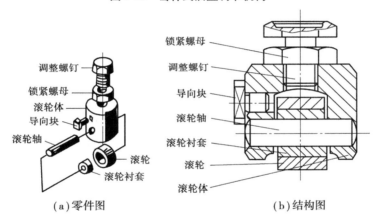

（a）零件图　　　　　　　　（b）结构图

图 5-21　滚轮传动部件

　　喷油泵供油提前角的调整方法有两种，一是改变喷油泵凸轮轴与柴油机曲轴的相对角位置，它是通过调整联轴节或供油提前角自动调节器来实现的；二是改变滚轮传动部件的高度，它是通过转动调整螺钉（图 5-21）而实现的。当松开锁紧螺母拧出调整螺钉时，滚轮传动部件高度 H 增大，于是柱塞封闭柱塞套上进油孔的时刻提前，即供油提前角增大；反之，供油提前角减小。

　　（4）泵体。A 型泵泵体采用整体式结构，铝合金铸成。分泵、油量调节机构及传动机构都装在泵体上。

　　泵体上有低压油腔。输油泵输出的燃油经滤清后，进入低压油道，再从柱塞套上的油孔进入各分泵的泵腔。输油泵供给的燃油量通常远大于喷油泵的需要量，当低压油腔的油压大于 0.05 MPa 时，油道另一端的限压阀开启，多余的燃油经回油管流回输油泵进油口。

　　限压阀还兼有放气作用（YC6105QC 在泵体上有放气螺钉）。当需要放气时（如喷油泵拆装后或发动机长期停放后），在发动机启动前可将限压阀上端的螺钉旋出少许，再抽按手动输油泵，被泵入喷油泵的燃油即可驱净渗入喷油泵内的空气，否则将影响柴油机的正常工作。

在泵体下部的内腔中加有润滑油,依靠润滑油的飞溅保证传动机构的润滑。泵体下部的润滑油与连接在喷油泵后端的调速器壳体内的润滑油是相通的。喷油泵凸轮轴的前端轴承外面装有油封。

YC6105QC 型和 YC6110Q 型柴油机都采用柱塞式喷油泵结构。

B 型泵与 A 型泵在工作原理和结构上相同,只是结构参数有所不同,以适应不同缸径的柴油机。

2. P 型喷油泵(P 型泵)

P 型喷油泵是 20 世纪 60 年代初期国外研制成的一种柱塞泵。与一般柱塞泵相比,P 型泵在安装尺寸不变的条件下,可获得较高的峰值压力(喷油泵工作时所能达到的最大压力),因此对柴油机的不断强化和向高速发展有良好的适应性。由于它可用较大直径的柱塞,因此对柴油机缸径的适应范围扩大,应用十分广泛。

图 5-22 所示是一种 P 型泵结构,其工作原理与前述喷油泵基本相同,但有如下的一些结构特点。

(1)全封闭箱式泵体。P 型泵采用全封闭箱式泵体,以提高刚度,防止泵体在较高的峰值压力作用下产生变形而使柱塞偶件加剧磨损,提高使用寿命,此外还起到防尘作用。

(2)吊挂式柱塞套。柱塞套和出油阀偶件都装在凸缘套筒内,并利用出油阀压紧座拧紧,使之成为一个独立的组件。然后用两个螺塞将凸缘套筒固定在泵体的顶部端面上,形成一种吊挂式结构,以改善柱塞套的受力情况。在出油阀压紧座拧紧后,柱塞套仅仅是上部台肩承受压力,而进、回油孔部位都不受力,从而避免了柱塞套在进、回油孔处受压变形。

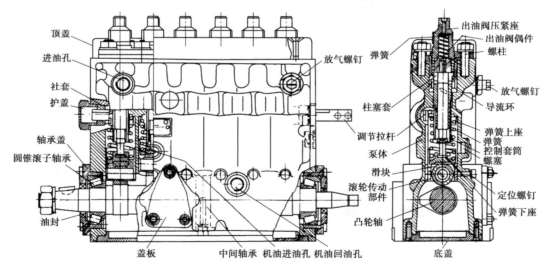

图 5-22　P 型喷油泵

(3)油量调节机构。每个柱塞的控制套筒上都装有一个与调节拉杆上的凹槽相啮合的小钢球,移动调节拉杆,钢球便带动各柱塞控制套筒使柱塞转动,从而改变供油量。P 型泵的供油时刻调整可通过增减凸缘套筒下面的垫片来实现。

(4)压力润滑系统。前述喷油泵的润滑都是在泵体内加注润滑油,靠飞溅润滑,P 型泵则是采用压力润滑。来自柴油机润滑系主油道的压力机油,通过节流孔的油管经泵体上的进油孔进入滚轮传动部件与泵体孔间的间隙,而后流入泵底盖和调速器壳体中。油面高度由泵体上回油孔的位置限制,多余的机油由该孔经回油管流回油底壳。

采用这种压力润滑方式,既保证了可靠润滑,又不需经常检查、添加和更换润滑油。一般情况下,不会出现机油脏污对零件的影响,但在柴油机每更换 2～3 次机油时,需将喷油泵和调速器的壳体冲洗一次。

P 型泵的缺点是拆装很不方便,它的柱塞不能和柱塞套一起从泵体上方取出,而必须先抽出凸轮轴,拆下底盖,然后才能从泵体下方取出。

三、柱塞式喷油泵的供油量调整

供油量的调整包括标定工况、怠速、起动、校正供油及停止供油等项目,而各种供油量是由柴油机制造时,经过反复试验规定的。按照规定调整喷油泵,可使柴油机功率大、耗油省、运转平稳、寿命长。在使用中,由于磨损等因素,喷油泵的各项供油量指标会发生改变而影响柴油机的正常工作,因此需要维修和调整,使喷油泵恢复到原设计要求的技术状况。

标定工况供油量,是保证柴油机在标定工况工作时需要的油量;怠速供油量,是为了维持柴油机空车运转时克服内部阻力所需的油量;启动供油量,是在柴油机启动时加浓,以便于柴油机顺利起动,其数量一般应为标定工况供油量的 150% 以上;校正供油量,是柴油机短时间超负荷运转所需的加浓油量;停止供油,是柴油机在需要停车时能及时停车的措施。

多缸柴油机配用的多缸喷油泵各分泵供油量不均匀度应在要求的范围内,才能保证柴油机运转平稳、省油、功率足。一般规定标定工况供油不均匀度应不大于 3%。怠速供油不均匀,会使柴油机怠速运转不稳,产生振动,一般不大于 30%。

在调整时,首先要使调节拉杆和拨叉(Ⅰ、Ⅱ、Ⅲ号泵)、调节齿杆与齿圈、齿圈与控制套筒(A、B 型泵等)的相互安装位置符合要求。如果位置不正确而开始调整供油不均匀度,可能因最大供油量过大或过小而造成返工。检查后要把喷油泵装到专用试验台上。

1. 标定工况供油量的调整

喷油泵以标定转速运转,转动操纵手柄(一般在调速器上)至最大供油位置,测量喷油100 次或 2 次各缸的供油量,不合标准或不均匀时,松开调节齿圈或柱塞拨叉的夹紧螺钉,使柱塞控制套相对于调节齿圈或柱塞拨叉相对调节拉杆移动一段距离,再紧固螺钉,即可改变供油量。调整时,要判断增加或减小供油量的移动方向——若使操纵臂向增加供油方向移动时,则相应的控制套筒的旋转方向或柱塞拨叉的移动方向即为增油方向。

P 型泵则是松开出油阀压紧座螺栓,旋转它即能转动柱塞套,从而改变供油量。

2. 怠速供油量的调整

标定工况供油量和不均匀度调整合格后,使喷油泵在怠速下运转。将操纵臂放置在怠速位置固定好,然后进行测量,如不均匀度不符合要求,仍按上述方法进行调整。

一般来说,上面两工况的供油量不均匀度合格,其他工况就能满足供油均匀性要求。

活动五　调速器

📖 **学习目标**
(1)知道调速器的种类。
(2)知道调速器的功用。
(3)知道调速器的工作原理。
📖 **学习内容**

一、调速器的功用

理论上,喷油泵每个工作循环的供油量主要取决于调节拉杆的位置,当供油拉杆位置一定时,每一循环的供油量应不变,但实际上,供油量还要受到发动机转速的影响。当发动机转速增加、喷油泵柱塞移动速度加快时,柱塞套上的油孔的节流作用随之而增大,于是在柱塞上行时即使柱塞上沿未完全封闭油孔,由于燃油一时来不及从油孔挤出,泵腔内油压随即增加,出油阀提早开启。供油开始时刻提前,造成喷油器"早喷"。同理,在柱塞上移到其斜槽已经与油孔接通之后,泵腔内油压一时还来不及下降,出油阀延迟关闭,使供油停止时间延后。造成了喷油器的"晚停"。这样,即使供油拉杆位置不变,随着发动机转速的增大,柱塞的实际供油有效行程略有增加,供油量也略有增大;反之,随发动机转速降低,供油量略有减少。在油量调节拉杆位置不变时,喷油泵每一循环供油量随转速变化的关系称为喷油泵的速度特性。

喷油泵的速度特性对工况多变的车用柴油机是非常不利的。例如,柴油机由大负荷工作而突然卸去负荷时,喷油泵拉杆可能由于某种原因一时来不及向减油方向移动,而保持在最大供油量位置,显然,发动机转速将大为增高。这时,喷油泵在上述供油特性的支配下,反而自动将供油量加大,更促使发动机转速升高,发动机转速升高又促使供油量加大。如此反复相互作用的结果,将加速导致发动机超速运转,甚至发生"飞车"事故,同时会造成发动机过热、排气管冒黑烟等不良现象,发动机还会因运动零件的惯性力过大而造成机器损坏。

当柴油机在怠速工况下运转时,供入气缸的燃油量很少,发出的动力仅用以克服发动机本身内部各机构运转阻力。此时,油量调节拉杆保持在最小供油量位置。当发动机内部阻力略有增加而使发动机转速略微降低时,喷油泵在其速度特性作用下,供油量自动减小,促使转速进一步下降。如此循环,最终将导致发动机熄火。反之,柴油机内部阻力略有减小时,柴油机怠速将不断升高,造成怠速不稳。

可见,由于喷油泵速度特性的影响,柴油机在运转中会出现转速不稳定的现象,这种不稳定,往往是由于偶然原因而突然出现的。对此,驾驶员几乎不可能事先估计到并且及时操纵油量调节拉杆加以适量的调节。因此,为保证柴油机的正常工作,柴油机一般都装有调速器。

调速器的功用是:在发动机工作时,根据负荷情况自动调节供油量,以稳定柴油机转速,并且使之不发生超速和熄火。

目前,在常见的柴油机上,应用最广的是机械离心式调速器。此种调速器结构复杂,但工作可靠、性能良好。按调节作用范围的不同,机械离心式调速器分为两速式调速器和全速式调速器。

二、机械离心式调速器工作原理

1. 两速式调速器工作原理

两速式调速器适用于一般条件下使用的柴油机。它只稳定和限制柴油机的最低和最高转速,其中间转速工况由人工直接操纵。

两速式调速器的工作原理如图 5-23 所示。

支承盘 1 由喷油泵的凸轮轴带动旋转,其轴向位置是固定的。飞球 3 铰接在支承盘上并随支承盘一起旋转。飞球在旋转时受到离心力而张开,飞球臂给滑动盘 2 一个向右的轴向力。滑动盘 2 可沿轴向滑动,其轴与杠杆 4 相连,轴的右端与一球面顶块 10 接触。调速弹簧有两根,外弹簧 8 为高速弹簧,刚性较大,内弹簧 7 为低速弹簧,刚性较小。未工作时,球面顶块与弹簧滑座 9 之间有一定的间隙。供油拉杆 11 不仅由操纵杆 6 通过拉杆 5 操纵,也受滑动盘 2 的轴向位置控制,因此,实际工作时供油拉杆 11 的位置由操纵杆和滑动盘共同决定。

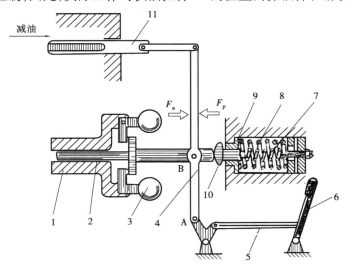

图 5-23　两速调速器工作原理示意图

1—支承盘;2—滑动盘;3—飞球;4—调节杠杆;5—拉杆;6—操纵杆;
7—低速弹簧;8—高速弹簧;9—弹簧滑座;10—球面顶块;
11—供油拉杆;A 点—自动调节支承点;B 点—人工调节支承点

当柴油机负荷发生改变时,转速发生变化,飞球的离心力即刻改变,由于飞球离心力与转速平方成正比,因此飞球能较灵敏地感应转速的变化。飞球的离心力通过飞球臂作用到滑动盘上,产生一轴向分力 F_a,该力迫使滑动盘向右移动。滑动盘右端又受到调速弹簧的作用力 F_p,因此,滑动盘的位置取决于上述两力是否平衡。

其工作过程如下:

当柴油机不工作时,滑动盘 2 受低速弹簧 7 的作用靠向最左端,若操纵杆 6 处于自由状态,供油拉杆 11 就处在供油量较大位置。柴油机启动后,转速上升,飞球离心力的轴向分力 F_a 克服低速弹簧 7 的弹力 F_p 使滑动盘右移,调节杠杆绕支点 A 顺时针方向转动,带动拉杆 11 右移减油,直到 F_a 与 F_p 平衡为止。此时,供油拉杆便保持在某一位置,发动机在急速工况下运转。当

163

柴油机转速上升超过怠速时,滑动盘推动球面顶块 10 与弹簧滑座 9(实际上是高速弹簧座)接触,由于高速弹簧刚性大,预压力大,因此即使转速继续上升,飞球的离心力也不足以推动高速弹簧座 9 右移。因此,在转速大于怠速后的一段范围内,滑动盘的位置将保持不变,这时的供油拉杆 11 就完全由人工操纵操纵杆 6 来控制,此时调节杠杆转动的支点为 B。

当柴油机怠速空转时,若此时转速下降,飞球离心力下降,低速弹簧 7 的弹力 F_p 就会推动滑动盘左移,调节杠杆绕支点 A 逆时针转动,带动供油拉杆左移加油,发动机转速便回升,直至飞球离心力的轴向推力 F_a 与低弹簧弹力 F_p 平衡,滑动盘停止移动,供油拉杆也停止移动,维持供油量不变,达到稳定最低转速即怠速的目的。当柴油机转速上升到标定转速时,飞球离心力足够大,其轴向分力 F_a 与高低速弹簧的弹力相平衡,此时转速稍有上升,飞球离心力增大,轴向推力 F_a 增大,推动滑动盘右移,调节杠杆绕 A 点顺时针转动,带动供油拉杆减油,使转速下降。飞球离心也随转速减小,直至减小至与两弹簧弹力达到平衡为止。维持供油拉杆位置不变,转速又重新稳定在标定转速,达到限制最高转速的目的。

必须说明,人工调节和自动调节是互不干涉运动的代数和关系。如图 5-23 所示,人工调节支点为 B,自动调节支点为 A,供油拉杆的位移量是驾驶员和调速器二者分别操纵或共同操纵所产生的位移代数和。所有调速器都有此结构措施。

2. 全速调速器工作原理

图 5-24 为全速调速器的工作原理简图。从图可见,供油拉杆 12 的位置只由推力盘 3 的位置决定。操纵臂 10 作用在调速弹簧座 6 上,改变调速弹簧 5 的预压力可改变该弹簧作用到推力盘 3 上的弹力 F_p,使 F_p 增大或减小,从而使推力盘移动来改变供油量。

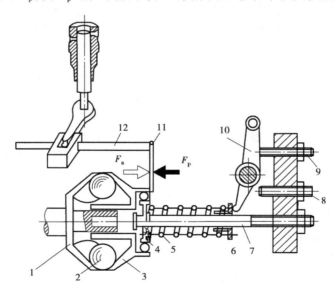

图 5-24　全速调速器工作原理示意图

1—传动盘;2—飞球;3—推力盘;4—弹簧座;5—调速弹簧;6—调速弹簧座;
7—支承轴;8—怠速限位螺钉;9—最高转速限位螺钉;10—操纵臂;11—传动板;12—供油拉杆

全速调速器工作原理如下:

柴油机不工作时,推力盘 3 在调速弹簧 5 的弹力作用下位于最左端,此时供油量最大。调速弹簧被操纵臂 10 和支承轴 7 左端凸缘压紧,具有一定的预压力,其大小由操纵臂 10 决定。当柴油机工作转速升到某一值时,飞球离心力轴向分力 F_a 与调速弹簧的预压力 F_p 相等(操纵臂保持不动),保持推力盘即供油拉杆位置不变。若负荷减小使柴油机转速升高时,飞球离心力增大,F_a 超过 F_p,推力盘就压缩调速弹簧向右移动,带动供油拉杆右移减小供油量,使转速恢复原来状态。若转速降低,F_a 小于 F_p,推力盘就被弹簧推动左移,带动供油拉杆左移,增大供油量,恢复原转速。当操纵臂位置改变时,调速弹簧预压力也随之改变,用来与 F_p 平衡的飞球离心力 F_a 也必须改变,才能使两者相平衡,即柴油机转速随操纵臂位置改变而改变。对应于操纵臂的各个位置,柴油机都有相应的稳定工作转速,故称这种调速器为全速调速器。

　　从图 5-24 可见,操纵臂压缩调速弹簧时,其最大压缩量受螺钉 9 的限制。改变螺钉 9 的位置,可改变调速弹簧的最大压缩量,即改变柴油机的最高转速。该螺钉称为最高转速限位螺钉。

　　同样,当操纵臂向放松调速弹簧方向转动时,其最大转动量受螺钉 8 的限制。当螺钉 8 拧入时,操纵臂放松调速弹簧的程度小,对应预压力 F_p 大,柴油机转速高;反之,柴油机转速低。改变螺钉 8 的位置,可改变柴油机的最低转速。该螺钉称为怠速螺钉。

三、两速式调速器的典型构造及工作

　　图 5-25 所示为 YC1110Q 型和 YC6105QC 型柴油机用 RAD 型两速调速器构造,其示意图如图 5-26 所示。

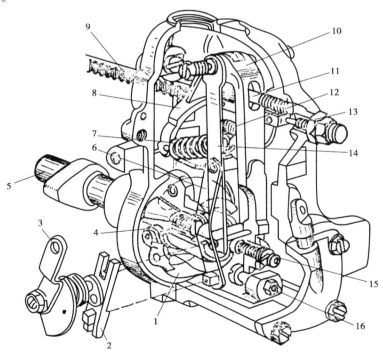

图 5-25　RAD 型两速调速器结构
1—飞块;2—支持杠杆;3—控制杠杆;4—滚轮;5—凸轮轴;6—浮动杠杆;
7—调速弹簧;8—速度调定杠杆;9—供油调节齿杆;10—拉力杠杆;11—速度调整螺栓;12—启动弹簧;
13—稳速弹簧;14—导动杠杆;15—怠速弹簧;16—齿杆行程调整螺栓

调速器与喷油泵用螺钉连接,两个飞块 1 装在喷油泵凸轮轴 5 上,当飞块向外张开时,飞块臂上的滚轮 4 推动滑套 17 沿轴向移动。导动杠杆 14 的上端铰接于调速器壳体上,下端紧靠在滑套上,其中部则与浮动杠杆 6 铰接。浮动杠杆上部通过连杆 18 与供油拉杆 9 相连,浮动杠杆下部有一销轴,插在支持杠杆 2 端的凹槽内。起动弹簧 12 装在浮动杠杆的顶部。导动杠杆 14 通过浮动杠杆 6 连接供油齿杆 9,可提高调速杠杆比(即供油齿杆 9 位移量与滑套 17 位移量之比值),提高调速器灵敏度。控制杠杆 3 的一臂与支持杠杆 2 相连,另一臂则由驾驶员通过加速踏板和杆系操纵。速度调定杠杆 8、拉力杠杆 10 和导动杠杆 14 的上端均支撑在调速器壳体上的轴销上。速度调整螺栓 11 顶住速度调定杠杆 8,使装在拉力杠杆 10 和速度调定杠杆 8 之间的调速弹簧 7 保持拉伸状态。因此在所有中间转速范围内,拉力杠杆始终靠在供油拉杆行程调整螺栓 16 的头部,在拉力杠杆的中下部有轴销,它插在支持杠杆 2 上端的凹槽内。急速弹簧 15 装在拉力杠杆的下部,用于控制急速。

该调速器工作过程如下:

1. 启动加浓

如图 5-26 所示,发动机静止时,两飞块 1 在起动弹簧作用下处于向心极限位置。启动前,应将控制杠杆 3 推至全负荷供油位置 I。此时,支持杠杆 2 绕 D 点逆时针方向转动,浮动杠杆 6 绕 B 点逆时针方向转动,因此供油拉杆 9 向增加供油的方向(图中向左)移动,启动弹簧 12 的作用就在于对浮动杠杆 6 作用一个向左的拉力,使其绕 C 点做逆时针方向的偏转,同时带动 B 点(销轴)和 A 点(套筒)进一步向左移动,直到飞块到达向心极限位置为止,从而保证供油拉杆越过全负荷进入最大供油量位置(即启动加浓位置)。

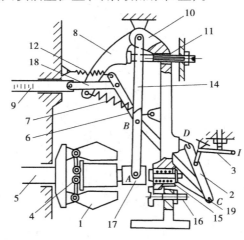

图 5-26 RAD 型两速调速器结构示意图

1—16 同图 5-25;17—滑套;18—连杆;19—急速弹簧座

2. 急速稳定

如图 5-27 所示,发动机启动后将控制杠杆 3 拉到急速位置 II。此时,飞块的离心力使滑套 17 右移而压缩急速弹簧 15,当飞块离心力与急速弹簧和启动弹簧的合力平衡时,供油拉杆 9 便保持在某一位置,柴油机就在相应的某一转速下稳定地工作。当阻力增大使柴油机转速降低时,则飞块离心力随之减小,滑套 17 便在急速弹簧和起动弹簧的共同作用下左移,从而使导动杠杆14向左偏移,带动 B 点左移,同时浮动杠杆绕 C 点逆时针转动,推动供油拉杆9左移,增加供油量,使柴油机转速回升。相反,若发动机阻力下降使转速升高,则飞块的离心力增加,滑套右移,通过导动杠杆、浮动杠杆驱动供油拉杆右移,使供油量减小,柴油机转速下降。

调整怠速弹簧15的预压力就可改变怠速稳定转速。

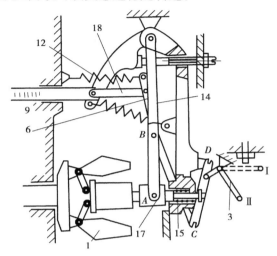

图 5-27　两速调速器怠速工作示意图

(图注同图 5-26)

3. 正常工作的供油调节

如图5-28所示,当柴油机超过怠速转速时,怠速弹簧15完全被压入拉力杠杆10内,滑套17直接与拉力杠杆接触。由于拉力杠杆被很强的调速弹簧7拉住,在转速低于最大工作转速(标定转速)的条件下,飞块的离心力不足以推动杠杆10,因此支点 B 就不会移动。只有在改变控制杠杆3的位置时才可使供油拉杆9左右移动,从而增加或减少供油量。由此可见,在全部中间转速范围内,供油量的调节是由驾驶员控制的,调速器不起作用。

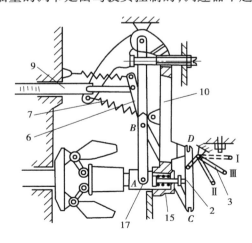

图 5-28　两速调速器在正常转速范围内工作示意图

(图注同图 5-26)

如图 5-27 所示,例如将控制杠杆从怠速位置 Ⅱ 推到部分负荷位置 Ⅲ 时,支持杠杆 2 绕 D 点转动,同时浮动杠杆 6 绕 B 点逆时针转动,使供油拉杆 9 左移,从而增加了供油量。

4. 限制最高转速

如图 5-29 所示,不管柴油机是在部分负荷还是全负荷下工作,只要外界负荷的变化引起柴油机转速超过规定的最大转速时,飞块的离心力就能克服调速弹簧 7 的拉力,推动滑套 17 和拉力杠杆 10 右移,使支点 B 移到 B' 点,同时 D 移动到 D' 点,C 移动到 C' 点,结果使供油拉杆 9 向右移动,供油量减少,从而保证柴油机转速不会超过规定值。

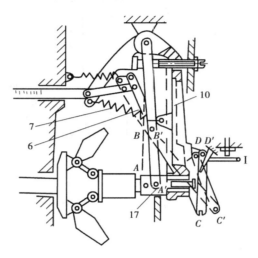

图 5-29 两速调速器限制超速的工作示意图

(图注同图 5-26)

利用调速螺栓 11(图 5-26)改变调速弹簧 7 的预紧力可调节柴油机的最高转速。

四、全速调速器的典型构造及工作

全速调速器不仅能稳定怠速和限制超速,而且能控制柴油机在允许的转速范围内任何转速下稳定地工作。

国产 Ⅰ、Ⅱ、Ⅲ 号系列泵的调速器均为钢球式机械离心全速调速器,它们的结构和工作原理基本相同,现以 Ⅱ 号泵调速器为例加以说明。

与 Ⅱ 号泵配用的全速调速器如图 5-30 所示,它安装在 Ⅱ 号喷油泵的后端。喷油泵凸轮轴 22 的后端固定有驱动锥盘 21,其尾部松套着推力锥盘 26。飞球保持架 18 是一个圆盘,从中心孔向外开有均布的 6 条径向直切口,由 6 个块状的飞球座 16 和 12 个飞球所组成的飞球组件分别嵌装在这 6 个直切口中,可以沿直切口做径向滑动。驱动锥盘的内锥面上铣出了 6 个均布的锥形凹坑,6 个飞球组件的左端嵌入此凹坑中,而其右端则靠在推力锥盘光滑的内锥顶面上。

推力锥盘的球轴承和起动弹簧前座 14 之间夹持着拉板 13,其上部的孔套在喷油泵油量调节拉杆 19 的后端,并用螺母 12 定位。拉板向左推动拉杆 19 时,推力经过弹簧传递,以缓和冲击。支于后壳体上的操纵轴 28 的中部固装着调速叉 10,其外端则借花键与操纵臂 30 相连。调速叉的叉形臂顶靠在弹簧后座 7 的后端面,驾驶员通过加速踏板和杆系扳动操纵臂 30,可以改变调速弹簧 3 和 4 的压缩量,即可改变调速器起作用的转速。

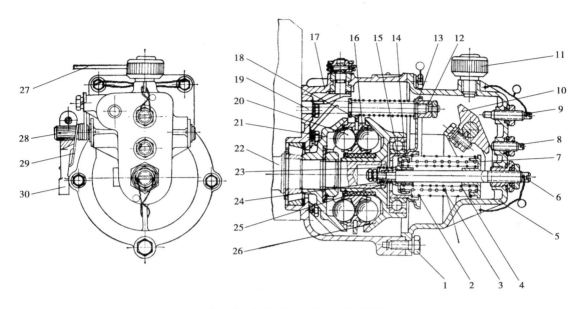

图 5-30 Ⅱ号喷油泵用全速调速器

1—放油螺钉;2—启动弹簧;3—高速调速弹簧;4—低速调速弹簧;5—调速器后壳;6—调节螺钉;
7—弹簧后座;8—低速限止螺钉;9—高速限止螺钉;10—调速叉;11—加油口螺塞;12—拉杆螺母;
13—拉板;14—启动弹簧前座;15—调速弹簧前座;16—飞球座;17—调速器前壳;18—飞球保持架;
19—油量调节拉杆;20—飞球;21—驱动推盘;22—喷油泵凸轮轴;23—垫圈;24—校正弹簧;
25—校正弹簧座;26—推力锥盘;27—停机手柄;28—操纵轴;29—扭力弹簧;30—操纵摇臂

调节螺柱 6 上装有四个弹簧:校正弹簧 24、起动弹簧 2、低速弹簧 4 和高速弹簧 3。启动弹簧和低速弹簧的后端都支承在可沿轴向滑动的弹簧座 7 上,起动弹簧的前座 14 支承在径向推力球轴承上,而调速弹簧的前座 15 则支承于起动弹簧前座 14 的内圆面上,高速弹簧 3 呈自由状态,端头留有一定间隙。校正弹簧座 25 可轴向移动。

停机手柄 27 装在前壳 17 的顶部。壳体顶部和底部设有加油口和放油孔,分别用螺塞 11 和螺钉 1 堵住。螺塞 11 上钻有通气孔,以免壳体内润滑油受热,致使腔内蒸气压力过高而造成漏油。螺塞孔道内有泡沫塑料滤芯,防止灰尘等脏物进入。

在调速器后壳 5 上有高速限止螺钉 9 和低速限止螺钉 8,分别用来调整、限定最高工作转速和最低稳定空转。

其工作过程如下:

1．一般工况

当调速手柄 10 处于两个限位螺钉 8 和 9 之间的任一位置时,柴油机将稳定在某一转速下工作,飞球的离心力与调速弹簧弹力处于平衡状态。如此时外界负荷发生变化而引起转速改变时,飞球的离心力与调速弹簧弹力失去平衡,调速器将自动调节供油量,使柴油机转速维持在原来转速附近变化较小的范围内。具体工作原理前面已经介绍过,不同的是Ⅱ号泵调速器采用高速、低速两个调速弹簧,低速弹簧刚度较小,装配时有一定的预压力;高速弹簧刚度较大,装配时呈自由状态。在低速时,低速弹簧单独工作,随着转速提高到一定数值后,高速弹簧方加入工作。

2. 怠速工况

将调速叉 10 逆时针旋至与低速限止螺钉 8 相碰,调速弹簧放松,预压力最小,柴油机则稳定在最低转速下运行。调整怠速限位螺钉的位置,则可改变最低转速。通常,调整时应达到使柴油机转速较低而又能平稳运转为佳。

3. 最高转速工况

将调速叉 10 顺时针转至与高速限位螺钉 9 相碰,此时调速弹簧受到最大压缩而预压力最大,柴油机处于最高转速工况下工作。如这时外界负荷减小,转速上升,飞球离心力将使供油调节拉杆 19 向减油方向移动,使柴油机输出扭矩与负荷相平衡,如负荷全部卸去,调速器将使供油量减至最小,此时柴油机处于最高空转转速下工作。装有调速器的柴油机的最高空转转速与最高工作转速之间差距较小,因而起到防止柴油机超速运转并发生"飞车"危险的作用。

4. 超负荷工况

汽车、拖拉机以及工程机械等所用的柴油机工作时,往往会遇到短期阻力突然增大的情况。如果这时柴油机本来已在满负荷下工作,供油量已达到最大,柴油机转速会迅速降低而熄火。为了提高柴油机克服短期超负荷的能力,在全速式调速器中多装有油量校正装置,可使柴油机在超负荷时增加供油量 15% ~ 20%。

图 5-31 是油量校正装置工作原理图。图(a)是无油量校正装置时的情况,调速叉将调速弹簧压缩到最大程度,使弹力 F_B 与飞球的离心力轴向分力 F_A 平衡,柴油机稳定在最高工作转速运转。若此时负荷突然增大使柴油机转速下降,飞球离心力减小,F_A 小于 F_B,但因拉板 9 与调节螺柱 6 的凸肩间的间隙已不存在,油量调节拉杆无法进一步左移加大供油量,因此柴油机转速必然下降乃至熄火。

图(b)是有油量校正装置时情况,调节螺柱 6 前部改成可轴向滑动的校正弹簧座 4,与校正弹簧 3 共同构成校正装置。当拉杆 8 和拉板 9 处于点划线所表示的全负荷供油位置时,垫圈 2 与弹簧座间存在轴向间隙 Δ_2。当柴油机突然超负荷时,转速随之下降,调速弹簧的剩余作用力 $F_B - F_A$ 便压缩校正弹簧,使拉杆 8 向左移动一个距离 a(校正行程),此时校正弹簧的压力 F_c 与 F_A 之和等于 F_B。这样就在全负荷供油量基础上额外再加供一部分燃油(称为校正油量),以适应超负荷的需要。柴油机超负荷愈大,校正弹簧的压缩量越大,校正油量也越多。当校正行程。$a = \Delta_2$ 时,校正油量达到最大值,此时弹簧座 4 的前端面与垫圈 2 接触。最大校正行程 Δ_2 以及校正弹簧的预压力可用调节螺母 1 调节。校正油量终究是有限的,如果柴油机超负荷过大,柴油机仍将熄火。应当指出,校正范围不是柴油机的正常工作范围,决不允许柴油机长期地在校正范围内工作。

5. 冷态起动

图 5-30 所示的全程式调速器起动加浓装置,工作原理如图 5-32 所示。启动前,驱动锥盘不动,飞球组件的离心力形成的轴向推力 F_A 为零。驾驶员将加速踏板踩到底,即调速叉 5

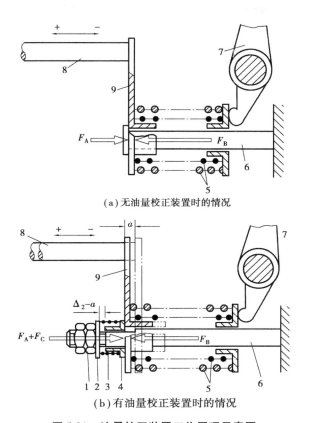

(a) 无油量校正装置时的情况

(b) 有油量校正装置时的情况

图 5-31　油量校正装置工作原理示意图

1—校正油量调节螺母；2—垫圈；3—校正弹簧；4—校正弹簧座；5—调速弹簧；
6—额定供油量调节螺柱；7—调速叉；8—油量调节拉杆；9—拉板

顺时针转到与高速限止螺钉 4 相接触的极限位置，此时调速弹簧 3 的压缩力 F_B 达到最大值。在 F_B 的作用下压缩校正弹簧 1，直到校正行程达到最大时为止。调速弹簧 3 被调速叉 5 向左压缩的同时，起动弹簧 2 也被压缩。起动弹簧 2 的压力 F_D 作用在与拉板 7 固定连接的起动弹簧前座 6 上，使之连同拉板 7 和油量调节拉杆 8 处于最左端位置，锥盘被推到使飞球组件沿径向向内移到极限位置，因此供油量达最大值（起动时供油量比标定供油量约增加 50%）。此时调速弹簧前座 9 的前端面与起动弹簧前座 6 的后端面之间存在着间隙 Δ_3，称为起动加浓间隙。

在供油量达到上述最大值的情况下，柴油机便可顺利地起动。起动后，柴油机转速达到一定值时，轴向推力 F_A 方能与 F_D 相平衡。转速进一步增高到使 F_A 大于 F_D 时，起动弹簧被压缩，起动弹簧前座 6 右移，直到 Δ_3 为零，起动加浓作用停止。当转速继续升高，F_A 和 F_C 仍由调速弹簧与起动弹簧共同承受。启动完毕后，应将调速叉逆时针方向转动一个角度，减小调速弹簧压缩量，使柴油机进入怠速或有负荷工况。

当柴油机处于热状态下起动时，调速叉 5 可不转动到与高速限止螺钉 4 相碰的极限位置，此时 F_D 相应减小，但仍能保证拉板 7 和拉杆 8 处于最左端位置，即供油量最大。但与冷起动时的区别是，F_B 不是最大，则此时起动加浓间隙 Δ_3 变大了。这样，在柴油机起动后达一定转速时，F_A大于F_D，拉板7便右移减油直到Δ_3消失，使供油量减少较多、较快。由于柴油机处于热态下，起动仍将是稳定的。

6. 停机

当需要停机时，转动停机手柄27（图5-30），通过停机挡块强制带动油量调节拉杆19向右移动到极限位置，使喷油泵停止供油，则柴油机熄火停止工作。

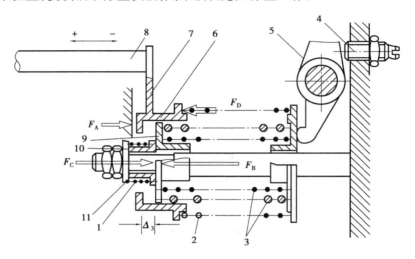

图 5-32　启动加浓装置工作原理示意图
1—校正弹簧;2—启动弹簧;3—调速弹簧;4—高速限止螺钉;5—调速叉;
6—启动弹簧前座;7—拉板;8—油量调节拉杆;9—调速弹簧前座;10—垫圈;11—校正弹簧座

活 动 六　喷 油 提 前 角 调 节 装 置

📖 **学习目标**

（1）能描述提前角。

（2）知道喷油提前装置的功用。

（3）知道喷油提前装置的工作原理。

📖 **学习内容**

喷油提前角是指喷油器开始喷油至活塞到达上止点之间的曲轴转角。喷油提前角的大小对柴油机的工作过程影响很大。喷油提前角过大时，由于喷油时缸内温度较低，混合气形成条件较差，备燃期较长，将导致发动机工作粗暴。而喷油提前较小，将使燃烧过程延后过多，所能达到的最高压力降低，热效率也显著下降，导致发动机功率降低，排气冒白烟。因此为保证发动机有良好的性能，必须选择最佳的喷油提前角。

最佳喷油提前角是指在转速和供油量一定的条件下，能获得最大功率及最小燃油消耗率的喷油提前角。应当指出，对任何一台发动机，最佳喷油提前角都不是常数，而是随供油量和曲轴转速变化的。喷油量越大，转速越高，则最佳喷油提前角也越大。多数柴油发动机是根据某个常用的工况范围来确定一个喷油提前角数值,显然,这个数值仅在指定工况范围内才是最佳的。因此,还有必要装有喷油提前角自动调节器,以保证在转速变化时,喷油提前角也自动地发生相应的改变。

　　喷油提前角实际上是由喷油泵供油提前角保证的,而调节整个喷油泵供油提前角的方法是改变发动机曲轴与喷油泵凸轮轴的相对角位置。

一、联轴节

　　联轴节用来连接喷油泵凸轮轴与其驱动轴。如图 5-33 所示,图 5-34 所示的是解放CA6110-2 型柴油机的联轴节结构。

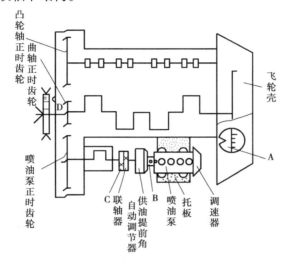

图 5-33　喷油泵的驱动和供油正时

A—飞轮与飞轮壳标记;B—供油提前自动调节器与喷油泵体标记;

C—联轴器主、从动轴标记;D—曲轴风扇皮带与正时齿轮盖标记

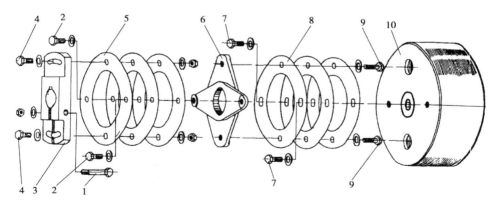

图 5-34　喷油泵的联轴节

1—锁紧螺栓;2、4、7、9—螺钉;3—主动凸缘盘;5—主动传力钢片;

6—十字形中间凸缘盘;8—从动传力钢片;10—供油提前角自动调节器

　　主动凸缘盘3借助锁紧螺栓1固定在驱动轴上。螺钉2、4和9把主动凸缘盘3、主动传力钢片5、十字形中间凸缘盘6及从动传力钢片8连接在一起,再用螺钉7使从动传力钢片与供油提前角自动调节器10相连接。这样,驱动轴的动力通过上述各零件即可传递到供油提前角自动调节器上。旋松螺钉4可使主动凸缘盘3相对主动传力钢片和十字形凸缘盘6沿弧线形孔转过一个角度,这样就改变了喷油泵凸轮轴与发动机曲轴之间的相对位置,即改变了各缸的喷油时刻(即初始供油提前角)。同样,旋松螺钉7也可使供油提前角自动调节器相对从动传力钢片和十字形凸缘盘沿弧线形孔转过一个角度。两处的手动调节可使零件结构紧凑、调整灵活方便。

　　安装时,将喷油泵固定在发动机气缸体的托架上后,转动曲轴,使第一缸活塞处在上止点位置,再将喷油泵凸轮轴与壳体上的记号对准,最后将螺栓拧紧。CA6110-2型发动机的喷油提前角为14°。

二、喷油提前角自动调节器

　　为满足最佳喷油提前角随转速升高而增大的要求,近年来国内外车用柴油机常装有机械离心式供油提前角自动调节器,以适应转速的变化而自动改变喷油提前角。喷油提前角自动调节器位于联轴节和喷油泵之间。

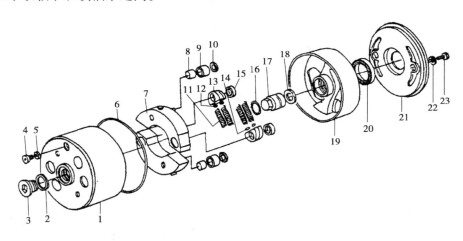

图 5-35　喷油提前角自动调节器

1—调节器壳体;2、10—垫圈;3—放油螺塞;4—丝堵;5、22—垫片;6、16—O形密封圈;
7—飞块;8—滚轮内座圈;9—滚轮;11—弹簧;12、14、18—弹簧垫圈;13—弹簧座;
15—定位圈;17—螺母;19—从动盘;20—油封;21—盖;23—螺栓

　　图5-35所示为解放CA6110-2型柴油机喷油提前角自动调节器。调节器壳体1用螺栓与联轴节相连,为主动元件。两个飞块7套在调节器壳体端面的两个销钉上,外面还套装两个弹簧座13,飞块的另一端各压装一个销钉,每个销钉上各松套着一个滚轮9和滚轮内座圈8。

　　从动盘19与喷油泵凸轮轴相连接。从动盘两臂的弧形侧面 E(图5-36)与滚轮9接触,平侧面 F 则压在两个弹簧11上,弹簧的另一端支撑于弹簧座13上。整个调节器为一个密封体,内腔充满机油。

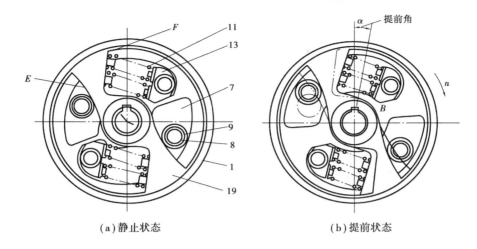

(a)静止状态　　　　　　　　　　(b)提前状态

图 5-36　喷油提前角自动调节器工作原理示意图

1—调节器壳体;7—飞块;8—滚轮内座圈;9—滚轮;11—弹簧;13—弹簧座;19—从动盘

喷油提前角自动调节器的工作原理如图 5-36 所示。发动机工作时,调节器壳体 1 及飞块 7 受发动机曲轴的驱动而沿图中箭头方向旋转,两个飞块的活动端向外甩开,滚轮 9 则对从动盘 19 的两个弧形侧面 E 产生推力,迫使从动盘 19 沿箭头所示方向相对于调节器壳体超前转过一个角度 α,直到弹簧 11 作用在 F 侧面上的压缩弹力与飞块离心力相平衡为止,于是从动盘 19 与调速器壳体 1 同步旋转[图 5-36(b)]。当转速升高时,飞块离心力增大,其活动端进一步向外甩出,飞块上的滚轮 9 迫使从动盘 19 沿箭头所示方向相对于调节器壳体 1 再超前转过一个角度,直到弹簧 11 的压缩弹力与飞块离心力达到一个新的平衡状态为止。这样,供油提前角便相应地增大。反之,当发动机转速降低时,供油提前角相应减小。解放 CA6110-2 型柴油机喷油提前角自动调节器的调节量为 $0 \sim 6°30'(500 \sim 1\,650\ \mathrm{r/min})$。

活动七　柴油机供给系的辅助装置

📖 **学习目标**

(1)知道柴油供给系辅助装置的组成。

(2)知道柴油供给系辅助装置的功用。

(3)知道柴油供给系辅助装置的工作原理。

📖 **学习内容**

一、柴油滤清器

柴油在运输和存储过程中,不可避免地会混入灰尘和水分,且储存较久后,由于氧化、沉淀等作用,胶质还会增加。柴油中的胶质会导致精密偶件卡死等一系列问题。

柴油滤清器的作用就是除去燃料中的杂质、石蜡和水分。对滤清器的基本要求是阻力小、过滤效率高、使用寿命长。滤清器可分为更换滤芯式和一次性滤清器两种。很多柴油机中设有粗、细两级滤清器,有的只用单级滤清器。

为了保证柴油喷射装置可靠工作,在柴油机上应该设有高效的柴油滤清器。考虑到滤清器保持定期清除杂质的可能性,滤清器中有时设置水与机械杂质的沉淀杯。目前常用的单级滤清器是微孔纸芯滤清器,其典型结构如图 5-37 所示。

工作过程为:输油泵泵出的柴油,经进油管接头进入壳体,再渗透过滤芯而进入滤芯内腔,最后经出油管接头输出给喷油泵。在此过程中,柴油中的机械杂质和尘土被滤去,水分沉淀在壳体内。当管路油压超过溢流阀 7 的开启压力时,溢流阀便开启。多余的柴油流回油箱,从而保证管路内油压保持在一定限度内。现有的纸质滤芯的使用寿命约为 400 h。纸质滤芯具有质量轻、体积小、成本低的优点,被广泛应用于轻型汽车上。

在很多的柴油供给系统中,输油泵和油箱之间装有一个平板缝隙式或网状粗滤器,以过滤粗大的颗粒等机械杂质。在载重大的汽车柴油机上,常装

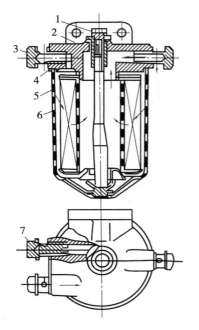

图 5-37 135 系列柴油机柴油滤清器

1—放气螺钉;2—拉杆螺母;3—油管接头;
4—盖;5—壳体;6—纸质滤芯;7—溢流阀

用粗滤、细滤组合式的两级滤清器。当两级滤清元件串联时,初级用纸滤芯,二级用航空毛毡或纺绸,如图 5-38 所示。

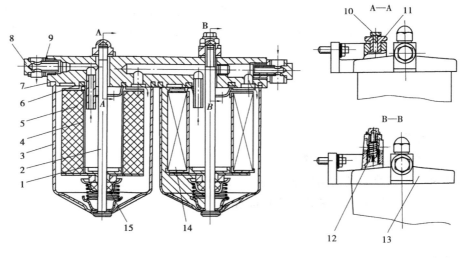

图 5-38 两级双联柴油滤清器

1—绸滤布;2—紧固螺杆;3—外壳;4—滤油筒;5—毛毡滤芯;6—毛毡密封圈;
7—橡胶密封圈;8—油管接头螺钉;9—油管接头衬套;10—放气螺钉;11—放气螺塞;
12—溢流阀;13—滤清器盖;14—纸滤芯;15—滤芯衬垫

二、输油泵

输油泵的主要作用是克服管路与滤清器的阻力,保证燃料在低压油路内循环,并在一定压力下提供足够数量的燃料给喷油泵。输油泵有活塞式、膜片式、齿轮式和叶片式等。目前在车用柴油机上普遍使用的是机械传动的活塞式输油泵。

活塞式输油泵的结构如图 5-39 所示,主要由泵体、机械油泵总成、手油泵总成、止回阀和油道等所组成。其工作原理如图 5-40 所示。当喷油泵凸轮转动时,滚轮挺杆机构使活塞做往复运动,由于单向阀的作用,不断地向滤清器输送燃料。在输油泵的供油量大于喷油泵的需要时,油路中的压力上升,此压力作用在活塞的后背面,如压力大于活塞弹簧压力,输油泵便不工作。因此,这种泵能在低压油路中维持一定的压力。在柴油机起动之前,为使喷油泵充满燃料,可以采用手泵输油。

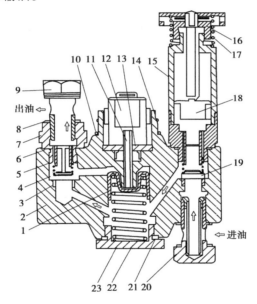

图 5-39　活塞式输油泵

1—输油泵活塞;2—输油泵体;3—压套;4—出油止回阀;5—止回阀弹簧;6—密封垫片;
7—出油管接头;8—垫片;9—空心螺栓;10—O 形密封圈;11—顶杆;12—滚轮部件;
13—橡胶密封环;14—卡环;15—手油泵体;16—手柄;17—弹簧;18—手油泵活塞;
19—进油止回阀;20—空心螺栓;21—密封垫片;22—弹簧;23—螺塞

机械油泵的活塞 1 与泵体 2、手油泵的活塞 18 与泵体 15 以及顶杆 11 与配合孔等偶件,都是经过选配和研磨而达到高精度配合的,故无互换性。

在分配式油泵上装有转子滑片式的输油泵,通常是在分配泵转子的一端连接输油泵转子,在转子的槽中有两个交叉的滑片,由转子旋转驱动供油。

三、废气涡轮增压器

柴油机增压是在空气进入气缸前预先进行压缩,以提高其密度,并在燃料供给系统的良

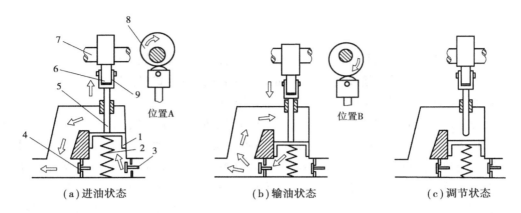

（a）进油状态　　　　　　（b）输油状态　　　　　　（c）调节状态

图 5-40　活塞式输油泵工作原理示意图

1—机械泵活塞;2—活塞弹簧;3—进油止回阀;4—出油止回阀;5—顶杆;

6—滚轮;7—凸轮轴;8—偏心轮;9—滚轮架

好配合下,使更多的燃料及时获得充分燃烧,从而提高柴油机的功率,同时还可以提高柴油机的经济性,改善排放性能。

按空气压缩时所用能量的来源不同,增压方式有机械增压和废气涡轮增压。机械增压要消耗发动机输出功率而使柴油机经济性变差,近来基本被淘汰。目前,废气涡轮增压方式已在柴油机上得到广泛的应用,甚至有的汽油机也加以采用。

1. 废气涡轮增压器的工作原理

废气涡轮增压器的工作原理如图 5-41 所示。将排气管 1 接到增压器的涡轮壳 4 上。柴油机排出的具有一定压力的高温废气经涡轮壳 4 进入喷嘴环 2,由于喷嘴环的设计形状(通道面积逐渐收缩),因此废气的压力和温度下降,而速度却迅速提高。这个高温高速的废气气流,按一定方向冲击涡轮 3,使涡轮高速旋转。废气的压力、温度和速度越高,涡轮转速就会越快。经过涡轮的废气最后排入大气。因为涡轮 3 与压气机叶轮 8 是装在同一根转子轴 5 上的,所以两者会同速旋转。经过空气滤清器并吸入压气机壳内的空气,被高速旋转的压气机叶轮甩向叶轮的外缘,使其速度和压力增加,并进入形状为进口小出口大的扩压器 7,因而气流的流速下降,压力升高。再通过断面由小到大的环形压气机壳 9 使空气压力继续升高。高压空气经柴油机进气管 10 进入气缸,与更多的柴油混合燃烧,以提高发动机的输出功率。

2. 废气涡轮增压器的构造

废气涡轮增压器按进入涡轮的气流方向可分为径流式和轴流式两种。前者效率高、加速性能好、体积小、结构简单,故汽车柴油机多采用径流式结构。进入涡流的废气流多采用脉冲式,以使废气的能量得到充分利用。为此,进入增压器的排气管做成分置式。如对六缸柴油而言,如其发火顺序为 1—5—3—6—2—4,一般将 1、2、3 缸的排气道连接到一根排气歧管上,沿涡轮壳上的一条进气道通向半圈喷嘴环;而将 4、5、6 缸的排气道连接到另一根排气歧管,沿涡轮壳上的另一条进气道通向另半圈喷嘴环。这样,各缸排气互不干扰,可以充分利用废气的脉冲能量,并能利用压力高峰后的瞬时真空以利于扫气(图 5-42)。

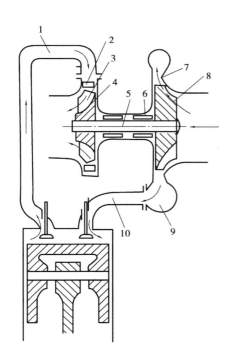 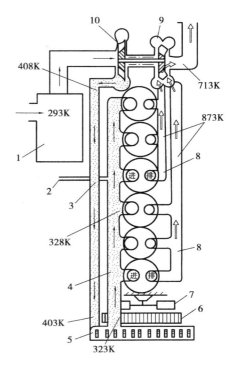

图 5-41　废气涡轮增压器工作原理示意图

1—排气管；2—喷嘴环；3—涡轮；4—涡轮壳；
5—转子轴；6—轴承；7—扩压器；8—压气机叶轮；
9—压气机壳；10—进气管

图 5-42　Steyr-WD615 型柴油机废气增压系统

1—空气滤清器；2—防冒烟限位器通气孔；3—连接管；
4—进气管；5—中间冷却器；6—水箱；7—风扇；
8—排气管；9—涡轮机；10—压气机

图 5-43 为汽车上广泛采用的径流脉冲式废气涡轮增压器的结构。它由涡轮壳 4、中间壳 14、压气机壳 9、转子组件和浮动轴承 16 等主要零件组成。涡轮壳与发动机排气管连接。压气机壳的进口通过软管与空气滤清器相连,而其出口通往发动机气缸。压气机的扩压器为无叶式,由压气机壳 9 和压气机后盖板 13 之间的间隙构成。涡轮 2 由含镍的耐热不锈钢精密铸造,焊接在转子轴 10 上。压气机叶轮 11 为铝合金铸件,用螺母固定在转子轴上。涡轮、压气机叶轮和转子轴组成转子组件,支撑在两个浮动轴承 16 上并高速旋转。转子组件在装到增压器之前应进行静平衡和动平衡,其不平衡度不大于 0.001 5 N·m。由于转子体转速高达 110 000 ~ 130 000 r/min,因此采用全浮动式轴承。全浮动轴承 16 与转子轴 10 和中间壳 14 之间均有间隙,当转子轴高速旋转时,具有一定压力的润滑油充满这两个间隙,对其进行润滑和冷却。在转子轴高速旋转的同时,浮动轴承在内外两层油膜中随转子轴同向旋转,但其转速比转子轴低得多,从而使轴承对轴承孔和转子轴的相对线速度大大下降,保证其能正常工作。

废气涡轮增压器所需要的润滑油来自发动机的主油道,通过细滤器再次滤清后,进入增压器的中间壳,经其下部出油口流回曲轴箱。为防止润滑油窜入涡轮和压气机叶轮,在转子轴两端安置有密封环 3、12 和密封套 8。

在中间壳 14 和涡轮壳 4 之间装有隔热板 1,以减少高温废气对润滑油的不利影响。

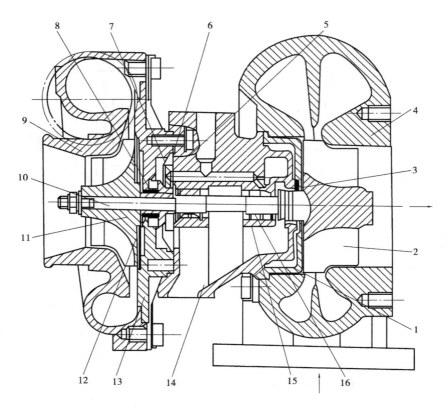

图 5-43　废气涡轮增压器

1—隔热板;2—涡轮;3、12—密封环;4—涡轮壳;5—推动轴承;6—O 形密封圈;
7—膜片弹簧;8—密封套;9—压气机壳;10—转子轴;11—压气机叶轮;
13—压气机后盖板;14—中间壳;15—卡环;16—浮动轴承

活动八　PT 燃油供给系统

📖 **学习目标**

(1)知道 PT 供油系的组成。

(2)知道 PT 供油系的功用。

(3)知道 PT 供油系的工作原理。

📖 **学习内容**

PT 供油系是美国康明斯公司的专利,于 1954 年开始采用。它不同于传统的柴油机供给系统。它的供油量是由燃油泵的输出压力 P 和喷油器的进油时间 T 决定的,故称 PT 燃油供给系统。

一、PT 燃油供给系统的组成

汽车用 PT 燃油供给系统的组成如图 5-44所示。发动机工作时,燃油箱中的柴油经滤清器滤清后流入 PT 泵,PT 泵可根据柴油机工况的变化,以不同的油压(0.618 ~ 1.372 MPa)将燃油输送给喷油器。燃油器则对燃油进行计量与加压(98 MPa),并在规定时刻使之呈雾状喷入气缸。多余燃油经回油管流回油箱。

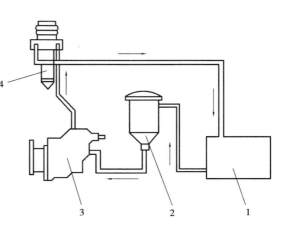

图 5-44 PT 燃油供给系统
1—燃油箱;2—滤清器;
3—PT 燃油泵;4—喷油器

二、PT 燃油泵

PT 燃油泵起到输油、调压、调速的作用,是 PT 燃油供给系统的关键部件。

PT 燃油泵的结构如图 5-45 所示,它主要由齿轮泵 27、稳压器 26、滤清器 9、PTG 调速器 24、旋转式节流阀 25 和 MVS 调速器 1 等部件组成。齿轮泵为燃油建立初步压力,稳压器用于消除齿轮泵输油的压力波动。PTG 实际上是机械离心式两速调速器,MVS 为全速调速器。汽车柴油机的 PT 泵上一般不装 MVS 调速器,驾驶员可通过直接操纵旋转式节流阀来控制供油量。

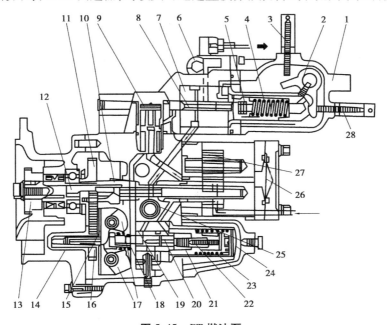

图 5-45 PT 燃油泵
1—MVS 调速器;2—操纵摇臂;3—高速限止螺钉;4—调速弹簧;5—怠速弹簧;6—断油阀;7—柱塞套筒;
8—柱塞;9—滤清器;10、11、13、16—齿轮;12—主轴;14—低速校正弹簧;15—飞块柱塞;17—飞块;
18—高速校正弹簧;19—调速柱塞套筒;20—调速柱塞;21—怠速柱塞;22—怠速弹簧;23—调速弹簧;
24—PTG 调速器;25—旋转式节流阀;26—稳压器;27—齿轮泵;28—怠速螺钉

PT 燃油泵的油路循环如图 5-46 所示。发动机工作时,动力经齿轮 13 传到主轴 12,再分别驱动齿轮泵 27 和 PTG 调速器 24(图 5-45)。齿轮泵输出的燃油经稳压器 26 消除压力波动后,送到滤清器 9,由燃油滤清器出来的燃油分成两路:一路进入 PTG 调速器;另一路进入 MVS 调速器,最后经断油器 6 送往喷油器。

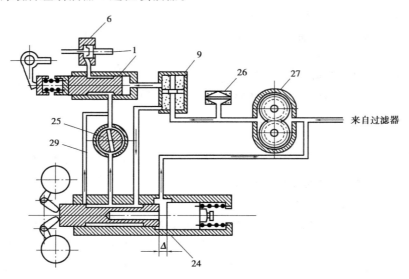

图 5-46　PT 燃油泵油路示意图

1—MVS 调速器;6—断油阀;9—滤清器;24—PTG 调速器;
25—旋转式节流阀;26—稳压器;27—齿轮泵;29—息速油道

PTG 两速调速器主要由飞块 17、套筒、飞块柱塞 15、调速柱塞 20、低速校正弹簧 14、调速弹簧 23、高速校正弹簧 18、息速弹簧 22、息速柱塞 21 等组成,兼起调压和调速作用。

调速柱塞 20 的内腔借径向孔与进油道 A 和节流阀 25 相通,因此内腔油压与齿轮泵输出油压基本相同。息速柱塞 21 位于调速柱塞一端,由于燃油压力的作用,调速柱塞与息速柱塞两者端面不相接触,而保持有一定的间隙,部分燃油即从此间隙流回齿轮泵。当发动机转速升高时,飞块离心力增大,调速柱塞右移,间隙减小而节流作用加强,因此输出的燃油压力增高,因此循环供油量并不因转速升高喷油器进油时间缩短而减少。反之,转速下降时,输出燃油压力也下降。此即 PT 泵的调压作用。

当柴油机转速超过额定转速并继续升高时,调速柱塞进一步右移,调速弹簧 23 受到进一步压缩,使通往旋转式节流阀 25 的油道逐渐减小,输出燃油压力急剧下降,喷油量减少。转速达最高值时,柱塞右移至极限位置,节流阀通道几乎被关闭,大量燃油经旁通油道流回齿轮泵,供油几乎被切断,从而限制了发动机最高转速。

息速时,将旋转式节流阀关闭,燃油自息速油道 29 流出,维持息速运转。若由于某种外界原因使转速下降时,调速柱塞左移,息速油道开度增大,燃油量增加,转速相应回升。反之,当转速升高时,息速油道通过截面积减小,使转速下降,从而稳定了息速转速。此即 PT 燃油泵的调速作用。

三、喷油器

PT 燃油供给系统的喷油器的结构如图 5-47 所示。凸轮 2 驱动传动机构,使柱塞 11 在喷油器体 6 内往复移动,完成循环的进油、计量、升压和喷油的过程。

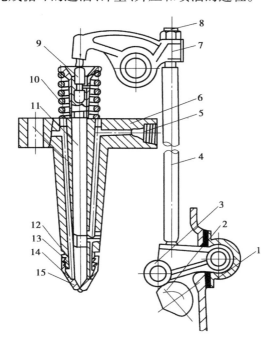

图 5-47　喷油器及传动机构

1—调整垫片;2—凸轮;3—滚轮;4—推杆;5—平衡量孔;6—喷油器体;7—摇臂;8—调整螺钉;

9—柱塞杆头;10—回位弹簧;11—柱塞;12—回油量孔;13—计量量孔;14—密封垫片;15—喷油器罩

喷油器的工作过程如图 5-48 所示。其工作过程如下:柱塞上行初期(图 a),柱塞上的环槽 2 与上进油道 1 接通时,来自 PT 燃油泵的燃油流入上进油道 1,通过环槽 2 沿下进油道 3 流入环形槽 4,此时由于计量量孔 5 仍被关闭,燃油不能流入锥形空腔,所以全部燃油只能通过回油量孔 6 沿回油道 7 流回燃油箱。当柱塞继续上行,计量量孔 5 开启(图 b),部分燃油进入柱塞下部的锥形空腔,而大部分燃油仍经回油量孔 6 流回燃油箱。由于此时燃油压力较低,喷孔径又很小,故燃油不会漏入燃烧室。当柱塞下行,计量量孔被封闭。此后随着柱塞的继续下移(图 c),锥形腔内油压急剧上升,燃油在高达 100 MPa 压力作用下呈细雾状喷入燃烧室。当柱塞下行至其锥形部分占据了整个锥形空腔时(图 d),喷油结束。此时,柱塞环槽上的台阶关闭进油道。

综上所述,PT 燃油供给系统是通过 PT 泵的供油压力和喷油器的喷油时间两个因素的匹配对循环供油量加以控制的。因此,它具有结构简单,可靠性、耐久性好,喷油压力高等优点。目前,PT 燃油供给系统已在重型货车、推土机、拖拉机上得到应用。

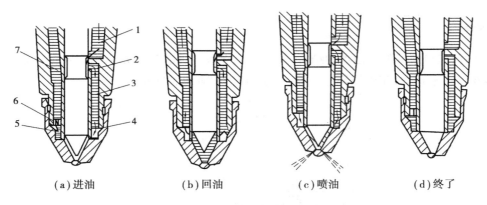

（a）进油   （b）回油   （c）喷油   （d）终了

图 5-48　泵-喷油器的工作过程

1—上进油道；2—柱塞环槽；3—下进油道；4—环形槽；5—计量量孔；6—回油量孔；7—回油道

活动九　VE 型转子泵的构造与调试

📖 **学习目标**

（1）知道 VE 型转子分配式喷油泵的组成。

（2）知道 VE 型转子分配式喷油泵的功用。

（3）能调试 VE 型转子分配式喷油泵。

📖 **学习内容**

除了直列式柱塞泵以外，在轻型汽车上，尤其是轿车柴油机上，较多地应用了分配式喷油泵。特点是它不仅往复泵油，同时又连续旋转配油，并配有适当的调速器对供油时间、油量和供油过程进行控制。德国博世（Bosch）公司的 EP/V 型，日本 D. K. K 公司的 EP/VM 型，美国波许（博世）公司的 PS100 型等均是此种油泵。

VE 型转子分配式喷油泵与柱塞泵相比有以下优点：

（1）凸轮在分配泵中，其工作升程比柱塞式的凸轮小得多，有利于提高发动机转速。对于四冲程发动机，可满足 6 000 r/min 以上的转速，适应高速发动机的要求。

（2）转子泵采用柱塞往复运动泵油，柱塞旋转运动配油，因此不需要进行各缸供油量均匀性、供油间隔角的调整，维修方便。

（3）转子泵内部依靠自身的燃油进行润滑冷却，因此是一个不易进入灰尘、杂质和水分的密封整体，故障较少。

（4）零件的通用性较柱塞式喷油泵好，对产品系列化有利。

VE 型转子泵，因其结构简单、体积小、质量轻、使用可靠和高速、适应性好等优点，广泛应用于小型多缸柴油机。下面，以依维柯 VE4/11 F1900 R294 型喷油泵为例介绍转子式喷油泵的构造与调整。其燃料供给系的组成如图 5-49 所示。

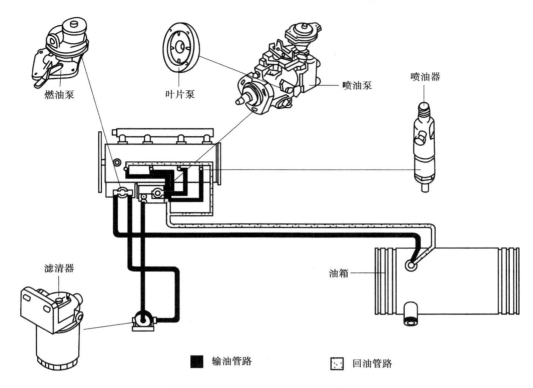

图 5-49   燃料供给系的组成示意图

一、转子分配式喷油泵的结构原理

1. 喷油泵的型号及意义

依维柯 8140.07 发动机，VE4/11 F1900R294 喷油泵型号含义如下：E——转子分配泵；V——喷油泵尺寸；4——用于四缸发动机；11——分配柱塞的直径（mm）；F——机械式调速器；1 900——喷油泵最高转速；R——顺时针方向运转（向右）；294——喷油泵变形号。

VE4/11 F1900 R294 型喷油泵的结构如图 5-50 所示。

2. 转子分配式喷油泵的结构原理

依维柯发动机的转子分配式喷油泵，由单柱塞喷油泵、全程式机械调速器、叶片式供油泵、喷油提前角自动调节装置、供油量调节装置和熄火电磁阀等组成。

喷油泵装在附件箱上，整个泵体分为两部分。一部分为铝合金泵体，内装叶片式供油泵、调压阀、喷油泵轴、传动齿轮、滚轮、滚轮座圈、凸缘盘、喷油提前角自动调节器和调速器等。另一部分为铸钢泵体，称为泵分配头（液压头），内装有柱塞分配套、溢油环（控制套筒）、出油阀、高压管接头和熄火电磁阀等。泵分配头用螺栓紧固在泵壳上。

1）叶片式供油泵

叶片式供油泵装在喷油泵前部，其转子与喷油泵轴通过半圆键连接。如图 5-51 所示，叶片泵每旋转一周吸入并压送一定量的燃油，使燃油压力进一步提高，燃油进入喷油泵。当油压超过调压阀的规定压力时，多余燃油由调压阀流回油箱。

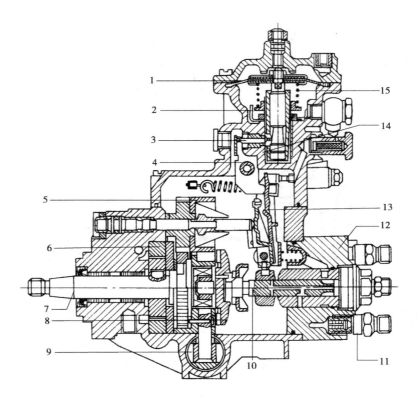

图 5-50　VE 4/11 F1900 R294 型喷油泵纵剖视图

1—膜片；2—调整螺套；3—传感销；4—止动杆；5—调速器；6—供油泵；

7—喷油泵轴；8—凸轮盘；9—喷油提前角自动调节装置；10—分配器柱塞；

11—供油接头；12—液压头；13—调速杠杆；14—调节销；15—弹簧

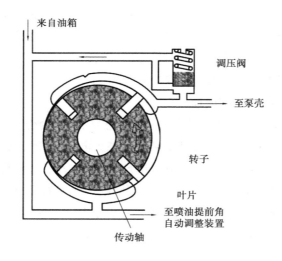

图 5-51　叶片式喷油泵

2）转子分配泵的结构原理

喷油泵轴由附件箱中的喷油泵驱动齿轮轴通过内齿圈驱动。如图 5-52 所示，喷油泵轴 1

通过联轴器带动凸缘盘转动,凸缘盘上有传动销钉,带动柱塞 7 转动。凸轮盘在柱塞复位弹簧 12 作用下,始终靠在滚轮架上,在凸轮盘和滚轮 13 的相互作用下,使凸轮盘和柱塞 7 在做旋转运动的同时又做往复运动。由于有 4 个滚轮和 4 个凸轮,那么柱塞转动一周往复运动四次。往复运动产生高压油,旋转运动进行燃油分配。

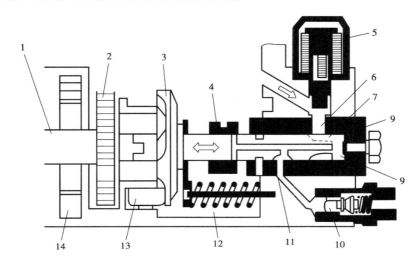

图 5-52　单柱塞喷油泵的构造

1—喷油泵轴;2—齿轮;3—凸轮盘;4—溢流环;5—电磁阀;6—进油孔;7—柱塞;
8—柱塞套;9—压油腔;10—出油阀;11—出油道;12—柱塞复位弹簧;13—滚轮;14—供油泵

如图 5-53 所示,柱塞头部开有四个进油凹槽(进油槽数等于缸数),相隔 90°,柱塞上还有一个中心油道、一个分配槽、一个溢流孔、一个均压槽。柱塞套筒上有一进油道及四个出油道、四个出油阀。

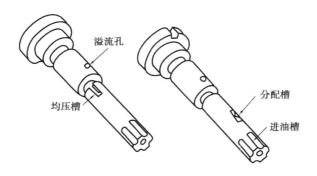

图 5-53　柱塞的构造

(1)进油过程。当分配柱塞接近下止点位置(柱塞自右向左运动),柱塞头部四个进油槽中的一个凹槽与套筒上的进油孔相对时,燃油进入压油腔,此时溢流环关闭了溢流孔,如图 5-54所示。

(2)泵油、配油过程。当燃油进入压油腔时,柱塞开始上行(右行),柱塞上行并旋转到进油孔关闭时,使压油腔内燃油油压增加,相应的柱塞上的分配槽与套筒上的出油道之一相连通时,分配油路打开,高压燃油经出油阀被压送到喷油器,如图 5-55 所示。

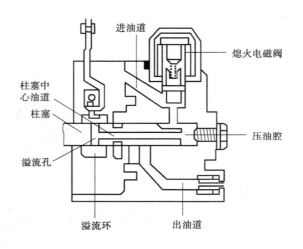

图 5-54　进油过程

（3）泵油终止。柱塞在凸轮作用下进一步上行，当柱塞上的溢流孔和泵室相通时，压油腔内的高压燃油经中心油道、溢流孔泄回泵室，压油腔内压力骤然下降，泵油结束，如图 5-56所示。

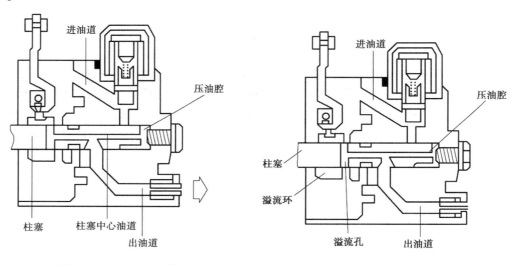

图 5-55　泵油、配油过程　　　　　　　　　　　图 5-56　泵油终止

改变柱塞上的溢流孔与泵室相通的时刻，即改变了供油结束时刻，从而使供油有效行程改变，也改变了供油量。溢流环可在柱塞上轴向移动，当溢流环向左移动时，有效行程减小，供油量减少；当向右移动溢流环时，有效行程增大，供油量增加。由此可见，供油量是通过控制供油时间来实现的，与进油量无关，这种计量方法称为断油计量法。

（4）熄火电磁阀（电磁断油装置）。泵头进油道上装有熄火电磁阀，如图 5-57 所示。当发动机起动时起动开关接通，电磁阀线圈通电，产生吸力使阀克服弹簧的弹力上移，进油道畅通无阻。发动机起动后，开关停留在"MAR"位置，此时阀门保持在打开位置，发动机熄火时，启动开关拧到"STOP"位置，电路断开，电磁线圈中无电流通过，电磁吸力消失，阀门在弹簧的作用下下移,切断燃油进油通道,使发动机停转。

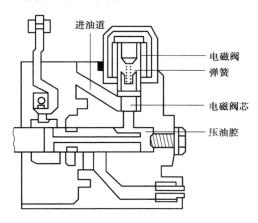

进油道
电磁阀
弹簧
电磁阀芯
压油腔

图 5-57　发动机熄火

行车过程中,如果出现电磁阀损坏、线路接触不良及线路断路,电磁阀不能正常工作时,可用扳手拆掉阀芯和弹簧,再重新装好电磁阀壳体,进行应急,收车后再进行维修更换。

3)喷油提前角自动调节装置

喷油泵泵体下部横向安装有喷油提前角自动调节装置,这种装置能随发动机转速的变化而进行供油提前角的自动调节。在发动机转速升高时,为了保证良好的燃烧过程,必须提前将燃油喷入燃烧室,从而使发动机在任何转速下都有最佳提前角,使功率提高。如图 5-58、图 5-59 所示,调节装置的柱塞和滚轮用拔销连接,柱塞在一般情况下被弹簧压向供油滞后方向。发动机工作时,随发动机转速升高,喷油泵泵油转速升高,叶片供油泵供油压力升高,泵室内的燃油压力上升。当作用在柱塞上的油压超过柱塞弹簧弹力时,柱塞向左移动,通过拔销使滚轮架顺时针转过一定角度,滚轮提前角对正凸轮盘,使供油提前,如图 5-60 所示。发动机转速越高,油压越大,柱塞移动量越大,供油提前角越大。当发动机转速降低时,泵室内压力下降,柱塞在弹簧作用下向右移动,供油提前角减小。

改变图 5-58 中调节垫片的厚度,可获得不同的弹簧预紧力,在相同转速下得到不同的喷油提前角。

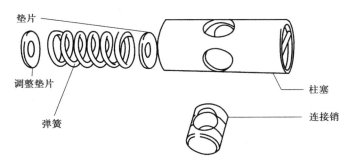

垫片
调整垫片
弹簧
柱塞
连接销

图 5-58　供油提前角自动调节装置的结构图

189

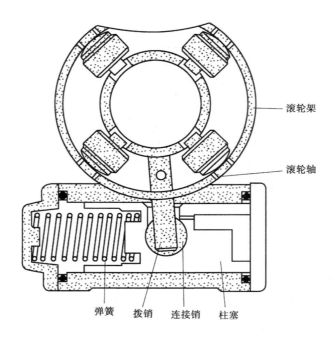

图 5-59　供油提前角自动调节装置原理（一）

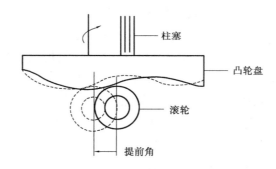

图 5-60　供油提前角自动调节装置原理（二）

3.调速器

1）调速器构造

依维柯发动机喷油泵用调速器为机械杠杆式全速调速器,装于喷油泵上部。喷油泵轴通过调速器驱动齿轮带动调速器。如图 5-61 所示,调速器由飞块 16、调速滑套 15、一组调速杠杆 1 和溢流环 13（喷油量控制套筒）等组成。飞块 16 装在调速器驱动齿轮后的飞块支架 17 上,通过止推垫圈推动调速滑套 15。调速杠杆 1 由起动杆 10、张紧杆 8、调节杆 6 组成。起动杆 10 安装在张紧杆 8 上,起动杆和张紧杆又支承在调速杆 6 的 M1 支点上,调节杆 6 通过 M2 支承在泵壳内。调速弹簧 2 通过缓冲弹簧 4 拉在张紧杆 8 上端。起动杆 10 右侧装有启动弹簧 9,它是软板簧。缓冲弹簧 4 的张力可稳定张紧杆和调节杆,防止其在工作中移动造成发动机工作不稳定。该调速器通过飞块的离心力和调速弹簧的弹力的相互作用使溢流环 13 移动来改变柱塞的有效行程,从而改变供油量以控制发动机转速。

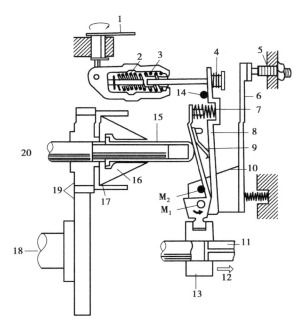

图 5-61　调速器构造

1—调速杠杆;2—调速弹簧;3—部分载荷弹簧;4 缓冲弹簧;5—全负荷油量调节螺钉;6—调节杆;

7—急速弹簧;8—张紧杆;9—启动弹簧;10—启动杆;11—柱塞;12—喷油量增加;13—溢流环;

4—止动销;15—调速器套;16—飞块;17—飞块支架;18—喷油泵轴;19—调速器驱动齿轮;20—调速器轴

2)调速器工作原理

(1)发动机起动状态。当发动机启动时,踩下加速踏板,调速杠杆移到全负荷位置,在调速弹簧作用下,张紧杆上端左移到抵住止动销。由于此时发动机不转,飞块闭合,调速滑套在最左端。张紧杆通过起动弹簧,使起动杆上端压向调速器滑套,起动杆以 M1 为支点逆时针转动,其下端使溢流环右移到起动位置,如图 5-62 所示。启动后发动机旋转,飞块的离心力推动滑套右移,使起动杆克服启动弹簧的弹力压向张紧杆,使溢流环左移至额定供油量位置,结束起动加浓。

(2)发动机怠速工况。发动机启动后放松加速踏板,使调速杠杆回到怠速位置,这时调速弹簧的张力等于零。此时即使调速器轴低速旋转,飞块也要向外张开,压缩缓冲弹簧和怠速弹簧,使起动杆和张紧杆向右移动,起动杆以 M1 为支点顺时针转动,将溢流环左移至怠速位置,如图 5-63 所示。

(3)全负荷工况。发动机全负荷时把加速踏板踏到低,调速杠杆移到全负荷位置,在调速弹簧拉力作用下,张紧杆转动到接触止动销,通过起动杆使溢流环保持在全负荷位置。

最大供油量的调整:拧入最大供油量调节螺钉,调节杆以 M2 为支点逆时针转动,因此调节杆上的 M1 顺时针转动,使张紧杆拨动溢流环向右移动,使供油量增加;反之拧出螺钉,减少供油量。

(4)部分负荷稳定工况。调速杠杆在怠速与全负荷之间的位置上,在飞块离心力作用下压缩部分载荷弹簧,右移张紧杆,使溢流环位于部分负荷位置。若加速踏板稳定不动,当行驶

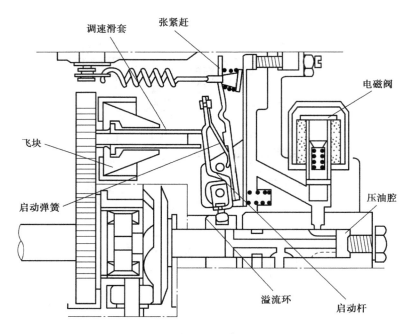

图 5-62　启动工况

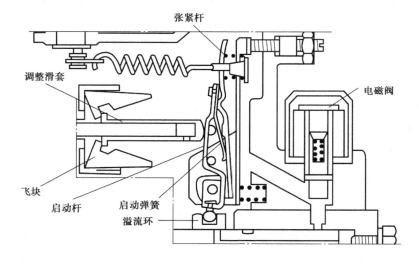

图 5-63　怠速工况

阻力增加使发动机转速下降时,飞块离心力减小,滑环左移,在调速弹簧作用下张紧杆左移,使溢流环右移,增加供油量,使转速升高;反之,行驶阻力减小,供油量减少,可防止转速升高,这样柴油机将稳定在某一转速下工作。

（5）最高转速的控制:当发动机转速在规定转速下继续升高时,飞块离心力也随之增加,当离心力超过调速弹簧的弹力时,张紧杆以 M2 为支点顺时针转动,使溢流环左移,供油量减少,控制了发动机转速的上升。

3）LFB 装置（与负荷有关的供油提前角调节装置）

LFB 装置的作用是使供油提前角随负荷变化而变化，使发动机工作更柔和、噪声更低。无论油门杠杆置于何位置，当负荷变小时，发动机转速升高，由于离心力的作用，调速器滑套移动，使供油量减少。为了在供油量减少的同时使发动机较为柔和地工作，应相应地减小喷油提前角。由于转子泵的喷油提前角调节器为液压式，要减小提前角就必须降低供油压力，LFB 装置能达到这一目的，从而使供油提前角与负荷成正比。

如图 5-64 和图 5-65 所示，LFB 装置是在调速器轴上增加了一个纵向孔和两个横向孔。泵体上增加了一油道，此油道从外部由一钢球封闭，并与供油泵进油腔相通。滑套上除原有的防虹吸孔外，又增加了一个孔。滑套在调速器轴上活动时，会使横向孔与调速器轴上的环槽和横向孔相通，部分高压燃油通过纵向孔和横向孔排至进油腔，这就使得泵体油压力降低，因此也就减少了喷油提前角。

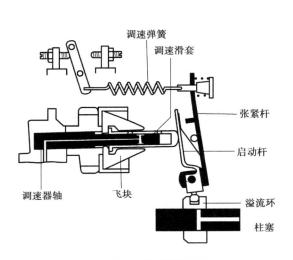

图 5-64　LFB 装置的结构

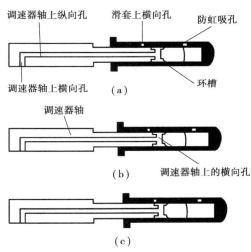

图 5-65　调速滑套的位置

4. 气动供油量调节装置

气动供油量调节装置（LDA）用于 8140.27 发动机，结构如图 5-66 所示。它能根据进气歧管内增压空气压力的改变来调节供油量。当进气管增压压力升高时，进气压力作用于膜片上，膜片和调节销一起下移，调节销的下部呈锥形，传感销在其锥面上滑动。当调节销轴向移动时，传感销也跟着轴向移动，同时后者又作用于止动杆，使止动杆绕其轴顺时针摆动，这样便使得供油量可按进气量的多少来调节。

二、转子分配式喷油泵的调整

发动机在大修时，或使用中出现起动困难、加速无力、发动机冒烟、怠速不良等故障时，为了判断喷油泵是否能正常工作，应进行检查和调整。转子分配式喷油泵因其结构，必须在专用的试验台上进行检查与调整。下面以依维柯 SOFlM8140.27 型发动机所用 VE4/11 F1900 R294 喷油泵为例介绍其检查调整的方法。

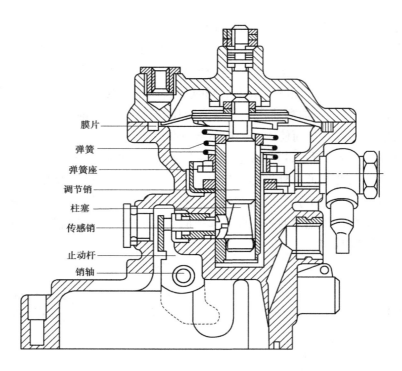

膜片
弹簧
弹簧座
调节销
柱塞
传感销
止动杆
销轴

图 5-66 LDA 装置

1. 准备工作

将 VE 泵安装在试验台上(图 5-67),在进油管接头中注入压力为 0.035 MPa 的柴油;在回油管接头和泵体之间安装一个量程为 0 ~ 1 MPa 的压力表,接上回油管;连接高压油管及喷油器,高压油管的规格为 6 mm × 2 mm,第一、三缸长度为 420 mm,第二、四缸长度为 430 mm;喷油器喷油压力为 17.2 +0.3 MPa,节流孔直径 0.4 mm;使用液温度 38 ~ 42 ℃。另外,电磁阀接通 10 ~ 12 V 电压的电源。

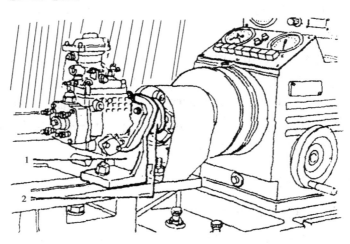

图 5-67 喷油泵安装

1—专用架具;2—联轴器

2. 喷油泵的调试

为了使喷油泵能正确工作,装配后必须进行调整。调整内容如下:

1)喷油泵预行程的检查与调整

把输油管6接到喷油泵上,装上量程为1 MPa的压力表1,在输出端接上螺塞5,把放气螺钉接到专用检具2上,其顶部装有千分表,在电磁阀上装有传感器3。转动手柄7,使燃油以20 kPa的压力进入喷油泵,注意不要使燃油从回油管溢出。检查千分表的值,应和设置值一致。否则,应更换分配器底部的调整垫片,如图5-68所示。

图5-68 喷油泵预行程的检查与调整

1—压力表;2—专用检具;3—传感器;4—回油管;5—螺塞;6—输油管;7—传动手柄

调整结束后,卸下检具2,恢复放气螺钉的位置。

2)检查和设置滑套的启动行程

(1)在完成了供油量的设置以后应检查和设置滑套的起动行程(MS)。取下喷油泵的顶盖,取出操纵杆3,从销1上取下调速弹簧2,拧下螺母4,把调速器总成和调整垫片连同调速器驱动轴一起取出,如图5-69所示。

(2)用卡尺测量操纵杆一端的泵体的厚度(图5-70),用 Z 表示。例如测得 $Z = 40.7$ mm。

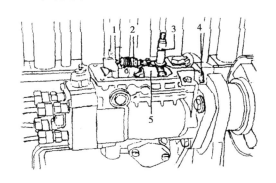

图5-69 拆下调速器总成

1—启动弹簧销;2—调速弹簧;

3—操纵杆;4—螺母;5—飞块

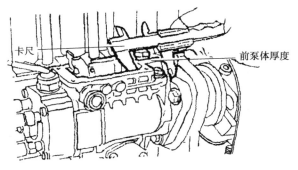

图5-70 测量泵体厚度

（3）把调速器总成装上调速垫片后测量飞块总成的总长，以 Y 表示，例如测得 $Y=61.2$ mm，则 $Y+Z=40.7+61.2=101.9$ mm。装上所有零件及加速调节杆和急速弹簧，如图 5-71 所示。

（4）用量程为 10 mm 的千分表通过夹具 2 装到加长杆 3 上，然后装到试验台上，如图 5-72 所示。

（5）把图 5-72 的检具插入调速器孔，把加速调节杆调到最大位置，读取千分表的读数（图 5-73），将读数加上加长杆的长度 100 mm，用 x 表示，例如测得读数为 2.9 mm，则 $x=2.9+100=102.9$ mm，最终得到滑套的启动行程 $M_S=x-(Z+Y)=102.9-101.9=1$（mm）。

（6）把测量的 M_S 值和设置值相比较，如果不一致，则需要调整调速器的调整垫片。卸下喷油提前调节器的端盖（图 5-74），装上位移测量仪 3 并调零。

3）调整供油压力

把加速调节杆 2 调到最大位置，通过压力表 1 测量各种设置转速下的供油压力，检查是否符合标准。如不符合要求，可通过调节调速器上的调整螺钉 4 来实现。用旋具 5 往下调则供油压力增加。

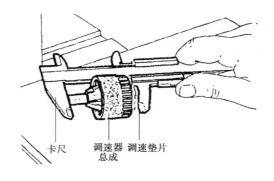

图 5-71　测量飞块总成的长度

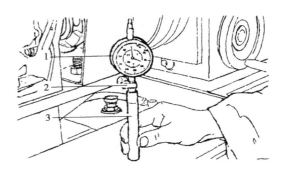

图 5-72　安装千分表
1—千分表；2—夹具；3—长杆

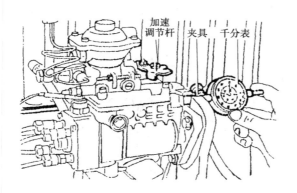

图 5-73　读取千分表的读数

图 5-74　卸下喷油提前调节器的端盖
1—压力表；2—加速调节杆；
3—位移测量仪；4—调整螺钉；5—旋具

如不能调整供油压力,则卸下压力调节阀,用专用工具取出密封圈,冲出柱塞并进行更换,如图 5-75 所示。

注意:供油压力调整失效可能是压力调节阀的原因,也可能是喷油泵供油部件的原因。

4)调速器柱塞位置的调节

把转速调到 1 100 r/min,LDA 阀通入 80 kPa 的空气,把加速调节杆调到最大位置,用内六角扳手 3 调整调速器柱塞位置,当压力出现回落时即可拧紧锁紧螺母,如图 5-76 所示。

5)调整喷油提前角调节器

装上用于检查喷油提前调节器柱塞位移的检具(图 5-77),使用前必须抽真空并置零。检查附表中列出的各种转速下喷油提前调节器转速的行程是否符合设置值,如不符,则需要调整垫片。如小于设置值,则减少垫片,使调速器弹簧的负荷减小;如果大于设置值,则相反。如果上述操作不能达到调整的目的,则需要更换调速器弹簧。

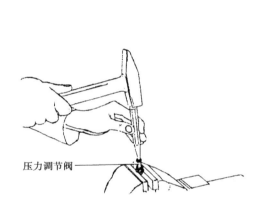

图 5-75　更换压力调节阀柱塞

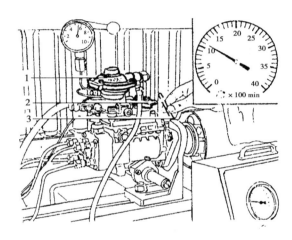

图 5-76　调速器柱塞位置的调节
1—LDA 阀;2—加速调节杆;3—内六角扳手

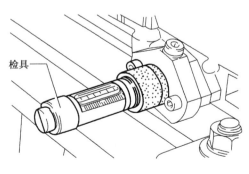

图 5-77　装上检具

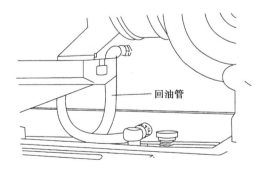

图 5-78　连接回油管

6)检查回油量

把回油管接到试验台上(图 5-78),把加速调节杆调到最大位置,检查 100 次喷油的回油量。如果不符合要求,则更换出油阀。

7）调整发动机空载时的最大供油量

卸下 LDA 阀的进气管，把试验台转速调整到 600 r/min，把加速调节杆调到最大位置，用扳手调整供油量，如图 5-79 所示。

8）调整增压工作时的供油量

把转速调到 1 500 r/min，LDA 阀的进气压力调到 80kPa，把加速调节杆调到最大位置，调整增压调整螺钉，如图 5-80 所示，使供油量符合附表的要求。然后，再调整 1 100 r/min 和 1 900 r/min 的工况。

9）调整额定供油量

把转速调到 2 350 r/min，加速调节杆 3 调到最大位置，LDA 阀的进气压力调到 80 kPa，调整螺钉 2，如图 5-81 所示，使供油量低于 10 mL。然后，依次调节 2 000 r/min 和 2 200 r/min 工况的供油量。如果不能达到要求，则更换调速器弹簧。

10）调节怠速时的供油量

把转速调到 350 r/min 加速调节杆 3 和怠速螺钉 2 接触，调整怠速螺钉 2，如图 5-82 所示，使喷油量达到要求。

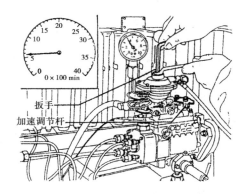

图 5-79　调整供油量

图 5-80　调整增压工作时的供油量

1—LDA 阀；2—油量调整螺钉；3—加速调节杆

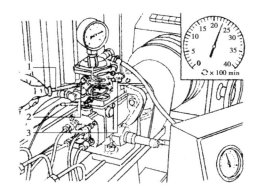

图 5-81　调整额定供油量

1——字旋具；2—怠速螺钉；3—加速调节杆

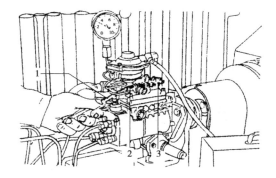

图 5-82　调节怠速时的供油量

11）调整低速、大负荷时的供油量

把转速设置到 800 r/min，LDA 阀的进气压力调整到 80 kPa，把加速调节杆 3 调整到最大位置,检查接触供油量是否符合表的要求。如不符,则用旋具 1 调整调整螺钉,如图 5-83 所示,用改变膜片弹簧刚度的方法调整供油量。

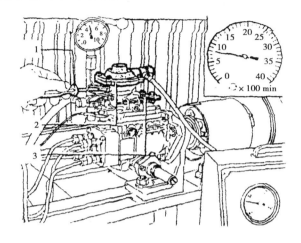

图 5-83　调整低速、大负荷时的供油量
1——字旋具;2—LDA 阀;3—加速调节杆

12)检查怠速供油量

把加速调节杆调整到最小位置,转速调整到 400 r/min 和 550 r/min,检查供油量是否符合要求,如果不符,则更换调速器弹簧。

13)检查启动时的供油量

把转速调到 100 r/min,检查供油量是否达到 60 cm^3,如果达不到,则检查 MS 值。然后,把转速调到 200 r/min,供油量要达到 55 cm^3,把转速升到 350 r/min,供油量应有明显减少。这是由于转速的提高,自动喷油提前装置将逐步切断的原因。

喷油泵的调试参考值及在各种转速下的供油量调节值分别见表 5-2 和表 5-3。

表 5-2　喷油泵的调试参考值

自动喷油提前装置 调节臂的位置	转速/ (r·min^{-1})	供油量/ (cm^3/1 000 次)	LDA 阀进气 压力/kPa
最大位置	2 350	小于 10.0	80
	2 200	16.5 ~ 25.5	80
	2 000	30.0 ~ 38.0	80
	1 900	40.15 ~ 42.65	80
	1 500	42.75 ~ 45.25	80
	1 100	45.5 ~ 46.5	80
	800	36.5 ~ 37.5	80
	600	35.5 ~ 36.5	0
怠速位置	550	小于 20	
	400	5.0 ~ 15.0	
	350	小于 40	

表 5-3　各种转速下的供油量调节值

喷油泵调整项目	转速/ $(r \cdot min^{-1})$	调整值	LDA 阀进气压力/kPa
供油提前调节器柱塞行程调整	1 100	$1.6 \sim 2.0$ mm	80
燃油泵压力调整	1 100	$600 \sim 660$ kPa	80
满负荷时的供油量(增压状态)	1 100	$45.5 \sim 46.5$ cm^2/1 000 次	8
急速时的供油量	600	$35.5 \sim 36.5$ cm^3/1 000 次	0
最高转速时的供油量	400	$13.0 \sim 17.0$ cm^3/1 000 次	0
启动时的供油量	2 200	$18.0 \sim 24.0$ cm^3/1 000 次	100
喷油提前调节器在不同转速下 的柱塞行程调节	800	$2.4 \sim 3.2$ mm	80
	1 100	$4.2 \sim 4.6$ mm	80
	1 500	$5.8 \sim 6.6$ mm	80
	1 900	$7.6 \sim 8.4$ mm	80
燃油泵压力调节	600	$380 \sim 440$ kPa	80
	1 900	$750 \sim 810$ kPa	80
回油量调节	600	$55 \sim 138$ mm^3/100 次	
	1 900	$55 \sim 138$ mm^3/100 次	

活动十　发动机的排气净化装置

📖 学习目标

(1)知道汽车排放污染物及危害。

(2)知道发动机净化装置的种类。

(3)知道发动机净化装置的功用。

(4)知道发动机净化装置的工作原理。

📖 学习内容

一、汽车的排放物污染

　　随着汽车工业的发展,汽车数量越来越多(世界汽车保有量现已超过 6 亿辆),它对人民健康、社会和环境的危害已越来越被人们所重视。汽车公害包括三个方面:排气对大气的污染;噪声对环境的危害;电气设备对无线电广播及电视的电波干扰。排气污染的影响最大,噪声次之,而电波干扰只是局部性问题。为了保护环境、保障人体健康,不少国家制定了汽车及内燃机的排污标准,成为必须遵守的法规。目前,我国已制定了有关汽车和内燃机的排污标准,成为制造、维修及检测必须遵守的法规。

汽车排污的来源有三:①从排气管排出的废气,主要成分是 CO(一氧化碳)、HC(碳氢化合物)、NO_x(氮氧化合物),其他还有 SO_2(二氧化硫)、铅化合物、碳烟等;②窜气,即从活塞与气缸之间的间隙漏出,再自曲轴箱经通气管排出的燃烧气体,其主要成分是 HC;③从油箱、化油器浮子室以及油泵接头等处蒸发出的汽油蒸气,成分是 HC。

1. 排放污染物的危害

CO 是一种无色、无味、有毒的气体。人体血液中的血红素能和氧结合并将氧输送给身体各部分。而 CO 极易与血红素结合,其亲和力是氧的 200～300 倍。因此当人吸入过多的 CO 后,便阻碍血液吸收和输送氧而引起头痛、头晕等中毒症状,严重时甚至死亡。

NO_x 是 NO、NO_2 等氮氧化物的总称。它刺激人眼黏膜,引起结膜炎、角膜炎,严重时还会引起肺炎和肺气肿。

HC 对人眼及呼吸系统均有刺激作用,对农作物也有害。

碳烟是柴油机排气中的一种成分,主要由直径为 0.1～10 μm 的多孔性碳粒构成。它们往往粘附有 SO_2 等物质,对人和动物的呼吸道极为有害。

在使用加有四乙铅的汽油时,废气中还含有粉末状的铅化物。如吸到人体内,会影响造血功能,对消化系统和神经系统也有刺激。

此外,汽车排出废气所形成的烟雾,使道路能见度降低,影响汽车的安全行驶。

上述有害成分中,CO、HC 和 NO_x 是主要的污染物质。目前汽车的排污标准和净化,措施也旨在降低这三种成分的含量。

2. 排放污染物产生的原因

CO 是不完全燃烧的产物。在汽油机中,CO 主要由于混合气较浓造成。因此,必须改善混合气雾化质量并使各缸分配均匀,以便尽可能采用较稀的混合气。在柴油机中,由于燃烧室内局部缺氧或温度低而形成 CO,故应组织良好的空气与燃油混合。

排出 HC 的原因是:低温缸壁的冷却作用使火焰消失;电火花微弱,不能点燃混合气;进排气门重叠期间新鲜混合气的泄漏;曲轴箱窜气和燃油的蒸发等。柴油机废气中的 HC 则是由于混合气形成条件不良或温度过低而造成的。

NO_x 是在燃烧过程的高温条件下生成的。其生成量取决于氧的浓度、温度及反应时间。

柴油机中碳烟是燃料分子在局部高温缺氧处裂解和聚合形成的。碳烟量随混合气浓度增大而增加。因此,应改善混合气质量,并使发动机尽量不在超负荷条件下运转。

二、汽油机排气净化

发动机排气净化的方式可分为两大类:①机内净化——改善可燃混合气的品质和燃烧状况,抑制有害气体的产生,使排气中的有害气体成分减至最少;②机外净化——用设置在发动机外部的附加装置使排出的废气净化后再排入大气。

1. 机内净化措施

1)改善可燃混合气品质

当汽油机在冷态起动和在外界温度低的条件下运转时,由于燃油雾化蒸发不充分,不得不供给较多的燃油,因而导致了燃烧不完全和 CO、HC 生成量的增加。改善措施之一是采用进气温度自动调节式空气滤清器,以保证在外界气温条件变化很大的情况下,使进气温度大致保持在 40 ℃左右,从而得到较稀的混合气。

图 5-84 和图 5-85 分别为进气温度自动调节式空气滤清器结构原理和工作过程示意图。当自外界流入空气滤清器的空气温度低于某一规定值时[图 5-85(a)],在双金属片式温度传感器的作用下,真空阀开启,化油器节气门后方的真空度便经真空软管传入真空室。在真空度作用下,膜片和连杆上移,使进气控制阀将冷空气进口 A 关闭,同时将热空气进口 B 打开,让经过排气管预热的空气进入空气滤清器。

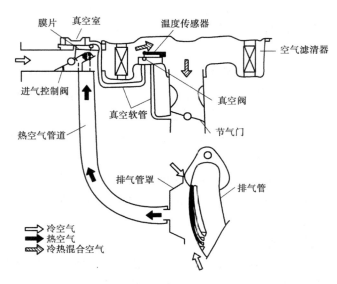

图 5-84 进气温度自动调节式空气滤清器示意图

当外界空气温度高于某一规定值时[图 5-85(b)],温度传感器便将真空阀关闭,切断化油器与真空室之间的真空通道。在膜片弹簧作用下,B 口关闭而 A 口开启。

若外界空气温度在上述两规定值之间,则真空阀部分开启,真空室膜片保持在某一平衡位置,进气控制阀使 A、B 两口均保持适当开度[图 5-85(c)]。这样,便可使进气温度保持在相对稳定的范围内。

当节气门全开时,节气门下方真空度很低,即使真空阀全开,进气控制阀仍处于 B 口关闭,A 口开启的位置[图 5-85(d)]。这可以保证发动机在全负荷运转期间进气温度不致过高。

国外普遍采用废气再循环装置（EGR 装置）降低 NO_x 排放量。其基本原理是:将 5% ~ 20%的废气再引入进气管,与新鲜混合气一道进入燃烧室,使最高燃烧温度降低,从而减少 NO_x 生成量,如前所述。

采用电子控制的汽油喷射装置也是机内净化的有效措施之一。

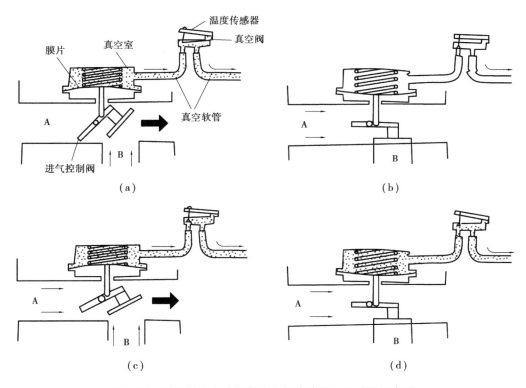

图 5-85 进气温度自动调节式空气滤清器工作过程示意图

2）改善燃烧状况

这是从怠速油路、点火时刻、配气相位、燃烧方式和燃烧室形状等方面考虑的一种机内净化方法。

如 CA6102 汽油发动机,当怠速排放超标时,可将怠速调整螺钉向顺时针方向转动,以降低 CO 和 HC 的排放。

混合气在气缸内燃烧时,火焰到达燃烧室壁附近,往往由于表面温度低而熄火,引起 HC 排放量增加。显然,减小燃烧室的表面积和容积之比可减少 HC 的排放量。此外,降低压缩比也可减少 NO_x 的排放量。

配气相位特别是气门重叠时间对 NO_x、HC 排放量的影响很大。试验表明:气门重叠时间长时,因排气彻底,进气充足,气缸内温度低,NO_x 排放量将减少,而 HC 的增加量并不多;当气门重叠时间短时,HC 将减少,而 NO_x 却增加较多。

此外,延迟点火时刻,可降低燃烧最高温度,因此 NO_x 的排放量减少;同时,由于燃烧持续时间较长,促进氧化作用,使 HC 减少。但延迟点火会引起功率下降和发动机过热等问题需有相应措施。如双膜片新型真空点火提前调节装置,其作用是在怠速和减速时减小点火提前角,以减少 CO、HC 的生成量;中、高速时则加大点火提前角,以保持功率;发动机过热时,将点火提前角加到最大值,使转速上升,加强冷却作用直至恢复到正常温度为止。

3）使用低污染燃料

研究表明,某些新能源和代用燃料其油耗与污染程度之低,远优于现有的燃料。目前,有些国家已把液化石油气、醇燃料和氢气作为汽车的代用燃料。

液化石油气发动机已是比较成熟的机型,很多国家都有定型产品。液化石油气在常温下是气体,在一定压力下则呈液态存在。它主要是丙烷和丁烷的混合物。

由于在发动机工作温度下液化石油气呈气态存在,所以燃用时无需化油器,并能和空气均匀混合形成质量良好的混合气,获得完全的燃烧。燃烧后的有害排放物远比汽油少。另外,液化石油气的辛烷值很高,可以提高发动机的压缩比,从而可获得较高的动力性能。它的缺点是装液化石油气的气瓶质量大,气瓶更换频繁及具有爆炸的危险性等。因此,目前多用于定线行驶的公共汽车上。

使用甲醇或甲醇与汽油的混合燃料,比单纯用汽油时 NO 的排放量少,且 HC 和 CO 的排放量明显下降。由于甲醇与汽油的混合燃料抗爆性好,可使发动机的压缩比提高 10%,故提高了发动机的功率。

甲醇具有毒性,对锌和铝合金有腐蚀作用,同时还能溶解塑料。因此,在使用中应采取特殊的防治措施。

氢气是一种不含碳的清洁燃料。燃烧后没有 CO 和 HC 的排放污染,只有 NO_x 一种有害排放物。经试验表明,当氢与空气的混合气其过量空气系数超过 2 时,NO_x 的排放量则很低。氢对点火能量要求较低,且火焰传播速度快,为普通燃料的 7~9 倍。因此,其动力性能很高。

研究还发现,用 1% 的氢气和 99% 的汽油混合燃烧时,可得到较好的净化效果。在 SH7221 轿车发动机上,怠速工况下燃用上述较稀的混合气时,测试表明可节油 25%;CO 的排放量可减少 49%;HC 排放量可减少 80%。因此,采用氢油混合燃料来控制怠速排放,也是一种行之有效的方法。

2.机外净化措施

1)利用废气再燃烧方法净化排气

常用的装置有空气喷射装置和催化反应器。

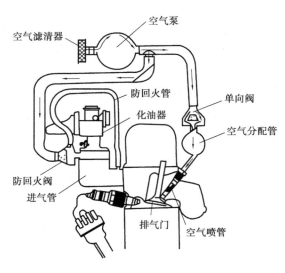

图 5-86　空气喷射装置

空气喷射装置示意如图 5-86 所示。叶片式空气泵由发动机驱动,所产生的低压空气(称为二次空气)从一根软管通过防止废气倒流的单向阀,经空气分配管和空气喷管喷射到各缸的排气门背面,与高温废气相混合后,流入热反应器内,使废气中残留的 CO 和 HC 再次燃烧。

汽车减速时,进气管内的高真空度作用于化油器,混合气变浓,易引起化油器回火。因此,装有防回火阀及防回火管。减速时,进气管内高真空度吸开防回火阀,二次空气从另一根软管通过阀和管流入进气管,对混合气进行稀释,以防止发生回火。

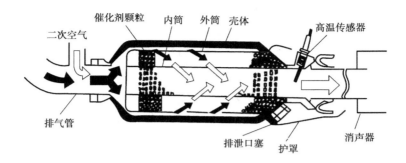

图 5-87　催化反应器

催化反应器如图 5-87 所示,外形与大型消声器相似,用耐高温耐腐蚀的不锈钢制成,安装在消声器之前。壳体内的催化剂是直径为 2 ~ 4 mm 的氧化铝颗粒,在其多孔性的表面上镀有铂。催化剂表面积很大,每克表面积可达 150 ~ 300 m²。

催化反应器的布置如图 5-88 所示。发动机排出的废气依次通过 NO_x 催化反应器和 HC/CO 催化反应器。在此过程中,NO_x、HC 和 CO 先后被净化,最后通过消声器排入大气。空气泵的作用是将二次空气压送到催化反应器中,以供 HC 和 CO 的氧化反应之用。

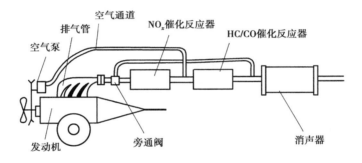

图 5-88　催化反应器布置示意图

在排气温度为 150 ℃ 时,催化剂便起作用,但温度过高会影响净化效果和催化剂寿命,因此装有高温传感器。当达到危险温度时,可发出警报信号,并使旁通阀自动开启,于是高温废气可不通过两个催化反应器,而直接由旁通阀经消声器排入大气。

采用催化反应进行净化一般是和废气再循环阀和空气喷射装置配合使用的。

2)防止曲轴箱窜气和汽油蒸发

汽车排出的 HC 中,来自曲轴箱窜气的占 25%,来自汽油蒸发的占 20%。

目前,多采用闭式曲轴箱强制通风装置(简称 PCV 装置)防止窜气,如图 5-89 所示。新鲜空气自空气滤清器经管 C 和闭式通口进入曲轴箱,和窜气混合,从气缸盖罩通入管 A,由计量阀计量后被吸入进气管。因此有适量的窜气在气缸内再次燃烧。

计量阀可随发动机运转状况自动调节吸入气缸的窜气量,其结构和原理如图 5-90 所示。在怠速或小负荷时,窜气量较少。此时,由于进气管真空度较高,阀门被吸向右方,气流通路关小,吸入气缸的窜气量较少。在加速或大负荷时,窜气量增多,与此相应,由于进气管真空度变低,计量阀的气流通路开大,因此有较多的窜气量进入气缸再燃烧。

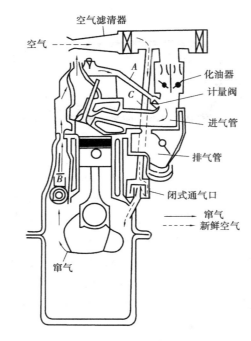

图 5-89　闭式曲轴箱强制通风装置

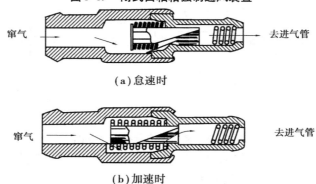

图 5-90　计量阀

在图 5-89 所示的闭式通风系统中,当发动机高速大负荷运转时,一旦窜气量过多而不能完全被吸尽时,窜气会从曲轴箱经闭式通气口倒流入空气滤清器,通过化油器被吸入进气管。

PCV 装置可将窜入曲轴箱内的 HC 完全处理干净,现已得到广泛应用。

三、柴油机排气净化

柴油机的平均过量空气系数大,燃烧比较完全,因此 CO、HC、NO_x 的排出量较少。目前,柴油机净化工作的重点是降低 NO_x 和 HC 的合计排出量和减少碳烟。

柴油机的燃烧室形式对排污量的影响很大。试验表明,分隔式燃烧室排污量比直接喷射式低得多。

　　减小喷油提前角,可降低最高燃烧温度,使 NO_x 排出量减少。这是目前用来降低直接喷射式柴油机 NO_x 排放量的最有效的措施,但喷油提前角小会引起排烟量上升和功率下降。

　　采用废气涡轮增压可使过量空气系数提高、进气温度上升,因而 CO、HC 及碳烟的排放量均得以降低,但 NO_x 增加。采用增压加中间空气冷却,既能全面降低排污,又能提高柴油机性能,因此适用于汽车和工程机械等柴油机,但应装设冒烟限制器,以减少低速和加速时的排烟。

　　柴油机排出的碳烟由多孔性碳粒构成,是柴油在高温缺氧区脱氢反应所致。其中,直径在 2 μm 以下的碳粒占80% ~90%,而正是这种碳粒对人的呼吸极为有害。图 5-91 是一种隧道作业用的铲车和自卸车柴油机碳烟净化装置的示意图。

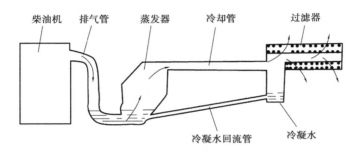

图 5-91　碳烟净化装置示意图

　　从柴油机排出的高温废气通过蒸发器中的水层使水蒸发。当水蒸气饱和后和碳粒一道进入冷却管,冷却后变为饱和状态,形成以碳粒为核心的水滴,最后被过滤器所滤去。冷凝水经回流管流回到蒸发器。过滤材料是氨基甲酸乙酯。

　　采用此装置的问题是发动机质量增加。此外,还必须定期加水和清洗过滤器,否则不能长期使用。

实训项目十一　柴油机燃料供给系的检修

实训目的及要求

(1)知道柴油机燃料供给系常见故障。

(2)能检测柴油机燃料供给系数据并判断是否正确。

(3)能根据检测数据判断检修柴油机燃料供给系常见故障。

实训设备及工量具

(1)设备:完整的汽车柴油发动机。

(2)工量具:常用工具,常用量具,喷油泵试验台,喷油器试验仪。

实训内容

一、输油泵的检修

1. 输油泵的检查

（1）检查手压泵手柄，松开手钮后是否灵活弹出，柱塞是否上下滑动平顺，缸筒是否磨损或凹陷，如有损坏，应予更换。

（2）检查推杆、柱塞和泵体间是否松旷，以及弹簧、衬垫、螺塞等有无损伤，必要时予以更换。

（3）检查止回阀以及座平面有无磨损或变形以及有无台阶。若缺陷严重，应更换。

（4）检查挺杆、推杆、滑动件、滚轮与滚轮销的间隙，以及卡簧等的磨损、裂纹和刮伤。如缺陷严重，应更换。

（5）检查止回阀弹簧有无变形、松弛和损伤。不可用时，应更换。

（6）检查油管接头、滤网和衬垫有无破损。若损坏，应更换。

（7）检查泵体上的阀座是否有变形和磨损，必要时应更换泵体。

2. 输油泵的试验

（1）密封性试验：拧紧手压泵手钮，封闭出油口，对进油口施加 0.2 MPa 的空气压力，将输油泵浸入煤油槽中，检验输油泵的漏气量，每分钟应小于 30 mL。如果有微小气泡从油隙渗出，也是正常的。

（2）吸油性能试验：把输油泵装到喷油泵上，连接一根油管，将输油泵置于比油平面约高 1 m 处，以 60 r/min 的转速带动输油泵，在 1 min 内，应能吸进和排出油液。

（3）手压泵吸油试验：以每分钟 60～100 次的速度压动手压泵手钮，观察手压泵在压动 60 次以前能否吸进和泵出油液。

（4）供油量的试验：驱动喷油泵在 1 000 r/min 的转速下运转，若输油泵在每 15 s 内能供油 300 mL，则供油率是适当的。

二、柴油滤清器的清洗与检修

1. 滤清器的清洗

（1）在取出滤清器滤芯之前，应先旋下滤清器下端的排污螺塞，放出污垢，然后清洗。

（2）滤芯的清洗应在已过滤的煤油或轻柴油中进行。纸质滤芯应定期更换。二级滤芯清洗时应先冲洗外部，然后用压缩空气从滤芯内腔吹射。清洗后应仔细检查滤芯有无破损，如有，应予更换。

2. 滤清器的检修

（1）检查壳体有无裂缝，盖和中心螺杆有无损伤，如有，应予更换。

（2）检查回油阀的回油压力，回油开启压力为 0.1～0.15 MPa，以保持输油泵以后的燃油管路内有一定的压力。

3. 高压油管的检修

高压油管进行清洗后，检查有无裂纹、管接头处有无渗漏等现象。

三、喷油泵总成的检修

喷油泵中有柴油机上最精密的部件。柱塞与柱塞套、出油阀与阀座等机件磨损后,会使供油量、供油均匀度和供油时间都发生变化。这些变化将导致发动机功率下降,燃料消耗量增大,工作可靠性降低。因此,喷油泵拆卸后零件的检验和修理,装复后的试验与调整是柴油机大修中不可缺少的重要内容。

1. 喷油泵零件的检修

1)柱塞与柱塞套的检修

(1)检查滑动性能。如图 5-92(a)所示,将柱塞与柱塞套保持与水平线成 60° 左右角度的位置,在几个方向拉出柱塞,它能自动慢慢地滑下即为合格。

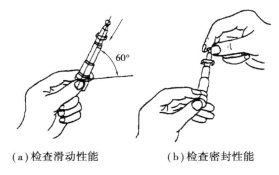

(a)检查滑动性能　　　　(b)检查密封性能

图 5-92　柱塞与柱塞套的检查

(2)检查密封性能。如图 5-92(b)所示,一手握住柱塞套,用两个手指堵住柱塞套顶上和侧面的进油孔,另一手拉出柱塞,应感觉到有显著的吸力,放松柱塞时,它能立即缩回原位即为合适。

(3)如图 5-93 所示,检查柱塞控制套缺口与柱塞下凸块的配合间隙,若超过 0.08 mm,必须进行修整或更换。

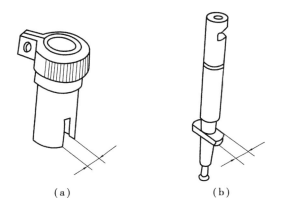

(a)　　　　　　　　(b)

图 5-93　缺口的配合检查

(4)检查柱塞与柱塞套的摩擦面、柱塞套与泵体的接触面有无磨损或擦伤情况。不符合要求时,应予以更换。

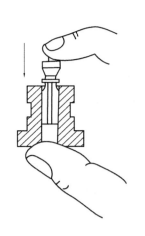

图 5-94　出油阀及阀座的检查

（5）柱塞的端面、斜槽、柱塞套的有孔边缘等应是尖锐平整的，若有凸起、剥落或毛刺，应予更换。

2）出油阀及阀座的检修

（1）出油阀及阀座的检查方法如图 5-94 所示，以手指堵住出油阀下面的孔，用另一手指将出油阀轻轻从上向下压。当手指离开出油阀上端时，它能自行弹回，即为良好。

（2）若出油阀及阀座磨损过甚或有伤痕，应予以成套更换。

（3）出油阀弹簧如有扭曲和弹性减弱现象，应换用新件。其弹性应符合原标准规定。

3）调节齿条与扇形齿轮的检修

（1）检查油量调节齿条与扇形齿轮的配合间隙及其与衬套工作面的磨损，若超过 0.30 mm，应更换。

（2）检查油量调节齿条的弯曲度，如超过 0.05 mm，应予冷压校正。

2. 喷油正时自动调节器的检修

（1）飞块底板销钉与飞块上的孔磨损过度、间隙过大时，应予修复或更换。

（2）飞块限位装置过度磨损、变形或松动，应予修整或更换。

（3）弹簧如有一个变形松动或折断，应同时更换两个弹簧。

3. 喷油泵及调速器的装合

1）喷油泵装合要点及注意事项

（1）喷油泵装合前，应彻底清洗所有零件。清洗中，不得用硬刷刷洗和互相碰撞，并应成对清洗，切勿混乱。

（2）注意对准安装记号。油量调节套筒应在齿条位于中间位置时装入，柱塞下端凸块上的符号应与套筒纵向槽相对。

（3）安装出油阀及阀座前，必须检查防漏垫圈内外直径的尺寸是否合适。

（4）挺柱装置装入下泵体后，在凸轮轴转动时，挺柱体上下运动应自如灵活，不得有阻滞和松旷现象。

（5）凸轮轴装入泵体前，应弄清旋转方向和喷油顺序，以免装反。装好后，凸轮轴应转动灵活。

（6）喷油泵装合后要检查齿条的灵活性，用弹簧秤拉动齿条所需拉力为 2～3 N，动作灵活而无卡滞。将喷油泵总成倾斜45°，齿条可凭自身重力伸出或退回。

（7）初步校准柱塞下端与挺柱调节螺栓之间的间隙一般为 0.30～0.40 mm。

2）调速器装合注意事项

对全负荷定位螺柱、调速螺栓、行程调节螺钉和怠速弹簧总成等各调整部位，要先以临时状态装配，最后在喷油泵试验台上调整试验后再固定。

4. 喷油泵及调速器的调试

喷油泵总成性能的试验和调整工作是在喷油泵试验台上进行的。喷油泵试验台的结构如图 5-95 所示。

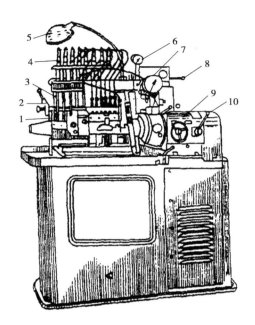

图 5-95　喷油泵试验台

1—喷油泵总成;2—量杯倒油手柄;3—量杯;4—标准喷油器;5—工作灯;

6—柴油压力表;7—转速表;8—油开关;9—操纵手柄;10—操纵杆

1)试验前的准备工作

(1)喷油泵在安装到试验台上之前,先用手转动凸轮轴和操纵摇臂,检查其驱动机构及调节拉杆运动的灵活性,不得有卡住和碰撞现象。

(2)保证喷油泵及试验台各部件之间连接可靠、正确。

(3)低速起动试验台进行试运转,用手压泵排出燃料系中的空气,并检查各油管连接处和密封处是否有渗漏现象,油温是否过高,有无异响,各部件工作是否正常。若发现问题,应立即进行排除。

2)柱塞与柱塞套密封性的试验

取出出油阀和弹簧,将喷油泵试验台的出油管接到要检查的单泵出油管接头上。放尽油路内的空气,将柱塞固定在相当于中等供油量的角度上,并使柱塞处在压油时刻,施加油压至20 MPa,观察油压下降 10 MPa 时所需的时间(以秒计)来评价其密封性。新件下降时间应在30 s 以上,旧件下降时间应在 20 s 以上。

3)出油阀与阀座密封性的检验

此检验以油压降落的速度来确定。它包括两个方面:

(1)锥形工作面的密合度——不需拆任何机件,柱塞位于最低点、处于停止位置。将试验台的出油管接装到要检查的单泵出油管接头上,放尽油路内空气。施加油压至 30 MPa,观察下降至 25 MPa 的时间,应不少于 60 s;或让供油压力从 15 MPa 开始降落,降落速度每分钟不超过 2 MPa 为合格。

(2)圆柱工作面(减压环)的密合度——检查锥形面密合度后,取出弹簧,装上带缺口的

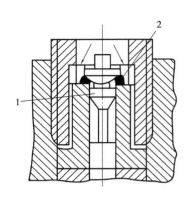

图 5-96　检查出油阀圆柱形工作面的密合度
1—出油阀;2—定距环

定距环将出油阀顶起 0.20 ~ 0.50 mm,使出油阀和阀座的锥形面脱离接触,如图 5-96 所示。施加油压至 20 MPa,观察油压下降至 15 MPa 的时间,不少于 15 s,或油压从 15 MPa 降至 2 MPa 的时间不少于 5 s。

以上试验必须在相同的温度(15 ~ 20 ℃)条件下进行,同一喷油总成的出油阀密封性应相同。

4)供油时间间隔的检验与调整

供油时间间隔不是指个别单泵,而是指各个单泵间相互供油的间隔角度,一般是以喷油泵凸轮转角来表示。多缸柴油机喷油泵总成的各个单泵,不仅应该在规定的时刻供油,而且在供油时,还应有相等的角度间隔。

检验供油时间间隔,一般是检验各单个喷油泵开始供油时的间隔角度。因此,首先要检查喷油泵开始供油的时刻,也就是检查油泵柱塞上升到能将柱塞套进油孔堵住的时刻。方法如下:

(1)把齿杆固定于供油位置,打开油泵体上的放气螺塞,开动试验台,直至放气孔流出没有气泡的柴油,然后将放气螺塞拧紧。

(2)输油泵供油压力应为 0.3 MPa。将喷油器油管接通,以便各缸油管出油。

(3)转动刻度盘,第一缸油管停止供油说明该柱塞已上升堵住了进油孔,此时,应记住刻度盘读数。

(4)继续转动刻度盘,用同样的方法,按各缸工作顺序检验各单泵的供油时间间隔角度。

(5)同一发动机相邻各缸供油时间间隔角度偏差一般不得超过 ±0.5°。当供油角度不符时,可以改变柱塞位置的高度来调整,即用柱塞挺柱上的调整螺钉来调整。

5)供油量及供油不均匀度的检查与调整

检查喷油泵的供油量,主要是检验各单泵向气缸内供油量的不均匀度是否在容许的范围内。

(1)供油量的检验:

①在一定转速下,检查不同油量控制杆行程位置时各柱塞每喷 100 或 200 次的供油量。一般常在 200 r/min 和 600 r/min 时检查油量控制杆在最大行程时以及 50% 行程和怠速三种情况下的油量。

②在油量控制杆最大的行程下,检查各种不同转速时柱塞每压油 100 次或 200 次的油量。一般检查时的转速常采用 200 r/min、600 r/min 和 1 000 r/min。

(2)供油不均匀度的检验:多缸柴油机各缸的供油量应尽量一致,但由于各单泵零件磨损程度不可能相同,很难一致。因此,各缸工作压力不同,发动机功率降低且运转不稳。

供油不均匀度可以下式计算:

供油不均匀度 = (最大供油量 - 最小供油量)/平均供油量 × 100%

平均供油量 = (最大供油量 + 最小供油量)/2

（3）各缸供油不均匀度的差别：

①高速最大供油量时的差别不超过 3% 。

②中速供油量时的差别不超过 5% 。

③低速供油量时的差别不超过 7% 。

④各分泵平均供油量的差别不超过 5% 。

检验应进行 3 次，最后确定供油不均匀度是否合适。

四、喷油器的检修

1.喷油器的维护保养

（1）清除积炭。喷油器积炭不但容易堵塞喷孔，而且使喷油嘴过热，因此在维护、修理时都必须清除积炭。清除积炭不能使用纱布和钢刮刀，可用木制、竹制或铝制刮刀清除。为了除去进油孔道及孔内污垢和积炭，可将喷油嘴放入煤油或轻柴油中浸泡数小时，然后用细铜丝清除。

（2）喷油孔被积炭脏污堵塞，可用小于喷孔的铜丝或钢针细致清理，并用压缩空气吹干净。

（3）油针与喷油嘴密封性不好，可在油针尖端蘸少许研磨膏并固定在电钻上，将喷油嘴套在油针上，开动电钻，研磨几分钟。经清洗后进行装复试验。

2.喷油器的检测与调整

装配好的喷油器应放在喷油器试验仪上进行检验与调整，如图 5-97 所示。

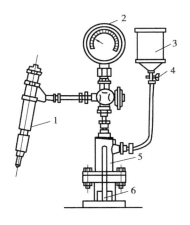

图 5-97　喷油器试验仪

1—喷油器；2—压力表；3—油箱；4—开关；5—油泵；6—手摇柄

喷油器试验仪的油箱内应加注用滤清纸滤过的柴油，并放净空气，同时保证有良好的密封性，如将油压增压至 25 MPa 后，每分钟油压的下降速度应不大于 2 MPa。喷油器检验前应用柴油仔细清洗，保证油针与喷油嘴的灵活性。

（1）喷油压力的检查与调整。将喷油器连接在试验器高压油管上，用手柄泵油检查喷油器喷油压力，压力表读数应与原厂规定数值相符。如压力过高或过低，可拧松喷油器上端的固定螺母，然后拧动调整螺钉进行调整，通过改变调压弹簧对顶杆的压力，使喷油压力达到正常值。

(2)喷油器油针与喷油嘴的密封性试验。喷油压力调整正常后,应检查喷油嘴的密封性。用手压泵使压力表指到 16 MPa。然后,以每分钟约 10 次的速度匀速按动手泵直到 17.2 MPa 开始喷油。这段时间内,喷孔允许有微量的潮湿,但不允许有滴油现象,否则表明锥面密封不好,应重新研磨。

(3)喷油器喷油质量的检验。喷油器在标准压力下,以 60~70 次/min 的速度摇动手柄,喷射出来的柴油必须是均匀的雾状物,如图 5-98 所示,没有明显的油流或油滴,且响声清脆。停止喷油后立刻检查,喷油嘴上应无成滴油珠。

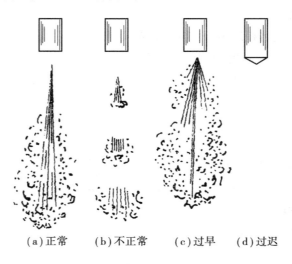

(a)正常　　(b)不正常　　(c)过早　　(d)过迟

图 5-98　喷油质量的检验

实训工单

实训项目		专业班级	
姓名		学号	
实训小组		日期	

一、实训要求

二、实训内容

三、实训步骤

四、评价(优 、良 、差)

	自我评价	学生互评	老师评价	总　　评
实训情况				
实训态度				
卫生打扫				

实训项目十二 柴油机燃料供给系常见故障的诊断

实训目的及要求

(1)知道柴油机燃料供给系常见故障。

(2)能制定故障诊断流程图。

(3)能根据柴油机燃料供给系故障现象找到故障原因。

(4)能维修柴油机燃料供给系故障。

实训设备及工量具

(1)设备:完整的汽车发动机。

(2)工量具:常用工具,常用量具。

实训内容

柴油发动机的故障是由多方面因素形成的,但其中供给系引起的故障较多。供给系出现了故障,在未查出原因之前不要急于拆卸。拆卸喷油泵部件时应记住原始位置,以免因维修造成新的故障。

一、低压油路不畅

在检查柴油机故障时,若松开柴油滤清器放气螺钉(VE 型转子泵柴油机)或喷油泵放气螺钉(柱塞泵柴油机),用手油泵泵油,放气螺钉处排出泡沫油或不排油,则可确诊为柴油机低压油路不畅故障。

装用 VE 型转子泵柴油机低压油路不畅故障的诊断方法如图 5-99 所示。

柱塞式喷油泵的结构、原理与 VE 型转子式分配泵不同,发生故障时其原因、故障部位也不同。装用柱塞式喷油泵的柴油机低压油路不畅故障的诊断如图 5-100 所示。

二、高压油路不畅

在故障诊断时,若检查低压油路供油正常,但喷油器无油喷出,即可确诊为高压油路不畅。其诊断方法如图 5-101 所示。

三、柴油机工作粗暴

柴油机工作时,喷油正时失准或燃油雾化不良,均会导致柴油机不正常燃烧,使发动机工作粗暴。柴油机工作粗暴不仅使发动机工作无力、油耗增加,而且会产生异响和机械冲击。柴油机工作粗暴故障的诊断方法如图 5-102 所示。

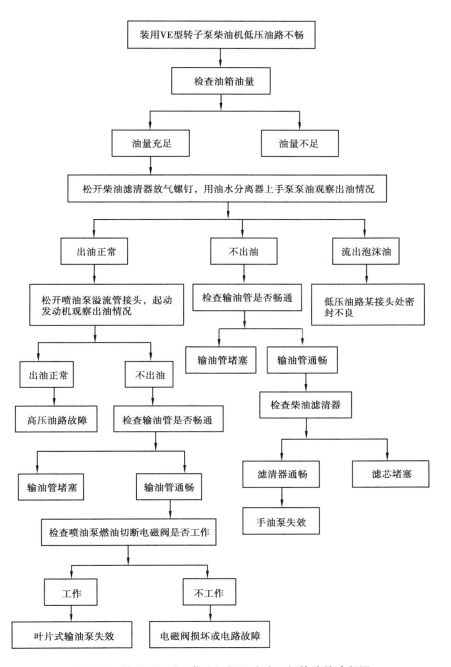

图 5-99 装用 VE 型泵柴油机低压油路不畅故障的诊断图

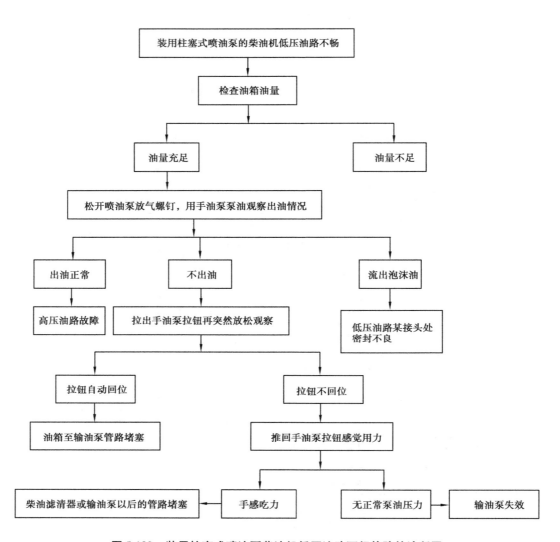

图 5-100　装用柱塞式喷油泵柴油机低压油路不畅故障的诊断图

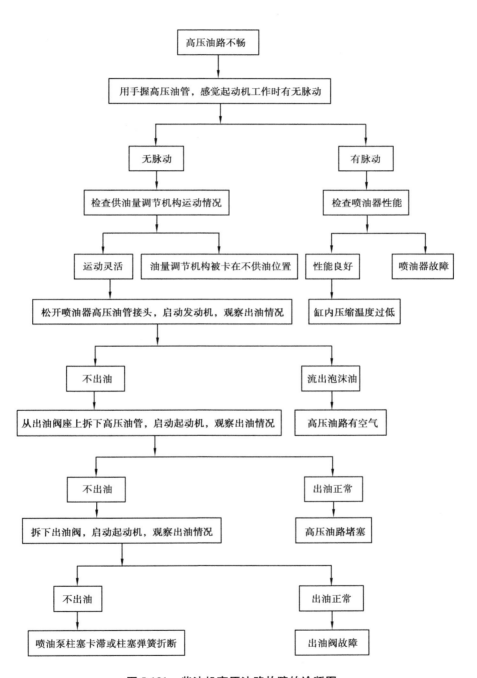

图 5-101　柴油机高压油路故障的诊断图

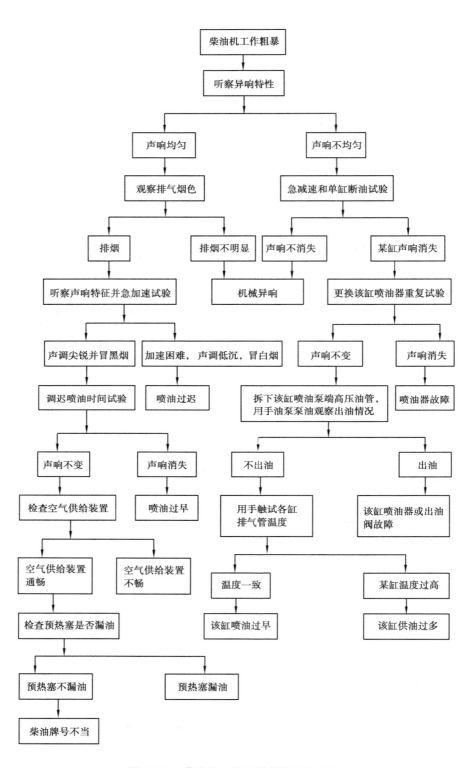

图 5-102　柴油机工作粗暴故障的诊断图

四、压缩温度过低

柴油机在使用过程中,若低、高压油路供油均正常,但发动机仍不易起动,且排气管排灰白色烟雾,则此时应考虑是否因压缩温度过低导致不能着火。压缩温度过低主要是由空气供给装置或发动机机械故障引起。其诊断方法如图 5-103 所示。

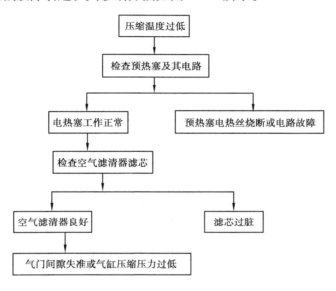

图 5-103 柴油机压缩温度过低故障的诊断图

五、超速

超速俗称"飞车",是指柴油机的转速失去控制、疾转不止的现象。它是柴油机的一种特殊现象。当柴油机超速时,应采取以下紧急措施,以免发生事故。

(1)迅速将加速踏板抬起到停车位置。

(2)供油拉杆或齿杆外露的喷油泵可迅速将杆拉回到停油位置。

(3)及时挂入高速挡,踩下制动踏板并缓抬离合器,使发动机熄火。

(4)有减压装置的,迅速将减压手柄拉到减压位置。

引起柴油机超速的原因主要有以下两方面:一是喷油泵调速器本身故障,使其丧失了正常的调速特性,这种情况的特征是喷油泵调速器部分有卡滞、松旷等不正常现象;二是由于外界因素改变了柴油机的调速特性,其特征是喷油泵调速器本身没有故障,而柴油机在运转过程中有额外的柴油进入气缸参与燃烧。柴油机超速故障的诊断方法如图 5-104 所示。

六、游车

"游车"是指柴油机在工作过程中,出现有规律的忽快忽慢、转速提不高、动力不足的现象。其诊断方法如图 5-105 所示。

七、个别缸工作不良

柴油机出现不易起动、动力不足、游车等故障时,可用逐缸断油法检查是否因个别缸工作不良所致。若某缸断油(拆开喷油器上高压油管)后,发动机转速无明显变化,或原有的故障现象(如排黑烟、异响等)消失,即可认为该缸工作不良。具体故障原因可按图 5-106 所示进行诊断。

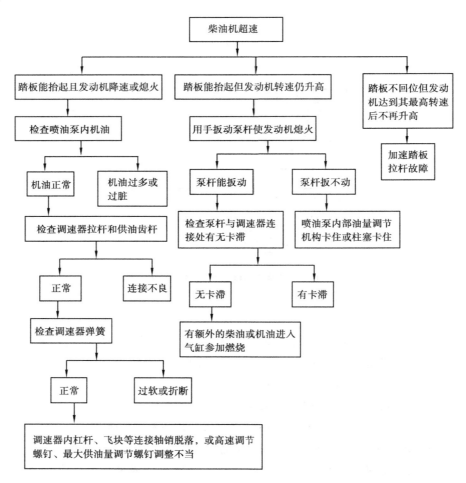

图 5-104　柴油机超速故障的诊断图

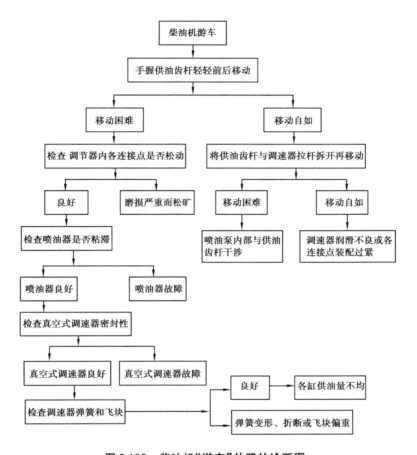

图 5-105　柴油机"游车"故障的诊断图

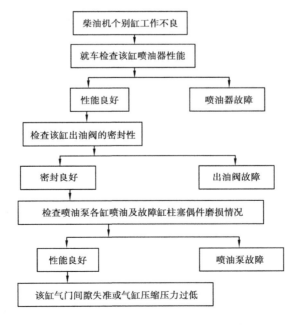

图 5-106　柴油机个别缸工作不良故障的诊断图

实训工单

实训项目		专业班级	
姓名		学号	
实训小组		日期	

一、实训要求

二、实训内容

三、实训步骤

四、评价(优、良、差)

	自我评价	学生互评	老师评价	总　评
实训情况				
实训态度				
卫生打扫				

项目 **6**
汽油机电控燃油喷射系统构造与维修

电子控制燃油喷射系统包括喷油量控制、喷射正时控制。ECU 主要根据空气流量传感器提供的进气量信号确定基本的喷油量,再根据其他传感器(如冷却液温度传感器、节气门位置传感器)信号对喷油量进行修正,能有效控制混合气空燃比,使发动机空燃比在各种工况下达到较佳值,获得最佳浓度的混合气,从而实现提高功率、降低油耗、减少排气污染等功效。

活动一   电控燃油喷射系统的概述

📖 **学习目标**

(1)知道汽油喷射系统发展。

(2)知道汽油喷射系统类型。

📖 **学习内容**

一、汽油喷射系统的发展

(1)20 世纪 30 年代,汽油喷射系统用于军用飞机上。1954 年,德国奔驰公司在奔驰300SL 上装了机械式汽油喷射系统(K 型)。

(2)20 世纪 60 年代,在 K 型基础上发展了机电组合式汽油喷射系统(KE 型)。

(3)20 世纪 60 年代后期,随着电子技术的发展,德国 BOSCH 公司研制出电控燃油喷射系统(EFI)。

电控燃油喷射技术经历了晶体管、集成电路和微机处理三大发展进程。

二、电控燃油喷射系统的优点

(1)能提供发动机在各种工况下最合适的混合气浓度,使发动机在各种工况条件下保持最佳的动力性、经济性和排放性能。

（2）电控燃油喷射系统配用排放物控制系统后，大大降低了 HC、CO 和 NO$_x$ 三种有害气体的排放。

（3）增大了燃油的喷射压力，因此雾化比较好。

（4）汽车在不同地区行驶时，对大气压力或外界环境温度变化引起的空气密度的变化，发动机控制 ECU 能及时准确地作出补偿。

（5）汽车加减速行驶的过渡运转阶段，燃油控制系统能迅速地作出反应。

（6）有减速断油功能，既能降低排放，也能节省燃油。

（7）在进气系统中，由于没有像化油器那样的喉管部位，因而进气阻力小。

（8）发动机冷机起动容易，暖机性能提高。

三、电控燃油喷射系统的类型

1. 按喷射方式分类

同时喷射[图 6-1（a）]：将各气缸的喷油器并联，所有喷油器由电脑的同一个指令控制，同时喷油，同时断油。

分组喷射[图 6-1（b）]：将各气缸的喷油器分成几组，同一组喷油器同时喷油或断油。

顺序喷射[图 6-1（c）]：各喷油器由电脑分别控制，按发动机各气缸的工作顺序喷油。

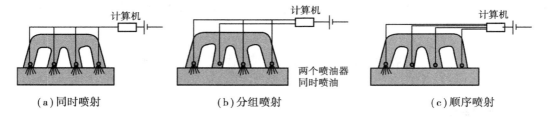

（a）同时喷射　　　　（b）分组喷射　　　　（c）顺序喷射

图 6-1　燃油喷射类型

2. 按空气量的计量方式分类

D 型电控燃油喷射系统：利用绝对压力传感器检测进气管内的绝对压力，电脑根据进气管内的绝对压力和发动机转速推算出发动机的进气量，再根据进气量和发动机转速确定基本喷油量（比 L 型更精确）。

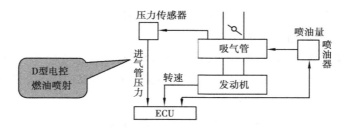

图 6-2　D 型电控燃油喷射系统

L 型电控燃油喷射系统：利用空气流量计直接测量发动机的进气量，电脑不必进行推算，可根据空气流量计信号计算与该空气量相应的喷油量。

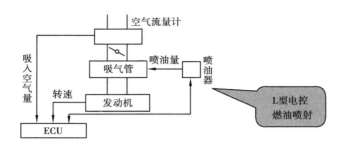

图 6-3 L 型电控燃油喷射系统

3. 按喷射位置分类（图 6-4）

多点喷射系统：每缸进气门处装有一个中央喷射装置，由 ECU 控制喷射。其燃油分配均匀性好，但控制系统复杂，成本高，主要用于中、高级轿车。

单点喷射系统：在节气门上方装一个中央喷射装置，由 1～2 个喷油器集中喷油；采用顺序喷射方式，结构简单，故障少、维修调整方便，广泛应用于普通轿车和货车。

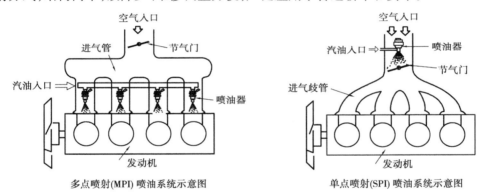

多点喷射(MPI)喷油系统示意图　　　　　　单点喷射(SPI)喷油系统示意图

图 6-4 喷油位置分类

4. 按有无信号分类（图 6-5）

（1）开环控制系统（无氧传感器）：通过实验室确定的发动机各工况的最佳供油参数预先存入电脑，在发动机工作时，电脑根据系统中各传感器的输入信号，判断自身所处的运行工况，并计算出最佳喷油量。其精度直接依赖于所设定的基准数据和喷油器调整标定的精度。当使用工况超出预定范围时，不能实现最佳控制。

（2）闭环控制系统（有氧传感器）：在系统中，发动机排气管上加装了氧传感器，根据排气中含氧量的变化，判断实际进入气缸的混合气空燃比，再通过电脑与设定的目标空燃比进行比较，并根据误差修正喷油量。空燃比控制精度较高。

图 6-5 开环控制和闭环控制

5. 按燃油喷射部位分类(图6-6)

(1)缸内喷射:通过喷油器将燃油直接喷射到气缸内,燃油压力为 3 ~ 4 MPa。

(2)进气管喷射:通过安装在进气歧管内或进气门附近的喷油器,将燃油喷射后与空气混合形成可燃混合气后再进入气缸,喷油压力为 0.2 ~ 0.3 MPa。

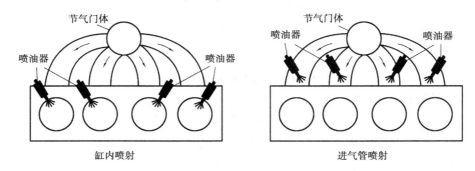

图6-6 喷射形式

活动二 电控燃油喷射系统的功能

📖 **学习目标**

(1)知道电控燃油喷射系统的功能。

(2)知道电控燃油喷射系统各功能特点。

📖 **学习内容**

一、喷油正时控制

喷油分为同步喷油和异步喷油。

同步喷油是指发动机各缸工作循环在既定的曲轴位置进行喷油,同步喷油有规律性。

异步喷油与发动机的工作不同步,无规律性,是在同步喷油的基础上,为改善发动机的性能额外增加的喷油。

1. 同步喷油正时控制

1)顺序喷射正时控制

特点:喷油器驱动回路数与气缸数目相等。

ECU 根据凸轮轴位置传感器(G 信号)、曲轴位置传感器(Ne 信号)和发动机的做功顺序,确定各缸工作位置。当确定各缸活塞运行至排气行程上止点某一位置时,ECU 输出喷油控制信号,接通喷油器电磁线圈电路,该缸开始喷油。

2)分组喷射正时控制

特点:把所有喷油器分成 2 ~ 4 组,由 ECU 分组控制喷油器。

以各组最先进入做功的缸为基准,在该缸排气行程上止点前某一位置,ECU 输出指令信

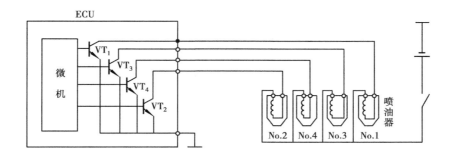

图 6-7　顺序喷射控制电路

号,接通该组喷油器电磁线圈电路,该组喷油器开始喷油。

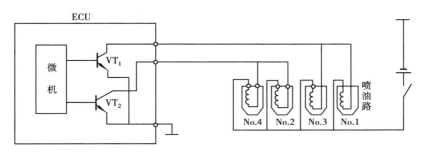

图 6-8　分组喷射控制电路

3)同时喷射正时控制

特点:所有各缸喷油器由 ECU 控制同时喷油和停油。

喷油正时控制是以发动机最先进入做功行程的缸为基准,在该缸排气行程上止点前某一位置,ECU 输出指令信号,接通该组喷油器电磁线圈电路,该组喷油器开始喷油。

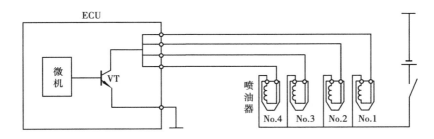

图 6-9　同时喷射控制电路

2. 异步喷油正时控制

1)起动时异步喷油正时控制

在同步喷油基础上,为改善发动机的起动性能,再增加一次异步喷油。

在起动开关处于接通状态时,ECU 接收到第一个凸轮轴位置传感器信号(Ne 信号)后,接收到第一个曲轴位置传感器信号(G 信号)时,开始进行起动时的异步喷油。

2)加速时异步喷油正时控制

为了改善加速性能,ECU 根据节气门位置传感器中怠速信号,从接通到断开时依次增加固定量的喷油。

二、喷油量控制

目的:使发动机在各种运行工况下都能获得最佳的喷油量,以提高发动机的经济性和降低排放污染。

当喷油器的结构和喷油压差一定时,喷油量的多少取决于喷油时间。

1. 起动时的同步喷油量控制

在发动机转速低于规定值或点火开关接通位于 STA(起动)挡时,喷油时间的确定如图6-11所示。ECU 根据冷却液传感器信号(THW 信号)和冷却液温度确定基本喷油时间,根据进气温度传感器(THA 信号)对喷油时间作修正(延长或缩短),然后再根据蓄电池电压适当延长喷油时间,以实现喷油量的进一步的修正,即电压修正。

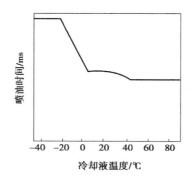

图 6-10　起动时的基本喷油时间　　　　**图 6-11　喷油时间的确定**

2. 起动后的同步喷油量控制

喷油持续时间 = 基本喷油持续时间 × 喷油修正系数 + 电压修正值

D 型电控燃油喷射系统根据发动机转速信号和进气管绝对压力信号确定基本喷油时间。

L 型电控燃油喷射系统根据发动机转速信号和空气流量计信号确定基本喷油时间。

喷油修正系数有:

(1)起动后加浓修正:根据冷却液温度确定喷油时间的初始修正值。

(2)暖机加浓修正:在达到正常温度之前,根据冷却液温度信号进行喷油时间修正。

(3)进气温度修正:根据进气温度传感器提供的进气温度信号(THA 信号),对喷油时间进行修正;低于 20 ℃时空气密度大,ECU 适当增加喷油时间,高于 20 ℃时适当减少喷油时间。

(4)大负荷工况喷油量修正:根据 PIM 信号和 Vs 信号以及节气门位置传感器输送的全负荷信号(PSW 信号)或 VTA 信号判断发动机负荷状况,大负荷时适当增加喷油时间。

（5）过渡工况下的喷油量修正：主要根据 PIM 信号或 Vs 信号、Ne 信号、SPD 信号、VTA 信号、NSW 信号判断过渡工况，对喷油时间进行修正。

（6）怠速稳定性修正：ECU 根据 PIM 信号和 Ne 信号对喷油量进行修正，随着进气管绝对压力增大或怠速降低，适当增加喷油时间；反之，减少喷油时间。

3. 异步喷油量控制

发动机起动和加速时的异步喷油量是固定，各缸喷油器以一个固定的喷油持续时间，同时向各缸增加一次喷油。

三、燃油停供控制

（1）减速断油控制：当汽车减速时，ECU 将会切断燃油喷射控制电路，停止喷油，以降低碳氢化合物及一氧化碳的排放量。

（2）限速断油控制：加速时，发动机超过安全转速或汽车车速超过设定的最高车速时，ECU 将切断燃油喷射控制电路，停止喷油，防止超速。

四、燃油泵控制

这是指根据发动机的转速和负荷来控制燃油泵以高速或低速运转。

活动三　电控燃油喷射系统的组成与基本原理

📖 **学习目标**

（1）知道电控燃油喷射系统组成；

（2）知道电控燃油喷射系统工作原理。

📖 **学习内容**

一、空气供给系统

空气供给系统功用是为发动机提供清洁的空气并控制发动机正常工作时的供气量。空气供给系统主要由空气滤清器、进气歧管压力传感器（D 型）或空气流量传感器（L 型）、节气门、节气门位置传感器、进气总管、进气歧管等组成，如图 6-12 所示。空气经空气滤清器过滤后，通过空气流量计、节气门体进入进气总管，再通过进气歧管分配给各缸。

空气供给系统原理如图 6-13 所示。

二、燃油供给系统

燃油供给系统给喷油器供给一定压力的燃油，喷油器则根据电脑指令喷油。燃油供给系统由燃油箱、电动燃油泵、输油管、燃油滤清器、油压调节器、燃油分配管（又称为供油总管或油架）、喷油器和回油管等组成。

电动燃油泵将汽油自油箱内吸出，经滤清器过滤后，由压力调节器调压，通过油管输送给喷油器,喷油器根据电脑指令向进气管喷油。燃油泵供给的多余汽油经回油管流回油箱。燃油供给系统原理如图 6-14 所示。

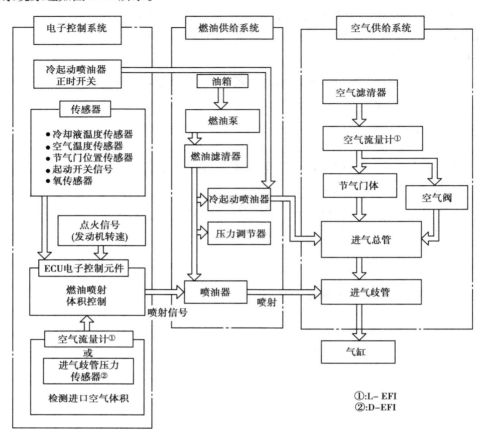

图 6-12　空气供给系统的组成

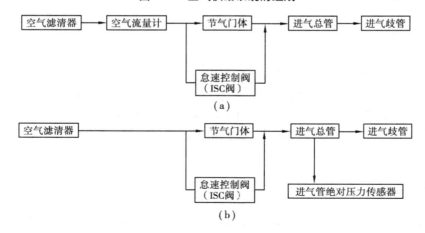

图 6-13　空气供给系统原理图

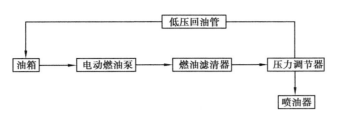

图 6-14　燃油供给系统原理图

三、电子控制系统

电子控制系统由传感器、电子控制单元(ECU)和执行器组成,功用是由传感器采集发动机的工况信号,根据各种传感器的信号,由 ECU 进行综合分析和处理,确定最佳喷油量、最佳喷油时刻以及最佳点火时刻等,从而提高发动机的动力性、燃油经济性和排放性能。

电子控制系统原理如图 6-15 所示。

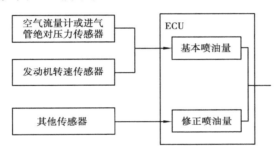

图 6-15　电子控制系统原理图

实训项目十三　电喷发动机燃油供给系统检修

实训目的及要求

(1)认识燃油供给系的组成以及各元件的安装位置。

(2)熟悉燃油供给系及各元件的工作过程。

(3)掌握各主要元件的检测方法。

实训设备及工量具

(1)设备:汽车一辆,电喷发动机。

(2)工量具:套装工具,万用表,燃油压力表,汽车专业示波器。

实训内容

一、就车或发动机台架观察燃油供给系统

(1)就车或发动机台架观察燃油供给系统的组成,如图 6-16 所示。

(2)熟悉电动燃油泵、燃油滤清器、供油总管、油压调节器、电磁喷油器的安装位置及安装关系。

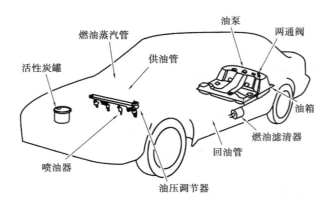

图 6-16 燃油供给系统的组成

二、燃油供给系统各元件的检测

1. 燃油压力的检测

(1)找出油压检测孔或拆下供油总管接头,接上燃油压力表。

(2)在继电器盒处找到油泵继电器,将其拔出,短接触点在插座处的插孔。

(3)接通点火开关,此时油压应达到 350 kPa 以上。

(4)起动发动机,怠速时油压应为 250～300 kPa。

2. 电动燃油泵检测

(1)检查油压时,油压为 0 或低于正常值,可对电动燃油泵进行检查。

(2)在油泵继电器插孔处测量油泵电阻值,正常值为 1～3 Ω,若电阻值偏大,说明线路不良或油泵电机接触不良。

(3)在油泵继电器触点插孔处串联电流表,接通点火开关,油泵正常工作电流为 3～6 A,若电流偏小,说明电路有接触不良或供电电压低;若电流偏大,说明油泵电机有局部短路。

(4)拆下燃油滤清器进油管,接上量杯,给油泵通电 40 s,泵油量应不少于 1 L。

3. 油压调节器检测

(1)发动机在怠速运转时,拔下油压调节器的真空管,怠速转速应上升 100 r/min。

(2)夹紧回油管,油压应上升 50 kPa 以上。

(3)若转速或油压都上升,说明调节器良好;若车速和油压都不上升,说明油压偏低是供油不足造成的。

4. 喷油器检查

(1)拔下喷油器插线,用万用表测量喷油器线圈电阻值,高阻型为 11～17 Ω,且每个气缸的喷油器电阻值都应相同。

(2)给每个喷油器线圈通上蓄电池电压,应能听到清脆的吸合声,每次通电的时间要短,以免喷油器线圈过热而烧毁。

(3)将喷油器连同供油总管一起拆下来,并用铁丝将喷油器和供油总管进行固定,给电动燃油泵通电,在油压正常的情况下,喷油器的漏油量为 1 滴/min。

(4)进行喷油量及喷油效果检查,在喷油器下方放置量杯,给喷油器通电 15 s,喷油量应为 50～60 mL,喷出来的油应该是形成一定锥度的均匀雾状。

如果喷油器漏油量偏多或喷油质量不佳,可对喷油器进行清洗;将喷油器从车上拆下来后,装到喷油器清洗机上清洗,然后再进行检测。如果还不能恢复正常,则需要更换新件。

5. 喷油脉宽(量)检查

(1)在喷油器的控制线端接上汽车专用示波器。

(2)起动发动机并热车。

(3)在正常怠速下,喷油脉宽为 2～4 ms(因车而异)。

(4)观察喷油波形,峰值电压为 60～80 V。

三、就车或发动机台架观察空气供给系的组成

(1)就车或发动机台架观察空气供给系的组成。

(2)熟悉空气流量计、进气歧管绝对压力传感器、节气门位置传感器、怠速控制器的安装位置及安装关系。

四、空气供给系统各元件的检测

1. 空气流量计检测

(1)找到空气流量计插头上的电源端和接地端,测量供电电压,叶片式、涡流式空气流量计的电压为 5 V,热线式和热膜式的一般为蓄电池电压。

(2)找到信号输出端,接上万用表,测量输出信号电压,发动机从怠速到高速,叶片式和热线式空气流量计的输出电压为 1.5～4 V(有的车型为 4～1.5 V)。涡流式空气流量计输出的是矩形波信号,万用表测得的电压为 2.8 V 左右,不随发动机转速变化。将汽车专用示波器接到涡流式空气流量计的信号输出端,发动机从怠速到高速,输出频率为 30～300 Hz。

(3)将故障诊断仪接到车上的故障诊断座,起动发动机,读取空气流量计的信号电压,有的用单位时间空气质量来显示进气量的变化,有的是用电压来显示进气量的变化。

2. 进气歧管绝对压力传感器检测

(1)找到进气歧管绝对压力传感器插头上的电源端和接地端,测量供电电压,电压一般为 5 V。

(2)找到信号输出端,接上万用表,测量输出信号电压,接通点火开关,此时电压为最大值,为 4 V 左右,起动发动机,怠速时电压为 1.5 V 左右,发动机加速到高速时,电压逐渐上升,急加速时电压上升则更明显。

(3)发动机怠速时,拔下进气歧管绝对压力传感器的真空管,正常时发动机会出现发抖、冒黑烟、易熄火的现象。

(4)接通点火开关,将进气歧管绝对压力传感器的真空管接到手动真空泵上,将万用表接到信号输出端,给传感器施加不同的真空度,输出电压应随着真空度的增大而下降。

(5)将故障诊断仪接到车上的故障诊断座,起动发动机,读取进气歧管绝对压力传感器的信号电压,有的用进气歧管绝对压力来表示真空度的变化,有的用电压来表示真空度的变化。

3.节气门位置传感器检测

（1）找到节气门位置传感器插头上的电源端和接地端,接通点火开关,测量供电电压,线性节气门位置传感器的电压一般为 5 V,开关式的为 12 V。

（2）测量线性节气门位置传感器的输出信号。首先找出信号输出端,接上万用表,接通点火开关,测量输出信号电压,节气门从最小到最大开度变化时,电压应在 0.5 ~ 4.5 V 范围内连续均匀变化,如有跳跃,说明传感器的滑动电位器有接触不良现象,应予以更换。

（3）测量开关式节气门位置传感器的输出信号,节气门全关时,怠速信号端的电压为蓄电池电压;节气门稍微打开后,电压降为 0 V;节气门接近全开时,大负荷信号端输出蓄电池电压,其余开度为 0 V。

（4）如果开关式节气门位置传感器在上述测量时输出电压不正常,可对其进行调整,旋松传感器的两颗固定螺钉,顺时针或逆时针旋转,直到获得上述的输出情况。如果最终调不出正常情况,则说明传感器损坏,应予以更换。

（5）将故障诊断仪接到车上的故障诊断座,接通点火开关,读取节气门位置传感器的信号电压,有的用百分比来表示开度变化,有的是用电压来表示开度变化。

4.怠速控制器检查

（1）拔下怠速控制器插线,用万用表测量怠速控制器线圈电阻值,步进电机式为 30 ~ 50 Ω,且每组线圈的电阻值都应相同,脉冲电磁阀式为 18 ~ 22 Ω。

（2）拆下怠速控制器,阀芯和阀座应该干净无积炭,否则用清洗剂进行清洗。

（3）拔下怠速控制器的插线,直接通电,怠速控制器应能正常开启和关闭。

（4）将故障诊断仪接到车上的故障诊断座,起动发动机,读取怠速控制器的工作步数或占空比,接通空调,正常情况下怠速控制器开度信号增大,怠速转速上升。

五、就车或发动机台架观察电子控制系统

（1）就车或发动机台架观察电子控制系的组成。

（2）熟悉曲轴与凸轮轴位置传感器、温度传感器、开关信号、车速传感器、爆震传感器与电子控制单元的安装位置及安装关系。

六、电子控制系统各元件的检测

1.曲轴与凸轮轴位置传感器检测

（1）找到曲轴和凸轮轴位置传感器插头,从插脚数量确认它们是霍尔式还是磁感应式。霍尔式需要 5 V 或 12 V 的工作电压,而磁感应式不需要。若是霍尔式的,则在电源端和接地端接上万用表,接通点火开关或起动发动机,测量供电电压。

（2）对于霍尔式传感器,最好用示波器测量它们的信号输出端,接通点火开关起动挡,正常情况下输出的是矩形波信号,频率随着转速上升而增大;而磁感应式传感器,首先测量感应线圈的电阻值,一般为数百欧姆,然后接通点火开关起动挡,用万用表测量输出的交流电压,或用示波器测量输出的波形;如果没有信号输出,要检查正时齿形皮带是否断裂。

2. 温度传感器检测

（1）测量发动机冷却液温度传感器的电压，拔下传感器插线，将万用表接到插线端，接通点火开关，此时电压应为5V，否则供电线路或电子控制单元有故障。

（2）测量发动机冷却液温度传感器不同温度下的电阻值，发动机冷车时，测量此时冷却液温度，然后测量传感器的电阻值，接着起动发动机，热车后测量此时温度下的电阻值，最后与正常参数做比较即可判断传感器的性能。

（3）起动发动机，测量传感器两端的电压值，其值应随着发动机温度上升而下降。

（4）进气温度传感器的测量方法与冷却液温度传感器的方法相同，性能参数也相同。

（5）将故障诊断仪接到车上的故障诊断座，起动发动机，读取各温度传感器的信号电压，有的直接显示温度值，有的是用电压来表示。

3. 车速传感器检测

（1）找到车速传感器插头，从插脚数量确认它们是霍尔式还是磁感应式，还有就是霍尔式的需要5 V或12 V的工作电压，而磁感应式的不需要，若是霍尔式的，则在电源端和接地端接上万用表，接通点火开关，测量供电电压。

（2）对于霍尔式传感器，最好用示波器测量它们的信号输出端，接通点火开关起动挡，正常情况下输出的是矩形波信号，频率随着车速上升而增大；而磁感应式传感器，首先测量感应线圈的电阻值，一般为数百欧姆，然后接通点火开关起动挡，用万用表测量输出的交流电压，或用示波器测量输出的波形；如果没有信号输出，要检查驱动齿形是否损坏。

（3）将故障诊断仪接到车上的故障诊断座，接通点火开关，读取车速传感器的信号。汽车行驶时，观察车速变化是否正常。

4. 爆震传感器检查

（1）爆震传感器一般为单线式，拔下传感器插线，用万用表测量传感器的电阻值，正常为无穷大，否则传感器有故障。

（2）用木棒轻敲气缸体，用万用表测量传感器的输出信号，应有数百毫伏的电压。

（3）接上示波器，发动机急加速时，爆震传感器应输出数百毫伏的峰值电压。

实训工单

实训项目		专业班级	
姓名		学号	
实训小组		日期	

一、实训要求

二、实训内容

三、实训步骤

四、评价(优 、良 、差)

	自我评价	学生互评	老师评价	总　评
实训情况				
实训态度				
卫生打扫				

项目 **7**
冷却系构造与维修

活动一　冷却系作用、组成和工作原理

📖 **学习目标**

(1)知道冷却系组成。

(2)知道冷却系功用。

(3)知道冷却系工作原理。

📖 **学习内容**

一、冷却系的作用

冷却系的主要作用是对发动机进行冷却,维持发动机的正常工作温度,保证发动机的正常工作。

发动机在工作过程中,气缸与燃烧室内的气体温度可高达 2 073 ~ 2 273 K。直接与气体接触的缸体、缸盖、活塞和气门等,在高温的作用下会因热膨胀而破坏正常间隙,导致运动件运动受阻或者卡死;各机件因高温而使机械强度降低甚至损坏;润滑油因高温失效而失去润滑作用等。因此,必须在发动机上设置冷却系,在发动机工作中对上述高温机件进行冷却,冷却系虽不参与发动机的功能转换,但却是发动机正常工作必不可少的保证。

冷却系在工作中冷却强度不合适,也会影响发动机的正常工作。冷却不足,会造成发动机过热,导致发动机充气量下降而影响发动机功率输出,对汽油机还可能会造成早燃、爆燃和表面点火等不正常燃烧;同时,过高的温度会使润滑油黏度降低,导致机件磨损加剧。冷却过度,会使发动机过冷,导致燃料蒸发困难,或已蒸发的燃料重又凝结。一方面会因燃烧不完全而造成发动机功率下降、油耗量增大;另一方面这些燃油最终会沿气缸壁流入曲轴箱内,不仅冲刷了缸壁上的机油膜,还会稀释润滑油,使机件的润滑效果变差。所以,冷却必须适度。不论何种形式的冷却系,除能满足发动机在最大热负荷情况下的冷却外,还必须能在发动机各种工况下对冷却强度进行调节,以维持发动机的正常工作温度。

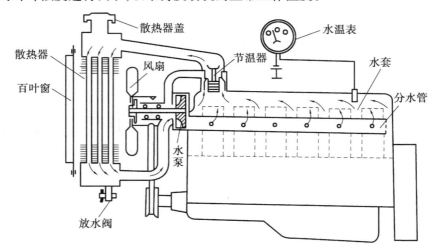

图 7-1　发动机强制循环式水冷系

目前,汽车发动机上广泛采用水冷系,如图 7-1 所示。它是利用冷却水吸收高温机件的热量,再将这些吸收了热量的冷却水送至散热器,通过散热器将热量散发到大气中。水冷系冷却可靠,冷却强度调节方便,工作中冷却液损失较少。发动机正常工作时,缸盖内的冷却水温度维持在 353 ~ 363 K(80 ~ 90 ℃)。

某些大型柴油机或者小型汽油机采用风冷系,如图 7-2 所示。它是以空气作为冷却介质,直接对缸体和缸盖进行冷却。为了加强冷却效果,并使各缸冷却均匀,有些发动机的风冷系设有轴流式风扇、导流罩和分流板。与水冷系相比,风冷系冷却不可靠,冷却强度不容易调节和控制。

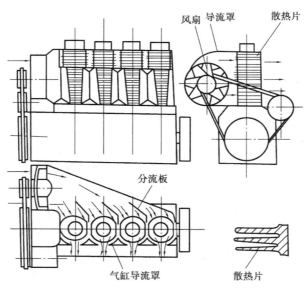

图 7-2　风冷系示意图

二、冷却系统的组成

现在的发动机大多采用强制水冷系统,如图7-3所示,主要由散热器、风扇、水泵、节温器和水套等部件组成。

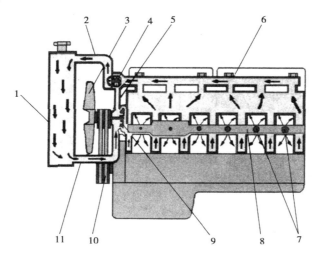

图7-3 发动机强制循环冷却系统示意图
1—散热器;2—上水管;3—风扇;4—节温器;5—旁通道;6—水套;
7—分水孔;8—分水管;9—水泵;10—风扇带;11—下水管

在水冷发动机的气缸体和气缸盖中都铸有连通的水套,使循环的冷却水得以接近受热的零件,吸收并带走热量。在多缸发动机中,为了使各缸冷却均匀,在水套中设有分水管。分水管一般为铜制扁管,插入缸体水套中,沿纵向开有若干出水孔,离水泵越远其孔径越大,以使离水泵较远的发动机后部各缸得到充分冷却。有些发动机在排气门座附近另装有喷水口,使冷却水能以较高的速度流经温度极高的排气门座附近,以降低其温度。

发动机工作时,一般由曲轴通过皮带驱动水泵轴转动,水泵将冷却水从机外散热器经下水管吸入并加压,使其经分水管流入发动机缸体水套中。水套中的冷却水吸收了气缸壁传给的热量,温度升高,继而流入气缸盖水套中,再次吸热升温后通过节温器,经上水管流入散热器内。由于风扇的强力抽吸及汽车的高速行驶,空气不断地由前向后高速从散热器芯部通过,冷却水在流经散热器芯部的过程中不断地将热量传给散热器,然后热量被高速流过的空气带走,从而使冷却水本身得以冷却。冷却了的冷却水流到散热器底部后,又在水泵的作用下再次压入缸体水套中进行循环冷却。冷却水的不断循环,使发动机中一些在高温条件下工作的零件不断得到冷却,从而保证发动机正常运转。为了控制冷却水温度,冷却系中设有冷却强度调节装置,如百叶窗、节温器和风扇离合器等。

在冷却系水路中还装有水温传感器,通过导线与装在驾驶室仪表板上的水温表或水温报警装置相连,以便使驾驶员能随时监视发动机水温,防止发动机过热。

散热器装在发动机前面,它的下部出水管通过软管与水泵连通;气缸盖出水口装有节温器,通过橡胶软管和散热器上水室连通,构成冷却水循环线路。

三、强制循环式水冷系统的循环路线——大循环和小循环

水冷发动机的气缸盖和气缸体中都铸有相互连通的水套。在水泵的作用下,冷却水流经气缸体及气缸盖的冷却水套而吸收热量,然后沿水管流入散热器,利用汽车行驶的速度及风扇的强力抽吸,使空气流由前向后高速通过散热器,不断地将流经散热器的高温冷却水的热量散到大气中去而使冷却水温度下降。冷却后的水流至散热器的底部后,被水泵再次压入发动机的水套中,如此循环而将发动机工作时产生的大量热量被不断带走,保证发动机正常工作。这种循环叫大循环。在强制循环式水冷却系中,节温器用来控制水的循环线路,百叶窗用来调节流经散热器的空气流量,两者协调工作,使发动机保持一定的工作温度。

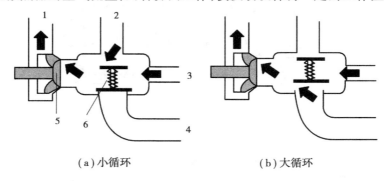

（a）小循环   （b）大循环

图 7-4 发动机冷却水循环工作示意图

1—到发动机;2—从发动机来;3—从暖风水箱来;4—自散热器来;5—水泵;6—节温器

为使发动机在寒冷季节起动后能迅速达到工作温度并保持正常,在冷却水温低于 70 ℃时,节温器自动控制冷却水循环路线,即冷却水从水泵进入分水管,经水套、出水口、回水管流回水泵,冷却水不散热,这种循环叫小循环。图 7-4 所示为桑塔纳 2000 冷却系统大小循环示意图。

活动二　水冷却系统的构造

📖 **学习目标**

（1）能描述水泵的构造与工作原理。

（2）能描述散热器功用和工作原理。

（3）知道节温器构造和工作原理。

📖 **学习内容**

一、水泵

1. 水泵的构造与工作原理

水泵的功用是对冷却水加压,使之在冷却系中加速循环流动。目前汽车发动机绝大多数

使用离心式水泵,如图7-5所示。其工作原理如图7-6所示。它主要由固定的铸铁(或铸铝)外壳1和装在轴上旋转的叶轮2组成。轮叶一般是径向的或向后弯曲的,其数目一般为6~8个。当叶轮旋转时,水泵中的水被叶轮带动一起旋转,并在本身的离心力作用下,向叶轮的边缘甩出,然后经外壳上与叶轮成切线方向的出水管被压送到发动机水套内。与此同时,叶轮中心处压力降低,散热器的水便经进水管3被吸进叶轮中心处。

图7-5　水泵

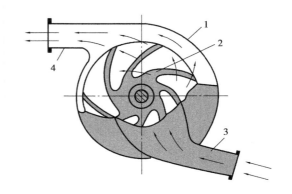

图7-6　离心式水泵示意图

1—水泵壳体;2—叶轮;3—进水管;4—出水管

离心式水泵被广泛采用,是因为其结构简单、尺寸小而排量大。水泵由于故障而停止工作时,并不妨碍水在冷却系内的自然循环。

图7-7为东风EQ6100-1型发动机所用离心式水泵的结构图。水泵轴12用两个球轴承11支撑在水泵外壳1上。水泵轴的一端铣削成两平面与水泵叶轮2的孔相配合,并用螺钉5固紧,以防叶轮轴向窜动;水泵轴的另一端用半圆键13与凸缘盘14连接,并用槽形螺母锁紧。凸缘盘用来安装风扇皮带轮。水泵外壳用螺栓固定在发动机缸体的前端面上。当叶轮转动时,冷却水由散热器经进水口A进入水泵内腔B,然后经出水腔(图上未画出)进入发动机缸体水套中。

在叶轮2的前端装有水封装置,带有两凸缘的夹布胶木密封垫圈3卡于水泵外壳的两槽内,以防止转动。弹簧7通过水封环18将水封皮碗6的一端压在水封座圈10上(水封座圈压入外壳内),而另一端压向夹布胶木密封垫圈上;夹布胶木密封垫圈又压在水泵叶轮毂的端面上,以防止水泵内腔的水沿水泵轴向前渗漏。

当有少量的水滴由水封处渗出时,为避免浸泡轴承,破坏轴承的润滑,渗漏的水滴可从泄水孔C泄出。但是,如果停车时仍从孔C中泄水不止,则需卸下水泵,检修水封。

发动机在使用中,应定期从滑脂嘴17向轴承注入具有耐水性能的钙基润滑脂。

2.水泵的检修

水泵的常见损伤:泵壳裂纹,叶轮松脱或损坏,泵轴磨损或变形,水封损坏和轴承磨损等。

1)泵壳的检修

检查泵壳和带轮有无损伤。泵壳裂纹可进行焊接或更换。壳与盖接合面变形大于0.05 mm,应予修平。轴承座孔由于压入、压出轴承使座孔磨损,可用镶套的方法修复或更换。

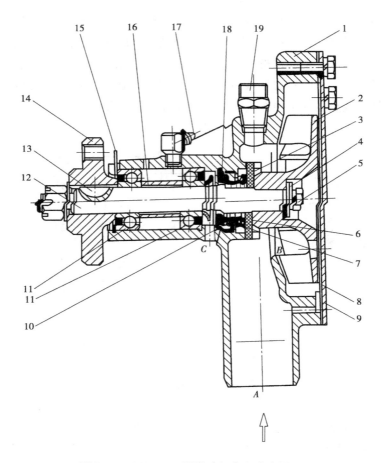

图 7-7　EQ6100－1 型发动机离心式水泵

1—水泵外壳；2—叶轮；3—夹布胶木密封垫圈；4—垫；5—螺钉；6—水封皮碗；
7—弹簧；8—衬垫；9—泵盖；10—水封座圈；11—球轴承；12—水泵轴；13—半圆键；
14—凸缘盘(供安装皮带轮和风扇用)；15—轴承卡环；16—隔离套管；17— 滑脂嘴；
18—水封环；19—管接头(接气缸盖出水管,供冷却水小循环用)

2）水泵轴的检修

检查水泵轴有无弯曲和轴颈的磨损程度,轴端螺纹有无损坏。水泵轴弯曲大于 0.05 mm,应冷压校正;轴颈磨损严重,应予更换。

3）水泵叶轮的检修

检查水泵叶轮的叶片有无破损,叶轮上的轴孔与轴的配合是否松旷。叶片破损,应予焊修或更换;轴孔磨损过甚可进行镶套修复。

4）水封装置的检查

水泵泄水孔漏水,则为水封密封不严。若胶质水封磨损或变形应更换,水封密封圈可翻面使用。

5）水泵装合后的检验

水泵装合后,首先用手转动带轮,泵轴转动应无卡滞现象;叶轮与泵壳应无碰擦感觉。然后在试验台上,按原厂规定进行压力-流量试验。例如:解放 CA6102 型发动机水泵转速为 2 000 r/min时,水泵流量不少于140 L/min,压力不得低于40.4 kPa;当转速为 3 300 r/min 时,水泵流量不少于240 L/min,压力不得低于121.2 kPa。东风 EQ6100-1 型发动机水泵转速为 2 000 r/min 时,水泵流量不少于220 L/min,压力不得低于49 kPa。

二、散热器及附属机件

散热器(图 7-8)的作用是将水套出来的热水自上而下或横向地分成许多小股,并将其热量散给周围的空气。为了集中风向,提高冷却效果,散热器后面还装有导风圈。

图 7-8　散热器与风扇外形

1. 散热器

散热器有上、下(或左、右)水室,分别装有进、出水口,通过胶管与发动机出水口和水泵进水口相连,水室之间焊接有散热器芯,其结构如图 7-9 所示。

散热器芯臂有两种结构形式:蜂窝式和管片式。散热器材料多用耐腐蚀、导热性好的铜或铝片制成。由于铝质散热器芯较小,质量轻,成本也较低,因此,铝芯散热器目前在车辆上得到了广泛应用。多数散热器在其下部装有一个放水开关或放水塞,可以让维修人员从系统中放出冷却液。

影响散热器效率的因素是散热器的基本结构,即散热器总的面积和厚度,穿过散热器的冷却液流量和冷却空气温度。散热器效率随着冷却液温度与流过空气温度的温差加大而大大提高,因此只要适当提高冷却液温度,就可以用较小的散热器散去较多的热量。这是制造商规定节温器较高的打开温度的一个主要理由,并为散热器压力盖规定了较高的压力。

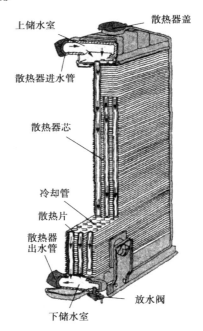

图 7-9　散热器结构

散热器通常有两种结构形式:横掘式和下流式。在横流式散热器上,冷却液从一侧进入,穿过管子后在另一侧集中起来;在下流式散热器上,冷却液进入散热器顶部,由于重力作用而下降。两种散热器如图 7-10 所示。

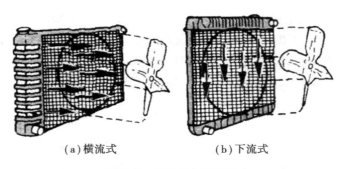

(a)横流式　　　　　　　(b)下流式

图 7-10　两种散热器结构

2. 散热器压力盖

散热器盖通过对冷却液内部密封和加压使发动机冷却液保持一定的压力。通常情况下,水(冷却液)在 100 ℃沸腾,但是如果压力升高,沸点也会升高,冷却液就可以加热到超过100 ℃而不会沸腾。冷却液温度越高,热量流向散热器的速度越快,因此,加压后的冷却系统能够将发动机产生的热量更快地散发掉,散热效果更好。冷却系统不能承受过大压力,需要安装卸压阀,可以对阀进行预先设置。如果冷却系统压力超出预置压力,卸压阀打开,过量的压力(冷却液、空气)就通过溢流导管被释放到储液罐或外面。达到合适压力后,卸压阀在弹簧作用下重新关闭。典型压力式散热器盖如图 7-11 所示。

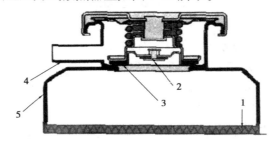

图 7-11　压力式散热器盖

1—散热器芯;2—真空阀;3—卸压阀;4—溢流管;5—上水槽

用一个转接器,将冷却系统压力测试仪连接到压力盖对其进行测试,确保压力适当。如果超出预置压力,应进行更换。发动机热机时千万不要拆散热器盖,易造成烫伤。

3. 膨胀罐

膨胀罐如图 7-12 所示,其上部用一个较细的软管与散热器加水管相连,底部通过水管与水泵的进水侧相连接,位置通常略高于散热器。膨胀冰箱多用半透明材料(如塑料)制成,透过罐体可直接方便地观察到液面高度,无需打开散热器盖。

一般冷却系冷却液的流动是靠水泵的压力来实现的。水泵吸水的一侧压力低,易产生蒸气泡,使水泵的出水量显著下降,并引起水泵叶轮和水套的穴蚀,在其表面产生麻点或凹坑,缩短了叶轮和水套的使用寿命。加装膨胀罐后,由于膨胀罐和水泵进水口之间设有补充水管,使水泵进水口处保持较高的压力,减少了气泡的产生。散热器中的蒸气泡和水套中的蒸气泡通过导管 5 和 8 进入膨胀罐,从而使气水彻底分离。由于膨胀罐温度较低,进入的气体发生冷凝,一部分变成液体,重新进入水泵。而积存在膨胀罐液面上的气体起缓冲作用,使冷却系内压力保持稳定状态。

有的冷却系不用膨胀罐而使用储液罐,即用一根管子把散热器和储液罐的底部或上部(管口插入液面以下)连通。但这种装置只能解决气水分离及冷却液消耗问题,而对穴蚀没有明显改善。当冷却液温度升高时,散热器中液体膨胀、汽化,使散热器盖蒸气阀开启,散热器中的蒸气或液体沿导管流入储液罐。当冷却水温度降低时,散热器内压力下降,液体沿原路径流向散热器。储液罐上有两条刻线,冷却液应加到上刻线(FULL);当液面降到下刻线(LOW)时,应及时补充。

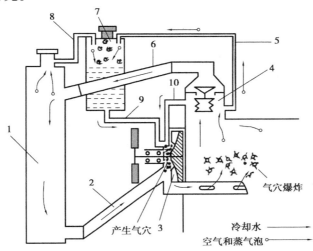

图 7-12 膨胀水箱示意图

1—散热器;2—水泵进气管;3—水泵;4—节温器;5—水泵出气管;
6—水泵出水管;7—膨胀罐;8—散热器出气管;9—补充水管;10—旁通管

4. 散热器的检修

1)散热器的清洗

散热器在使用过程中,会因腐蚀和积垢等原因影响冷却效果。清洗散热器,去除水垢,是恢复散热器的散热能力的有效方法。清洗水垢采用化学法,即利用酸或碱类物质与水垢的化学反应,生成可溶于水的物质将水垢清除。清洗时,最好采用循环法,即先用酸性溶液洗涤,再用碱性溶液冲洗中和。清洗时,除垢剂以一定的压力(一般为 10 kPa),在气缸体水套或散热器内循环,一般经 3~5 min 后即可清洗完毕。

2)散热器渗漏的检验

将散热器进、出口堵死,在散热器内充入 50~100 kPa 压力的压缩空气,并将其浸泡在水中,检查有无气泡冒出,如发现渗漏部位,应做好记号,以便焊修。

3)散热器的修理

散热器的渗漏大多出现在散热管与上、下水室间的接触部位。渗漏不严重时,一般可用钎焊修复。散热管出现渗漏时,可采取局部封堵,封堵的散热管数量不得超过管数总量的10%,切断散热片的面积不得大于迎风总面积的 10%。

4)检查散热器盖与膨胀水箱

现代汽车发动机均采用密封式冷却系,冷却液能在沸点以上不气化,保持良好的导热、冷却能力。冷却系能否防止冷却液过量消耗,从而减轻水垢沉积速度,关键在于散热器盖和膨胀水箱的工作性能。散热器盖可用专用手动气泵检查:压力阀的开启压力应在 73.5 ~ 103 kPa 的范围内,真空阀的开启压力应为 0.98 ~ 11.8 kPa。膨胀水箱应无渗漏、箱盖密封良好、通气孔畅通,否则就会破坏冷却液的回流,必须立即更换。

三、冷却强度调节装置

1. 节温器

1)节温器的构造原理

图 7-13　蜡式节温器外形

节温器安装在水泵的进水口或气缸盖的出水口。其作用是根据发动机负荷和冷却液温度的高低自动改变冷却液的循环路线及流量,以使发动机始终保持正常的工作温度。目前汽车上多采用蜡式节温器(图 7-13),其核心部分为蜡质感温元件。

东风 EQ6100-1 型发动机的蜡式节温器的构造如图 7-14所示。推杆的上端固定于支架,下端插入胶管的中心孔内。胶管与节温器外壳之间的环形内腔装有石蜡。节温器外壳上端套装有主阀门,下端套装有副阀门,弹簧位于主阀门与支架下底之间。

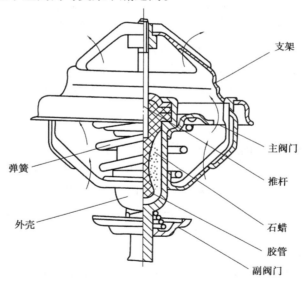

图 7-14　东风 EQ6100-1 型发动机蜡式节温器

当冷却水温度低于 349 K(76 ℃)时,石蜡为固体,在弹簧的作用下,节温器外壳处于最上端位置,此时主阀门关闭,副阀门打开。来自发动机缸盖出水口的冷却水从副阀门进入小循环软管,经水泵又流回水套中,如图 7-15(a)所示。

当发动机冷却水温度达到 349 K(76 ℃)时,石蜡逐渐变成液态,体积膨胀而产生推力。由于节温器外壳为刚性件,石蜡迫使胶管收缩而对推杆锥状端头产生推力。因推杆固定于支架不能移动,其反推力迫使胶管、节温器外壳下移。这时,主阀门开始打开,有部分冷却水经主阀门进入散热器散热。

　　当水温超过 359 K(86 ℃)时,主阀门全开,副阀门刚好关闭,从缸盖出水口流出的冷却水全部经主阀门进入散热器散热。此时,冷却水流动路线长、流量大,冷却强度增大,称为大循环,如图 7-15(b)所示。

　　当发动机内冷却水处于上述两种温度之间时,主阀门和副阀门均部分开放,故冷却水的大小循环同时存在。此时冷却水的循环称为混合循环。

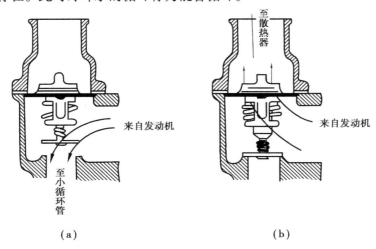

图 7-15　蜡式节温器工作原理

　　发动机水温由高温状态下降时,液态石蜡逐渐恢复成固态,在弹簧的弹力作用下,节温器外壳逐渐上移,先将副阀门打开;温度下降至 349 K(76 ℃)以下时,主阀门关闭。

　　桑塔纳轿车发动机的蜡式节温器 7 安装于水泵下部,如图 7-16 所示。小循环水泵进水口 3 通过软管与缸盖出水口相通,水泵主进水管 6 通过软管与散热器下水室相通。当冷却水温度低于 358 K(85 ℃)时,节温器阀门不打开,冷却水只能进行小循环。当冷却水温度高于358 K(85 ℃)时,节温器阀门开始打开,冷却水大、小循环都进行。当冷却水温度达到 378 K(105 ℃)时,节温器阀门全部打开,只进行大循环。

　　2)节温器的检修

　　节温器的常见故障为:使主阀门开启和全开时的温度过高,甚至不能开启;节温器关闭不严。前者将造成冷却水不能有效地进行大循环,致使发动机过热;后者将造成发动机升温缓慢,发动机过冷。此外,随着节温器性能逐渐衰退,主阀门的开度将逐渐减小,造成进入大循环的冷却水流量减少,冷却系将逐渐过热。

　　检查时,把节温器放在盛有水的器皿中,如图 7-17 所示。然后加热,检查主阀门开始开启和完全开启时的温度,以及全开时主阀门的升程。如 EQ6100-1 型和 CA6102 型发动机的节温器主阀门开启温度为 349 K(76 ℃);全开温度为 359 K(86 ℃)左右。节温器的主阀门在全开时最大升程为 8.50 mm,使用限度为 6 mm,如升程减小到上述限度时,冷却水的循环量将减少 1/10 左右,这将影响发动机的散热效果。节温器的性能检验若不符合上述要求时,一般应予更换。

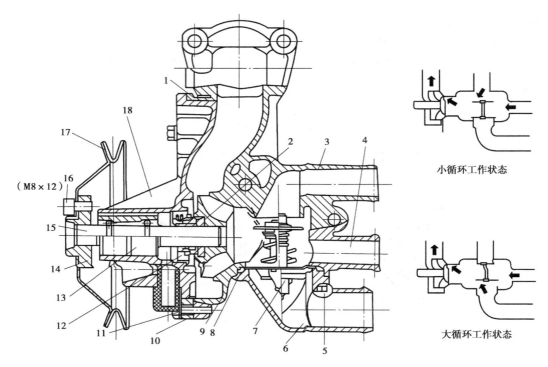

图 7-16　桑塔纳轿车水泵与节温器

1—密封垫;2—水泵叶轮;3—小循环水泵进水口;4—热交换器(暖气)回水进水口;
5—进水管紧固螺栓;6—水泵主进水管;7—节温器;8—密封圈;9—水泵壳体;
10—密封垫;11—水泵壳连接螺栓;12—水封;13—轴承;14—水泵轴凸缘;15—水泵轴;
16—水泵带轮紧固螺栓;17—水泵带盘;18—水泵前壳体

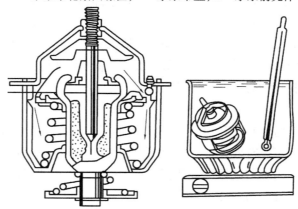

图 7-17　检查节温器

2. 风扇

1)风扇的构造形式

风扇的作用是提高流经散热器的空气流速和流量,以增强散热器的散热能力并冷却发动机附件。风扇多为轴流式,装在发动机与散热器之间。

风扇的扇风量主要取决于风扇的直径、转速、叶片形状及安装角等。

　　风扇的结构形式很多,目前车用水冷发动机大多采用轴流式风扇,如图 7-18 所示。风扇叶片多用薄钢板压制或塑料压塑而成,数目为 4 ~ 6 片。为减小叶片旋转时的振动和噪声,叶片之间的夹角一般不相等。叶片与其旋转平面成 30° ~ 45°的安装倾斜角,借以产生吸风能力,使空气沿轴向流动。轿车及轻型载货汽车还常使用翼形断面的整体风扇,它由铝合金、尼龙等材料制成,可提高风扇的效率,减小功率消耗,降低噪声。

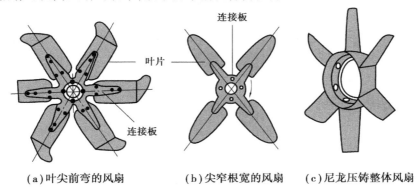

（a）叶尖前弯的风扇　　　　（b）尖窄根宽的风扇　　　（c）尼龙压铸整体风扇

图 7-18　风扇形式

　　对于纵置式发动机,风扇一般用螺钉安装在水泵轴前端的皮带轮或凸缘盘上,通常和发电机一起由曲轴通过 V 形皮带驱动。若皮带过松,皮带将在带轮上打滑,风扇和水泵转速下降,扇风量和泵水量减小,使发动机过热;皮带过紧,将增加轴承和皮带的磨损。因此,常将发电机支架做成可移动式的,以便调节皮带的紧度。

　　现代轿车大多采用独立安装的电动风扇(图 7-19),特别是横置式发动机。电动机的开关由散热器的水温开关控制,并且有高低速两个挡位。低速挡在低温时使用,高速挡在高温时使用,需要冷却时自动起作用。这样,在一般行驶条件下,电动风扇几乎不转,功率消耗减少,油耗率降低,而在低速大负荷时又能得到充分冷却。

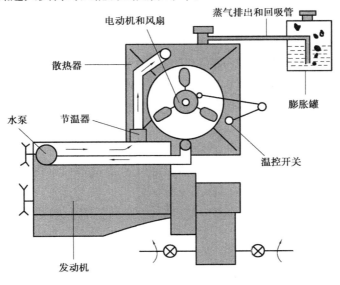

图 7-19　电动风扇

2）风扇的检修

风扇叶片出现破损、弯曲、变形后,应及时更换。由于风扇连接板强度不足或其他原因使风扇叶片弯曲或扭曲变形,破坏了风扇叶片原设计的角度,使其丧失平衡性能,不但影响通过散热器的空气流速和流量,降低散热器的冷却能力,甚至打坏散热器,加速水泵轴承、水封的损坏,大幅度增加风扇的噪声。有条件时,对风扇带轮组件应进行静平衡试验,静不平衡值不得大于 20 g·cm。

电动风扇一般采用双速直流电机驱动散热风扇。如桑塔纳轿车,散热风扇电机的通、断电和变速,是由装在散热器一侧的温控(热敏)开关来控制的。当冷却液温度高于 368 K(95 ℃)时,温控开关的低温触点闭合,风扇电机以 1 600 r/min 的转速低速转动;当冷却液温度升高到 378 K(105 ℃)时,温控开关的高温触点合上,风扇电机便以 2 400 r/min 的转速高速转动。

风扇低速挡的切断温度为 357~366 K(84~93 ℃)。在发动机熄火后,如散热器的温度仍高于 357~366 K(84~93 ℃),风扇还继续运转是正常的;如果温度低于 357 K(84 ℃),风扇还在运转是不正常的,应先检查温控开关。高速挡的切断温度为 366~371 K(93~98 ℃)。另外,当冷却液温度超过 397 K(124 ℃)或液面低于规定值时,装在膨胀水箱内的报警开关接通,位于水温表上的报警灯点亮,以示报警。此时,应立即停车检查冷却液液面是否过低,散热风扇是否停转。如需要,应补加冷却液,或检查散热风扇的电路及其元件。通过直接连接温控开关接插件内的 12 V 电源线和电机两接线,可判断出温控开关的好坏。若使这两线头连接后风扇开始运转,而在高温时接上温控开关接插件后风扇却不转,则为温控开关损坏,应换新件。若使这两线头连接后风扇仍不转,应检查散热风扇电机及其熔断器等。

桑塔纳轿车的冷凝器也是靠冷却系的散热风扇冷却的,当接通空调开关时,空调继电器接通电源和风扇电机,散热风扇应常转。若接通空调开关后散热风扇不转,可按上述电路原理用跨线法逐个检查短路电路中的串联元件,查找故障原因。

3. 控制装置

风扇控制装置用以控制风扇的工作与转速,改变流经散热器芯的空气流量,从而调节冷却系的冷却强度,保证发动机始终在最有利的温度范围内工作,提高发动机的使用寿命。风扇控制装置通常有两种:机械控制和电动控制。机械控制中比较常见的是温控开关控制风扇,电动控制风扇一般都采用温度传感器向发动机控制模块(ECU)发送信号,由电脑实现控制。

1)机械风扇控制装置

机械风扇控制装置的形式很多,轿车上采用的主要有硅油风扇离合器和电磁风扇离合器两种风扇控制装置。

(1)硅油风扇离合器。硅油风扇离合器以硅油为介质,通过散热器芯吹向风扇的气流温度的高低改变风扇转速。图 7-20 为丰田车所用硅油风扇离合器实物图。硅油风崩离合器的结构和工作原理如图 7-21 所示。当冷却液温度不高时,双金属感温器不带动阀片偏转,进油孔关闭,工作腔内无油,风扇离合器处于分离状态。这时仅由于密封毛毡圈和轴承的摩擦,使风扇随同离合器壳体一起在主动轴上空转打滑,转速很低。当散热器冷却液的温度升高,吹向双金属感温器的气流温度超过 338 K(65 ℃)时,阀片转到将进油孔 A 打开的位置,于是硅油从贮油腔进入工作腔。主动板利用硅油的黏性带动离合器壳体和风扇转动。此时离合器处于接合状态,风扇转速提高,以适应发动机增强冷却的需要。若散热器冷却液的温度降低,流经双金属感温器的气流温度低于 308 K(35 ℃)时,双金属感温器复原,阀片将进油孔关闭。工作腔内油液继续从回油孔流向贮油腔,直至甩空为止。这时风扇离合器又回到分离状态。漏油孔的作用是防止风扇离合器在静态时从阀片轴周围泄漏硅油。

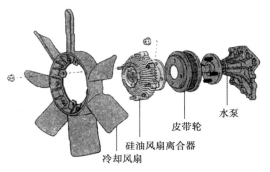

图7-20 丰田车所用硅油风扇离合器

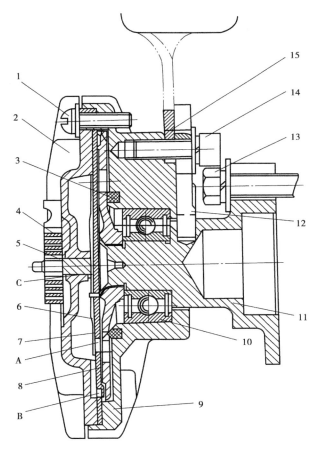

图7-21 硅油风扇离合器的结构

1—螺钉;2—前盖;3—密封毛毡圈;4—双金属感温器;5—阀片轴;6—阀片;
7—主动板;8—从动板;9—壳体;10—轴承;11—主动轴;12—锁止板;13—螺栓;
14—圆柱头内六角螺钉;15—风扇;A—进油孔;B—回油孔;C—漏油孔

(2)电磁风扇离合器。电磁风扇离合器根据冷却液温度,通过冷却液温控开关和电路控制风扇的运转。图 7-22 所示为电磁风扇离合器的一种结构形式。该电磁风扇离合器由主动和被动两部分组成,主动部分由有 V 带槽的电磁壳体、线圈、滑环和摩擦片组成,线圈用环氧树脂固定在电磁壳体内。摩擦片和滑环分别固定在电磁壳体上,电磁壳体用螺母固定在水泵轴上。从动部分包括风扇毂、风扇、导销和衔铁等零件。风扇用螺栓固定在风扇毂上,风扇毂通过球面轴承装配在电磁壳体上。衔铁通过导销、弹簧以及开口销等装配在风扇毂上,并可随导销做轴向移动。引线壳体装在防护罩上,中心孔内的炭刷在弹簧作用下与滑环保持常接触状态,从水温感应开关引来的导线接在接线柱上。

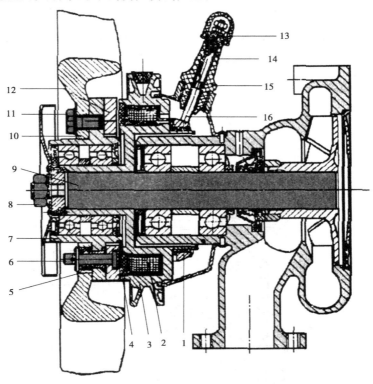

图 7-22　电磁风扇离合器的结构

1—滑环;2—线圈;3—电磁壳体;4—摩擦片;5—弹簧;6—导销;7—风扇毂;8—螺母;
9—水泵轴;10—风扇;11—螺钉;12—衔铁;13—接线柱;14—弹簧;15—引线壳体;16—炭刷

发动机工作时,电磁壳体由皮带轮上的皮带带动运转。当冷却液温度低于某一规定值时,温控开关电路断开,线圈不通,衔铁在弹簧的作用下由导销拉向左方,离合器处于分离状态。当发动机水温超过某一规定值时,水温感应开关电路自动接通,线圈通电,电磁壳体吸住衔铁将摩擦片压紧,离合器处于接合状态,风扇毂随电磁壳体一起转动。

2)电动风扇控制装置

电动风扇的控制装置一般分为两种。一种由继电器和冷却液温度传感器等元件组成,控制风扇的工作,如图 7-23 所示。当冷却液温度达到某一规定值(车型不同则温度值不同),传感器接通继电器控制电路,将电动风扇电源接通,风扇转动;当冷却液温度降到某一规定值时,传感器切断继电器控制电路,将风扇电源断开,使风扇停止运转。

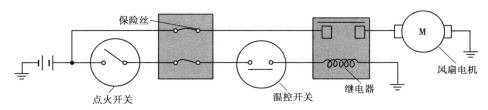

图 7-23　普通电动风扇控制电路

另一种是用电脑控制冷却风扇转速。电脑根据冷却液温度传感器、车速传感器、进气温度传感器、空调开关和空调制冷剂压力传感器等信号控制风扇继电器结合或断开,实现对风扇转速的控制,上海通用别克就采用这种控制方式。当冷却液温度达到 103 ~ 106 ℃,或空调离合器被请求,或车速低于 35 mile/h 时,风扇继电器被命令打开,对发动机进行散热。如果设置故障代码且故障指示灯(MIL)灯亮,发动机冷却液温度为 115 ~ 118 ℃,空调制冷剂压力高,则无论车速是多少,风扇继电器都将打开。

3)风扇离合器的检修

电磁风扇离合器在汽车二级维护时,应进行就车检查。检查时,使风扇离合器脱离温控器的控制,打开点火开关并接通电磁风扇离合器,风扇应转动平稳,工作电流应符合原设计规定的范围。

硅油风扇离合器在日常维护时,应进行就车冷态检视。当汽车停放 12 h 后,在发动机起动前用手指拨动风扇叶片,此时应感到有明显的转动阻力。当发动机起动后 1 ~ 2 min 时熄火,此时拨转风扇叶片,应感到转动阻力明显减小,可以认为硅油风扇离合器工作正常。因为发动机在正常工作温度下熄火后,工作腔中的硅油相当一部分滞留其间。起动前,手拨风扇叶片就会感到明显的阻力存在。发动机起动后运转 1 ~ 2 min 的过程中,由于发动机的工作温度尚低,工作腔的硅油受搅动而完全流回贮液室,所以再拨动风扇叶片时,转动阻力就会明显减小。二级维护时,应就车检查风扇离合器的接合、分离状况。在风扇和散热器之间,测量风扇离合器开始接合或分离时散热器后端热风流的温度,应符合原厂的规定。如 CAl091 型汽车风扇离合器开始接合时的温度为 338 K(65 ℃),开始分离的温度为 343 K(70 ℃);北京切诺基汽车的接合温度为 345 K(72 ℃)。

4. 温度报警装置

如果发动机过热,温度报警系统就会提醒驾驶员。温度报警指示器可能是仪表板上的指示灯或者温度表。在温度报警灯电路中,如果发动机温度接近冷却液沸点,冷却系统中的温度开关使得报警灯接地,灯泡点亮。温度正常时,开关触点又使报警灯电路断路。而在温度表系统中,仪表双金属杆和加热线圈与温度传感器连接在一起。接通点火开关时,电压由点火线圈加到温度表中的加热线圈上。如果冷却液温度很低,传感器电阻很高,此时流过加热线圈和传感器的电流很小,不能使双金属杆受热,表指针就停留在低温处。当冷却液温度增高时,传感器电阻减小,电流增大,使得双金属杆受热弯曲,带动表针移动,指向相应的温度。

5. 百叶窗

在某些汽车发动机散热器的前面还装有起辅助调节冷却强度的百叶窗,如图 7-24 所示。百叶窗的作用是在冷却液温度较低时改变吹过散热器的空气流量,从而控制冷却强度。

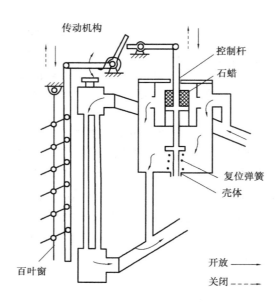

传动机构
控制杆
石蜡
复位弹簧
壳体
百叶窗
开放 ——→
关闭 - - - ->

图 7-24　百叶窗自动调节装置示意图

在严寒的冬季,冷却液温度过低时,即使由于节温器的作用,冷却液也只进行小循环,发动机冷却液温度仍会过低。此时关闭百叶窗可使冷却液温度回升。百叶窗安装在散热器前面,它是由许多片活动挡板组成的。挡板垂直或水平安装,由驾驶员通过装在驾驶室内的手柄操纵调节挡板的开度;也可由温度传感器根据水温的高低自动调节百叶窗挡板的开度。

实训项目十四　冷却系统维护与检测

实训目的及要求

(1)熟悉冷却系的组成及各部件的装配、主要机件的构造、冷却水的循环路线及控制方式。

(2)掌握冷却系主要零件的检验方法。

(3)能维护冷却系统。

实训设备及工量具

(1)设备:汽车发动机,实训车辆。

(2)工量具:套装工具,电炉,万用表,温度计。

实训内容

一、冷却系统维护

1.排放冷却液

拆下散热器加水口盖并把加热器控制阀打开到最大加热位置。打开散热器底部和发动机机体的泄水阀或拆下塞子。直列式发动机通常有一个塞子或泄水阀,V形发动机则有两个,每一列气缸上有一个。

2.冲洗散热器

警告:一些制造厂商使用铝和塑料散热器,冲洗溶液必须与铝材相适应。

把冲洗枪连接到散热器的出水口上,断开进水软管,为防止淹没发动机,使用连接到散热器进水口的软管。间断地在软管中使用空气以防止损坏散热器。持续冲洗,直到流出的冲洗液清洁。

3.重新注入冷却液

为了防止空气进入发动机气缸体,重新添加冷却液时应运转发动机。冷却系统被加满时,继续运行发动机直到节温器打开,然后重新检查冷却液液面高度。不要给冷却系统加入过多的冷却液。

二、冷却系统部件测试

1.节温器测试

拆下节温器检查是否腐蚀,检查阀是否正常落座。如果正常,把节温器和温度计悬挂到1:1的冷却液和水的混合物中,如图 7-25 所示。切忌把温度计和节温器与容器接触,加热水直到节温器开始打开。

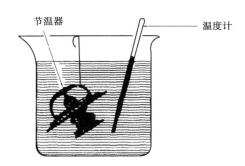

注意:此时温度计的读数就是节温器的初始打开温度,此温度应符合规范,继续给水加热直到节温器完全打开,注意温度计读数,这时的读数是节

图 7-25　在冷却液/水溶液中测试节温器

温器完全打开的温度。如果两读数中有任何一个不符合规范,应更换节温器。

2.压力测试

用压力测试仪检查散热器加水口和整个冷却系统。应遵循压力测试仪制造厂商的说明,并按照如下步骤测试:

1)散热器加水口盖压力测试

直观检查散热器加水口。如果加水口盖看上去正常,把压力测试仪连接到加水口盖上,如图 7-26 所示。用压力测试仪给散热器加水口盖施加规定的全压力,如果加水口不能保持压力,更换加水口。

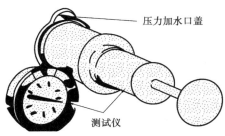

图 7-26　散热器加水口盖压力测试

2)冷却系统压力测试

关闭点火开关,并让发动机冷却。确保散热器冷却液液面正确。拆下加水口盖,并把压力测试仪连接到散热器上(图7-26)。用压力测试仪给散热器加规定的压力。如果压力下降,检查外部是否泄漏。如果没有发现泄漏,起动发动机,并使其怠速运转。如果系统立刻建立起压力,检查气缸盖和气缸体是否被擦伤。如果不能够立刻建立起压力,应继续测试。

警告:切记不要在冷却系统中建立过大的压力,否则会损坏冷却系统。

使用压力测试仪给冷却系统加压到散热器加水口盖的压力规范值。如果压了 J 表指针摆动,表明压缩气体或燃烧气体泄漏到冷却系统中。把每一火花塞短接到气缸体上以查明泄漏位置。短接泄漏的气缸时,压力表指针将会停止摆动或指示数值下降。

三、冷却系常见故障诊断与排除

冷却系主要故障是发动机过热。过热现象主要有:冷却液充足但发动机过热,冷却液不足引起发动机过热,发动机突然过热等。

1.冷却液充足但发动机过热

1)现象

发动机的冷却液充足,但在行驶中冷却液温度超过 363 K(90 ℃)(轿车超过 373 K),直至沸腾(俗称"开锅");或运行中冷却液在 363 K(90 ℃)以上,如一停车,冷却液立刻沸腾。

2)原因

主要原因有两个方面:首先是冷却系的散热能力下降,其次是发动机产生的热量增加。

(1)冷却系本身的原因有:

①百叶窗不能开启或开度不足。

②风扇皮带太松或因油污而打滑。

③散热器出水管老化吸瘪或内壁脱层堵塞。

④冷却风扇装反,或风扇规格不对。

⑤电动风扇不转,或风扇离合器损坏,使风扇不转或转速过低。

⑥节温器失效,使冷却液大循环受阻。

⑦水套水垢沉积过多,或分水管堵塞,分水不畅。

⑧散热器内芯管堵塞,或散热片倾倒过多。

⑨水泵损坏。

⑩气缸垫烧穿,或缸盖出现裂缝,使高温气体进入冷却系。

(2)其他系统的原因有:

①点火时间过迟。

②混合气过浓或过稀。

③燃烧室积炭过多。

④发动机机油量不足,或机油散热器工作不良。

⑤汽车使用条件的影响(如道路、气候、风向和负荷等)。

3)故障诊断与排除方法

①先检查百叶窗是否打开或开度不足。若开度足够,再检查风扇的转动情况及风扇皮带是否打滑。如风扇不转或转速太低,可调整风扇皮带松紧度,或检查风扇离合器,或检查风扇电机及温控开关的好坏,若损坏,则应更换新件。

②若风扇转动正常,再用手分别感觉散热器和发动机的温度。若散热器温度低,而发动机温度高,说明冷却液循环不良。应检查散热器出水胶管是否被吸瘪,或胶管内壁有脱层堵塞,若胶管被吸瘪,应更换新管。

③如散热器出水良好,应拆松散热器进水管,起动发动机试验,冷却液应有力排出。否则,说明水泵或节温器有故障。应进一步拆下节温器试验,若散热器的进水管仍不排水,则说明水泵有故障;拆下节温器后,若散热器的进水管变得排水有力了,则故障就在节温器,应换新件。

④检查散热器各部温度是否均匀。如果冷热不均,说明散热器内部芯管有堵塞或散热片倾倒过多。

⑤检查发动机各部温度是否均匀。如发动机的后端温度高于前端,则说明分水管已损坏或堵塞,应换新件。

⑥若以上检查正常,在水温过高的同时,发动机动力明显下降,并从水箱的加水口处涌出高温气体或从排气管处排出水蒸气,则应检查气缸垫是否烧坏。

⑦对于长期未清洗水垢的发动机,若出现过热无法排除时,应考虑水套内积垢太多,可采用化学溶剂法清洗水垢。

⑧还应检查是否由其他系统的原因引起过热。

⑨若发动机及冷却液温度正常,冷却液位也正常,而水温表指示水温过高,或水温过高报警灯点亮,则为水温表、报警灯电路或元件故障。

2. 冷却液不足引起发动机过热

1)现象

发动机冷却系容纳不了规定的冷却水量,或在运行中冷却液消耗异常,使发动机过热。

2)原因

①冷却水套或散热器积垢过多或堵塞。

②散热器漏水。

③散热器盖的进、排气阀失效。

④水泵水封不良或叶轮密封垫圈磨损过甚而漏水。

⑤冷却系其他部位漏水。

⑥气缸垫水道孔与气缸相通。

⑦个别进气通道破裂漏水。

⑧气门室内壁破裂漏水。

3)故障诊断与排除方法

①在发动机运转时,首先检查冷却系外部是否漏水,如散热器、水管连接处等。

②水泵泄水孔漏水,常被误认为散热器出水管漏水,可用一干燥洁净木条伸到水泵的泄

水孔处,若木条上有水,说明水泵漏水。

③若冷却系外部不漏水,则应考虑冷却系内部漏水。若发动机运转时,排气管排出大量的水蒸气,或拔出机油尺发现机油中有水,则表示水套破裂或气缸垫水道孔破损,致使冷却水漏入曲轴箱、气缸内或进、排气道内。

3. 发动机突然过热

1) 现象

冷车起动后,发动机水温迅速升高而产生沸腾现象;汽车行驶中发动机突然过热。

2) 原因

①风扇皮带断裂。

②水泵轴与叶轮脱转。

③冷却系严重漏水。

④节温器主阀门脱落致使冷却液不能进行大循环。

⑤气缸垫烧穿,或缸盖出现裂缝,高温气体进入冷却系。

3) 故障诊断与排除方法

若汽车在行驶中发动机突然过热,且冷却液沸腾后,切莫使发动机立即熄火,应怠速运转散热 5min,待冷却液温度下降后,再补加冷却液。

①首先检查冷却液数量是否充足,再检查风扇是否转动。若风扇停转,应查看风扇皮带是否断裂;硅油风扇离合器或电磁式风扇离合器是否损坏;若为电动风扇,应检查水温开关、风扇电机及其电路是否损坏。

②若风扇运转正常,冷却液数量足够,可用手感觉散热器和发动机的温度,如发动机温度很高,而散热器温度很低,说明水泵损坏或节温器失灵。

③若冷态发动机起动后,水箱口立即向外溢水并排出大量气泡,呈现冷却液沸腾状态,多为气缸套、气缸盖出现裂纹或气缸垫烧蚀,使高温高压气体窜入水套。此时,应分解缸盖、缸体,焊修裂纹或更换气缸套、气缸垫。

实训工单

实训项目		专业班级	
姓名		学号	
实训小组		日期	

一、实训要求

二、实训内容

三、实训步骤

四、评价(优 、良 、差)

	自我评价	学生互评	老师评价	总　评
实训情况				
实训态度				
卫生打扫				

项目 $\mathit{8}$

润滑系构造与维修

活动一 润滑系作用、组成和工作原理

📖 **学习目标**

(1)知道润滑系组成。

(2)知道润滑系功用。

(3)知道润滑系工作原理。

📖 **学习内容**

一、润滑系作用和润滑方式

润滑系的主要作用就是对发动机中相对运动的零件的摩擦表面进行润滑。

发动机工作时,相对运动的零件很多,如:曲轴、凸轮轴与轴承,活塞与缸壁,气门与导管,挺柱或摇臂与凸轮等。无论零件表面加工精度如何高,都必须在两零件的摩擦表面之间保持一层润滑油膜,以减少零件的磨损和功率的消耗。

两零件摩擦表面直接接触的摩擦,称为干摩擦。干摩擦不但阻力很大,造成发动机功率消耗的增大,还会使零件的磨损速度加快、使用寿命缩短。更为严重的是,由于干摩擦时发热量很大,会在短时间内使零件温度迅速升高,破坏配合间隙,使运动件的运动受阻,升高的温度还会使零件表面熔化而粘着,造成发动机严重的机械事故甚至报废。

润滑系的基本任务就是将机油不断供给各零件的摩擦表面,减小零件的摩擦和磨损。同时,润滑油流经各零件表面时,会带走零件摩擦表面的热量;清除零件表面的金属磨屑,以及空气带入的尘土及燃烧产生的炭粒等杂质;在零件表面形成的油膜,还会保护零件免受水、空气和燃气的直接作用,防止零件受到化学及氧的腐蚀;润滑油有一定的黏度,还可以填补缸壁与活塞环之间的间隙,减少气体的泄漏,起到密封作用。

因此,润滑系除了润滑作用外,还具有散热、清洗、保护和密封等作用。

发动机各零件的润滑强度取决于该零件的环境,相对运动速度和承受机械负荷、热负荷的大小。根据润滑强度的不同,发动机润滑系采用下面几种润滑方式:

1. 压力润滑

压力润滑是利用机油泵,将具有一定压力的润滑油源源不断地送到零件的摩擦面间,形成具有一定厚度并能承受一定机械负荷的油膜,尽量将两摩擦零件完全隔开,实现可靠的润滑。发动机上一些相对速度高、机械负荷大的零件,都采用这种润滑方式,如曲轴各轴颈与轴承之间、凸轮轴颈与轴承之间、摇臂轴与摇臂之间等部位。采用压力润滑,必须在缸体或者缸盖上设有专门的油道来向这些部位输送润滑油。

2. 飞溅润滑

飞溅润滑是利用发动机工作时某些运动零件(主要是曲轴和凸轮轴)旋转时飞溅起的或从连杆大头上专设的油孔喷出的油滴和油雾,对摩擦表面进行润滑的一种方式。飞溅润滑适合于:暴露的零件表面,如缸壁、凸轮等;相对运动速度较低的零件,如活塞销等;机械负荷较轻的零件,如挺柱等。气缸壁采用飞溅润滑,还可防止由于润滑油压力过高、油量过大而窜入燃烧室,导致发动机工作条件的恶化。

3. 定期润滑

对一些不太重要、分散的部位,应采用定期加注润滑脂的方式进行润滑,如发动机水泵轴承、发电机、起动机和分电器等总成的润滑,即采用这种方式。

二、润滑系的组成

润滑系由油底壳、机油泵、机油滤清器、限压阀、旁通阀、机油压力表、机油标尺等组成,如图 8-1 所示。

润滑系中必须具有为进行润滑和保证机油循环而建立足够油压的机油泵、贮存润滑油的容器——油底壳、由润滑油管以及在发动机机体上加工出的一系列润滑油道的循环油道;并且,油路中还必须有限制最高油压的装置——限压阀,它既可以附于机油泵中,也可以单独设置。这样才能使发动机得到必要的润滑,现代发动机的润滑系中还必须设有机油滤清器。因为发动机在工作过程中,会将混有发动机零件的金属磨屑和其他机械杂质等,以及机油本身生成的胶质,混入润滑油。这些杂质若随同润滑油进入润滑油路,必将加速发动机零件的磨损,甚至堵塞油管或油道,使发动机润滑无法进行。

一般发动机采用汽车行驶中的迎面空气流吹拂油底壳的方式来冷却润滑油。在热负荷较高的发动机上,一般应设置润滑油散热器,来加强润滑油的冷却。由于润滑油在循环过程中吸收零件摩擦所产生的热量会引起温度升高,如果润滑油温度过高则其黏度下降,在摩擦表面不易形成油膜,此外还会加速润滑油老化变质,缩短润滑油使用期。因此,应对润滑油进行适当冷却,以保持油温在正常范围之内,即 70 ~ 90 ℃。另外,发动机都设有指示润滑油压力的机油压力表及报警装置,如油压过低报警灯、蜂鸣器。这可以让驾驶员随时掌握润滑系的工作状况。有些发动机还装有润滑油温度表。

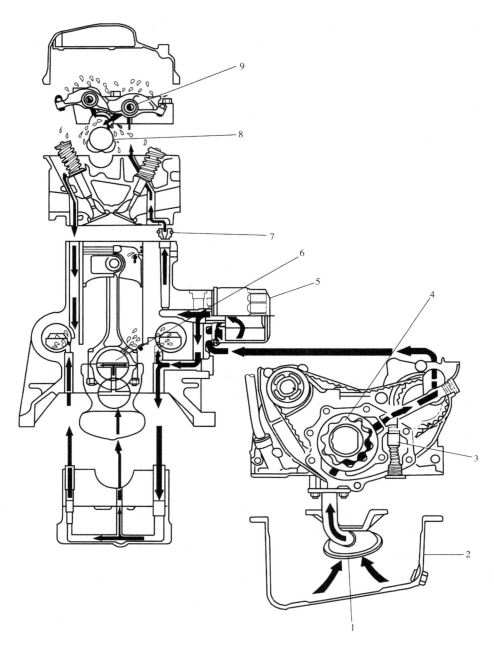

图 8-1　本田轿车发动机润滑系

1—机油集滤器;2—油底壳;3—限压阀;4—机油泵;5—机油滤清器;
6—曲轴;7—机油控制节流孔;8—凸轮轴;9—插臂轴

三、润滑系的油路

桑塔纳 2000 型轿车发动机润滑系统布置概况,如图 8-2 所示。机油泵 2 通过集滤器 3 从油底壳 4 中吸上机油,以防止大的杂质进到机油泵内。当油压太高或流量太大时,机油由安全阀 6 旁流部分回油底壳 4。具有一定压力的机油进入滤清器 7 进一步滤清,大部分进入发动机主油道 8,另一小部分压力油首先进入凸轮轴 13 的轴承,再进入气门机构。之后流回油底壳进入主油道 8 的压力机油又分成两路:一路经曲轴内部油道进入连杆大端轴承,再经连杆油道进入连杆小端轴承,最后流回油底壳,另一路则进入中间轴 11 的轴承(AJR 发动机已取消中间轴),然后回油底 4。

　　机油滤清器盖上装一只拧紧力矩为 25 N·m 的压力开关,起动压力为 0.18 MPa。如果机油滤清器阻塞,机油能短路直接进入主油道,不影响发动机正常工作。主油道上有 5 条分油道,对准 5 个主轴承。缸盖上凸轮轴总油道尾端,也是整个压力油润滑路线的终端,在此也装一只开关,即最低压力报警开关,动作压力为 30 kPa。活塞与缸壁之间靠飞溅润滑。桑塔纳 2000 型轿车发动机润滑系统的循环路线,如图 8-3 所示。

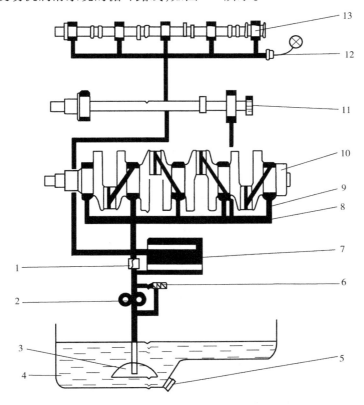

图 8-2　桑塔纳 2000 型发动机润滑系统示意图

1—旁通阀;2—机油泵;3—集滤器;4—油底壳;5—放油塞;6—安全阀;

7—机油滤清器;8—主油道;9—分油道;10—曲轴;11—中间轴;

12—压力开关;13—凸轮轴

　　图 8-4 和图 8-5 分别为富康轿车发动机润滑系组成和润滑油路示意图。该润滑系中曲轴的主轴颈、连杆轴颈凸轮轴轴颈、摇臂轴等均采用压力润滑,其余采用飞溅润滑。

　　当发动机工作时,机油泵 2 经机油集滤器 1 从油底壳中吸取机油,这样可以防止大的机械杂质进到机油泵内。机油泵使机油产生一定的压力而输出。从机油泵输出的机油进入机油滤清器 3,滤去机油中的机械杂质后流入气缸体主油道 5。缸体主油道的机油分两路,一路

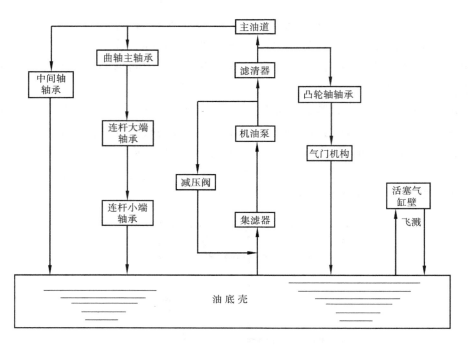

图 8-3　桑塔纳 2000 型轿车发动机润滑系统的循环路线

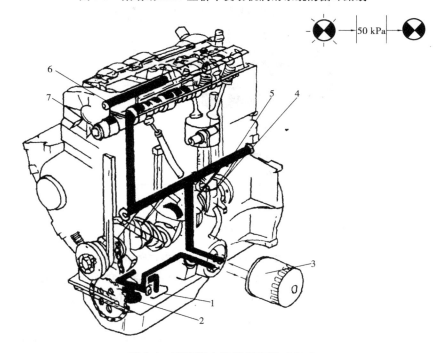

图 8-4　富康轿车发动机润滑系组成

1—机油集滤器;2—机油泵;3—机油滤清器;
4—机油压力传感器;5—主油道;6—摇臂轴;7—凸轮轴

通过五条并联的横向油道分别流向曲轴各主轴颈,再通过曲轴中的斜油道流向连杆轴颈,润滑主轴颈和连杆轴颈;另一路通过气缸盖上的纵向油道去润滑顶置式凸轮轴 7 和摇臂轴 6。

在主油道中还装有压力传感器 4,并通过导线与驾驶室中的机油压力表连接,以显示工作状态时润滑系中的机油压力。在机油泵中设置有限压阀,限制了机油泵的最高压力。当机油泵泵油压力高于一定值时,限压阀打开,机油通过限压阀流回机油泵的进油口,从而保护了机油泵不因泵油压力过高而损坏。

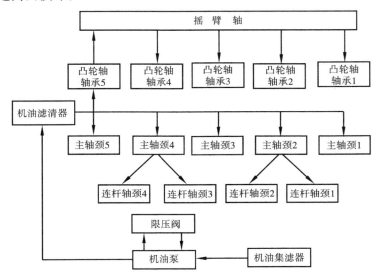

图 8-5　富康轿车发动机润滑油路

图 8-6 和图 8-7 分别为切诺基轿车发动机润滑系组成图和润滑油路示意图。与富康轿车发动机一样,切诺基轿车发动机的润滑方式,同样为压力润滑与飞溅润滑的综合方式。对负荷大、运动速度高的零件(例如主轴承、连杆轴承等)采用压力润滑,以确保润滑可靠。对负荷不大,速度不高,露在外面的零件(例如配气机构的凸轮气缸等)采用飞溅润滑。

活动二　润滑系主要部件的构造与检修

📖 **学习目标**
(1)知道机油泵的构造和工作原理。
(2)知道机油滤清器构造和工作原理。
(3)能描述机油检测方法。
(4)能描述曲轴箱通风原理。

📖 **学习内容**

一、机油泵

1.机油泵的构造和工作原理

机油泵的作用是把一定压力和数量的润滑油供到主油道。机油泵根据结构形式可分为齿轮式和转子式两类。齿轮式机油泵又分为内接齿轮式和外接齿轮式,一般把后者称为齿轮

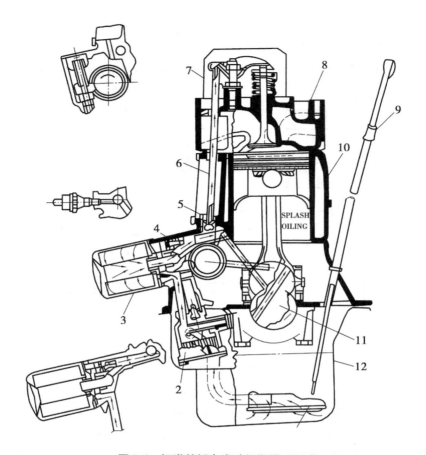

图8-6　切诺基轿车发动机润滑系组成

1—集滤器;2—机油泵;3—机油滤清器;4—旁通阀;5—液压挺柱;6—推杆;
7—气门室罩;8—气缸盖;9—机油尺;10—缸体;11—曲轴;12—机油盘

式机油泵。

1)齿轮式机油泵

(1)齿轮式机油泵的构造。齿轮式机油泵由泵体、驱动轴、主动齿轮、从动齿轮、泵盖和限压阀等组成,如图8-8所示。通用公司雪佛兰、上海别克和一汽奥迪轿车发动机均采用齿轮式机油泵,它用螺钉固定在曲轴箱内。齿轮式机油泵由曲轴或凸轮轴经中间传动机构驱动。发动机工作时,机油泵向润滑系统不断地供油。如果机油泵磨损,机油泵的出口压力和进门真空都会下降,从而导致压力不足和流速减慢,发动机的零件可能因为缺少机油而损坏。

(2)齿轮式机油泵工作原理。如图8-9所示,在油泵壳体内装有一个主动齿轮和一个从动齿轮。齿轮与壳体内壁之间的间隙很小,壳体上有进油口。发动机工作时,齿轮按图中所示箭头方向旋转,进油腔的容积由于齿轮向脱离啮合方向运动而增大,腔内产生一定的真空度,机油便从进油口被吸入并充满进油腔。齿轮旋转时把齿间所存的机油带到出油腔内。由于出油腔一侧轮齿进入啮合,出油腔容积减小,油压升高,机油便经出油口送到发动机油道中。机油泵通常由凸轮轴上的斜齿轮或曲轴前端齿轮驱动。在发动机工作时,机油泵始终工作,从而保证机油在润滑油路中不断循环。

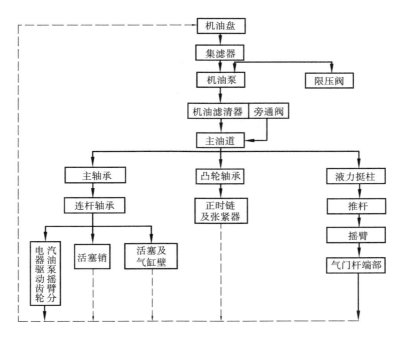

图 8-7　切诺基发电机润滑油路

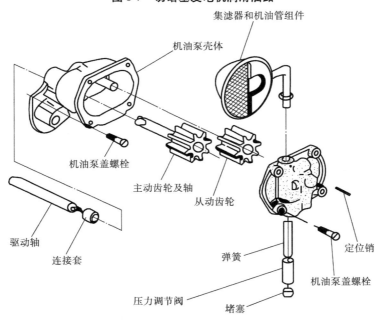

图 8-8　机油泵齿轮、壳体和有关零件

　　当齿轮进入啮合时,由于容积变小,啮合齿间的机油在齿轮间产生很大的推力,为此,在泵盖上铣出一条卸压槽,使轮齿啮合时齿间挤出的机油可以通过卸压槽流向出油腔。送油量及压力与齿轮转速成正比,发动机高速运转时,送油量和送油压力会超过规定值(一般为 0.5 ～ 0.6 MPa)。为此,机油泵上设有限压阀,当油压达到规定值时,限压阀打开,过量的机油就会流回油底壳或入口处,使油道内保持规定的压力。有些发动机的机油限压阀装在主油道或机

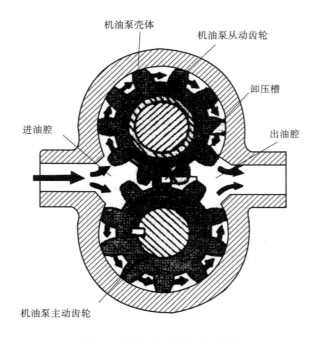

图8-9　齿轮式机油泵工作原理

油滤清器上。

内接齿轮式机油泵(图8-10)的工作原理与外接齿轮式机油泵或齿轮式机油泵相同。它由曲轴直接驱动,无需中间传动机构,所以其零件数量少、制造成本低、占用空间小、使用范围广。但是如果曲轴前端轴颈太粗,机油泵外形尺寸就会随之增大,发动机驱动机油泵的功率损失也会随之增加。

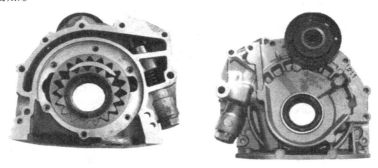

图8-10　内接齿轮式机油泵

2)转子式机油泵

(1)转子式机油泵的构造。转子式机油泵由泵体、内转子、外转子、泵盖和限压阀等组成,如图8-11所示。日本丰田R系列发动机、广州本田雅阁发动机、红旗CA7200E3和CA7200AE发动机等均采用这种机油泵。

(2)转子式机油泵的工作原理。如图8-12所示,主动的内转子和从动的外转子都装在油泵壳体内。内转子固定在主动轴上,外转子可以在油泵壳体内自由转动,两者之间有一定的偏心距。内转子旋转时,带动外转子旋转。转干齿形齿廓设计得使转子转到任何角度时,内、

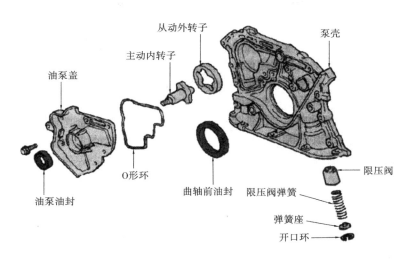

图 8-11 转子式机油泵解体图(丰田佳美)

外转子每个齿的齿形齿廓线上总能互相成点接触。这样,内、外转子间便形成四个工作腔。某一工作腔从进油孔转过时,容积增大,产生真空,机油便经进油孔吸入。转子继续旋转,当该工作腔与出油孔相通时,腔内容积减小,油压升高,机油便经出油孔压出。

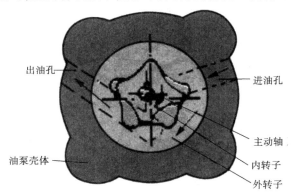

图 8-12 转子式机油泵工作原理

转子式机油泵结构紧凑,吸油真空度较高,泵油量较大,且供油均匀。当机油泵安装在曲轴箱外且位置较高时,用此种油泵较为合适。

机油泵一般由凸轮轴的螺旋齿轮直接或间接地通过传动轴驱动,传动比一般为 1∶1。

2. 机油泵的检修

1)转子式机油泵的检修

拆下机油压力调节阀的开口销和固定帽,然后拆下调节阀。拆下机油泵盖,将油封报废。

拆卸机油泵之前,标记机油泵转子的位置。典型的转子式机油泵如图 8-13 所示。取下机油泵内转子和轴及外转子,测量转子厚度和直径,检查转子轴是否擦伤或磨损,转子是否损坏或有凹坑。检查泵盖是否有沟槽或磨损。更换磨损或损坏的部件。

测量外转子到泵体的间隙,如果间隙超出规范值,应更换机油泵总成。测量转子之间的间隙,如图 8-14 所示,如果转子间隙超出规范值,更换转子轴和两个转子。把转子安装到泵体

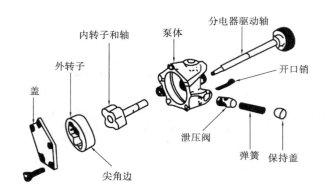

图 8-13　典型的转子式机油泵图

内,在泵体上横放一把直尺,用塞尺测量转子和直尺之间的间隙。用直尺和塞尺也可测量泵盖的磨损量。如果间隙超出规范值,更换机油泵。检查卸压阀的柱塞是否擦伤,如无擦伤,柱塞应能在孔中自由运动。测量卸压阀弹簧的自由长度,将测量值与规范值相对照。

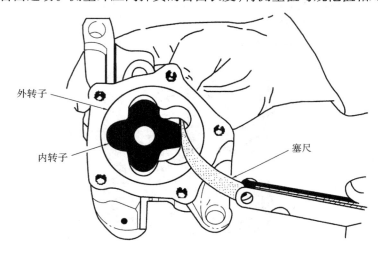

图 8-14　测量转子间隙

2)齿轮式机油泵的检修

拆卸之前,标记机油泵齿轮的位置,如图 8-15 所示。首先从泵内拆下主动齿轮和轴,然后拆下从动齿轮、机油压力调节阀的固定销、机油压力调节阀及相关部件,仔细地拆下机油滤网。

检查齿轮是否损坏或有凹坑,泵盖是否磨损或有沟槽。用直尺和塞尺可以测量机油泵盖的磨损量,见表 8-1。

表 8-1　机油泵各部间隙的使用限度

结构类型	使用限度			
	泵体间隙/mm	转子或齿轮啮合间隙/mm	端面间隙/mm	泵轴间隙/mm
外齿轮式	0.20	0.25	0.15	0.15
内齿轮式	0.20	0.20	0.20	0.15

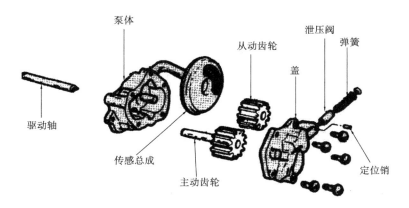

图 8-15　典型的齿轮型机油泵

机油泵的磨损情况可以通过测量机油泵的齿隙和轴向间隙获得。

机油泵的齿侧间隙测量,如图 8-16 所示。新机油泵的齿侧间隙要求为 0.05 mm,其磨损极限为 0.20 mm。

机油泵的轴向间隙测量,如图 8-17 所示,机油泵的轴向间隙磨损极限为 0.15 mm。

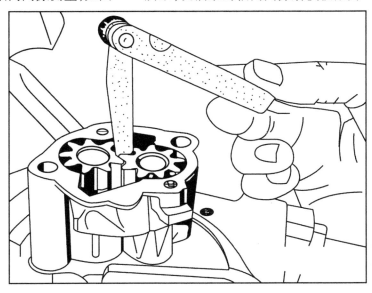

图 8-16　机油泵齿侧间隙检测

机油泵装复后应进行试验,确认性能良好后再装车,一般采取以下试验方法:

(1)简易试验法。将机油泵和集滤器装复后,一同放入清洁的机油池中,用螺丝刀按顺时针方向转动机油泵轴,应有机油从出油孔中排出。如用拇指堵住出油孔,继续转动机油泵时,应感到有压力。

(2)试验台试验法。将机油泵装复后应在试验台上试验。例如桑塔纳 2000 型轿车发动机机油泵的转速为 1 000 r/min 时(80 ℃),进口压力为 0.013 MPa,输出压力为 0.5 MPa,最小流量为 8.3 L/min;解放 CA6102 型发动机机油泵的转速在 1 800 r/min 时,泵油量应为

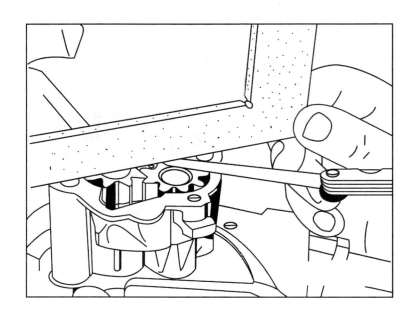

图 8-17　机油泵轴向间隙测量

67.5 L/min，机油压力约为 600 kPa；东风 EQ6100-1 型发动机机油泵的转速在 1 000 r/min 时，泵油压力约为 147 kPa。

机油泵压力的大小，可以通过增减限压阀螺塞下面的调整垫片或增减限压阀弹簧座处的垫片来调整。

重新装配时，在机油泵槽内装上新油封，按规定的力矩拧紧泵盖螺栓，装好机油滤网和油管组件。

把机油泵装配到发动机上之前，先将一罐机油注入机油泵内，转动驱动轴使机油流遍机油泵，装上机油滤网，确保机油滤网紧挨油底壳底部。最后把机油泵安装到发动机上，拧紧固定螺栓，装上挡油板或其他专用部件。

在油底壳和密封垫片与缸体的结合面上薄薄地涂一层液态密封胶。将垫片放在缸体上，在垫片与气缸体的接合处均用密封胶封好，如图 8-18 所示。用锤子或木块轻拍油底壳的螺栓孔使其变平。将油底壳装到密封垫上，把螺栓轻轻拧入螺栓孔中，然后按正确顺序拧紧螺栓。

二、机油滤清器

1. 机油滤油器的形式和工作原理

发动机工作过程中，金属磨屑、尘土、高温下被氧化的积碳和胶状沉淀物、水等不断混入润滑油。机油滤清器的作用就是滤掉这些机械杂质和胶质，保持润滑油的清洁，延长其使用期限。机油滤清器应具有滤清能力强、流通阻力小、使用寿命长等性能。机油在流入摩擦面之前，首先进入滤清器纸滤芯的外围，再经过滤芯进入滤清器中心，然后流进机体上的油道，最后到达主油道。润滑系中一般装有几个不同滤清能力的滤清器——集滤器、粗滤器和细滤器，分别与主油道并联或串联。与主油道串联的滤清器称为全流式滤清器，与主油道并联的

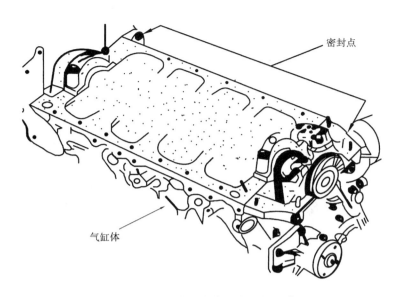

密封点

气缸体

图 8-18　安装油底壳时涂上密封胶

则称为分流式滤清器。分流式滤清器既能使机油得到较好的滤清,又不至于造成很大的流动阻力。

　　1)机油集滤器

　　集滤器一般是滤网式的,装在机油泵的前面,防止粒度大的杂质进入机油泵。目前汽车发动机所用的集滤器分为浮式集滤器和固定式集滤器两种。浮式集滤器的构造如图 8-19 所示。它由浮子、滤网、罩及焊在浮子上的吸油管组成。浮子是空心的,以便浮在油面上。固定管通往机油泵,安装后固定不动。吸油管活套在固定管中,使浮子能自由地随油画升降。浮子下面装有金属丝制成的滤网。滤网有弹性,中央有环口,平时依靠滤网本身的弹性,使环口紧压在罩上。罩的边缘有缺口,与浮子装合后便形成狭缝。

　　当机油泵工作时,机油从罩与浮子之间的狭缝被吸入,经滤网滤去粗大的杂质后,通过吸油管进入机油泵。当滤网被淤塞时,滤网上方的真空度增大,克服滤网的弹力,滤网便上升而使环口离开罩。此时机油不经滤网而直接从环口进入吸油管内,以保证机油的供给不致中断。

　　浮式集滤器能吸入油面上较清洁的机油,但油面上的泡沫也容易被吸入,使机油压力降低,润滑欠可靠。

　　固定式集滤器的位置在油面下面,吸入机油的清洁度稍逊于浮式滤清器,但可防止泡沫吸入,润滑可靠,结构简单,故基本取代了浮式集滤器,例如上海桑塔纳和一汽奥迪发动机上都采用了固定式集滤器。固定式集滤器的结构如图 8-20 所示。吸油管总成的上端有与机油泵进油孔连接的凸缘,下端与滤网支座中心固定连接。罩的翻边包在支座外缘凸台上,滤网夹装于支座与罩之间,靠自身的弹力紧压在罩上。罩的边缘有 4 个缺口,形成进油通道。当机油泵工作时,润滑油从罩的缺口处经滤网被吸入,粗大的杂质被滤网滤去,然后经吸油管进入机油泵。

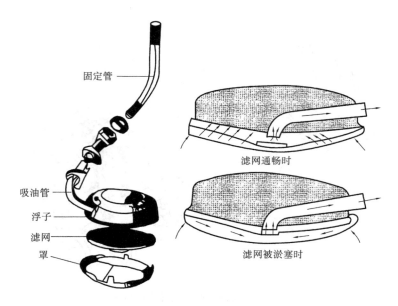

图 8-19 浮式集滤器的构造及工作情况

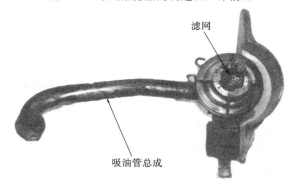

图 8-20 固定式机油集滤器

2）机油粗滤器

粗滤器是用来过滤润滑油中颗粒较大（直径为 0.04 mm 以上）的杂质。由于它对润滑油的流动阻力较小，故可串联于机油泵与主油道之间。

粗滤器的滤芯由经过树脂处理的多孔滤纸制成，滤纸折成扇形或波纹形。滤芯的两端由环形密封圈密封，滤芯内装有金属丝网或带有网眼的薄铁皮作为滤芯的骨架。粗滤器工作时，润滑油从进油孔进入滤芯周围，经过滤芯滤清后从出油口流出。滤清器盖上装有旁通阀，当滤芯堵塞，进出油口的压差达到一定值时，旁通阀打开，机油直接进入主油道。

纸质滤清器结构简单，滤清效果好，更换方便，因此得到了广泛应用。

3）机油细滤器

细滤器用来清除微小杂质（直径在 0.001 mm 以下）、胶质和水分。由于它的阻力较大（实际上是压力渗透），故多做成分流式，也有制成全流式的，但需加装旁通阀，以防断流。

如图 8-21 所示，现代轿车多采用一次性的整体式机油滤清器。它是不可分解，维修时只能整体更换，机油滤清器多采用纸质滤芯，过滤效果好。

276

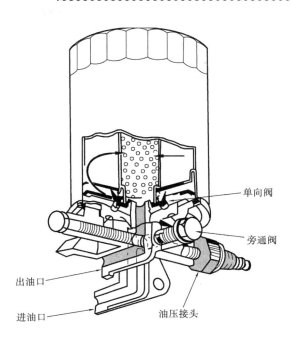

单向阀

旁通阀

出油口

进油口

油压接头

图 8-21　机油滤清器

2. 机油滤清器的检修

1）机油集滤器的检修

常见的集滤器是浮式集滤器,其损坏形式有油管和滤网堵塞、浮子下沉等。

机油滤网堵塞,应用柴油或煤油清洗后用压缩空气吹干;浮子有破损,应进行焊修。

2）机油粗滤器的检修

解放 CA6102 型发动机装有锯末滤芯粗滤器,并在粗滤器上装有滤芯更换指示器。在发动机正常工作时,指示灯持续发亮说明滤芯堵塞需要更换;但发动机冷起动时指示灯短时间发亮是正常现象。东风 EQ6100-1 型发动机装用以微孔滤纸为过滤材料的全流式机油粗滤器,在粗滤器的底座上装有旁通阀,工作可靠。拆装外壳时,注意滤芯与底座之间的密封圈不可丢失,检查各密封圈如有老化发硬、开裂破损应予更换。汽车每行驶 1. 2 万 km,应更换滤芯。

无特殊情况不得拆卸和调整旁通阀。装配时应先充满机油,并检查与气缸体平面结合处是否平整,垫片是否完好,最后拧紧固定螺栓。

3）机油细滤器的检修

解放 CA6102 型和东风 EQ6100-1 型发动机均采用离心转子式机油细滤器。

机油细滤器在使用中会发生机件磨损、密封垫损坏、喷嘴堵塞、转子停转及轴承松旷等故障。

若喷嘴孔堵塞,可以用压缩空气吹通,不能用金属丝穿透,以免刮伤喷孔。

密封圈损坏、变形或老化发硬应更换。

转子轴磨损,轴与孔的配合间隙超过 0. 15 mm 或与轴承的配合间隙大于 0. 10 mm 时,可用镀铬法修复转子轴。

进油阀座磨损,可用细研磨剂研磨阀座,并更换新的钢球。如弹簧弹力降低,应更换新的弹簧。同时,还应注意以下几点:

(1)维修细滤器时,注意转子座下面的单向推力球轴承座圈不可丢失。

(2)装转子总成时,应注意对准转子罩与转子座之间的装配记号,以免破坏转子总成平衡。

(3)转子上的锁紧螺母不可拧得过紧,如超过 29～49 N·m,将破坏转子的正常工作。

(4)转子总成上端与压紧弹簧之间有一个推力垫片,装配时注意光面对着转子,不得有漏装或反装。否则,转子将不能转动。

为了检验细滤器的性能指标,应在专用的试验台上进行试验。试验技术数据见表 8-2。

表 8-2　离心式机油细滤器试验数据

发动机型号 ＼ 项目	转子转速 /(r·min^{-1})	油压 /kPa	进油阀开启油压 /kPa	流量 (L·min^{-1})
东风 EQ6100-1	≥5 000	294	98～176	≤10
解放 CA6102	≥5 500	294	147～196	

三、机油散热器与机油冷却器

一些热负荷较大的发动机,如大功率柴油机等,除利用油底壳对机油进行散热外,还设有专门的机油散热装置。这些装置分成机油散热器和机油冷却器。

机油散热器和冷却水散热器结构基本相同,但采用横流式结构,布置在冷却水散热器前面。机油散热器油路与主油道并联,利用风扇风力使机油冷却。

机油冷却器是利用发动机冷却水对机油进行冷却。冷却器油路与主油道串联。机油冷却器的构造如图 8-22 所示,主要由芯子和壳体组成。芯子由铜制的圆形或椭圆形管与散热片组成,与两端的进出水腔相通。冷却水在芯子管内流动,润滑油在管外流动。冷却器上装有旁通阀,当机油温度过低、黏度过大时,旁通阀打开,机油不经冷却直接进入主油道内。

四、机油标尺

机油标尺用来检查油底壳中机油的存量。它是一根扁平杆(图 8-23)插在气缸体油平面检查孔内。标尺的一端刻有 2/4、4/4 的刻线,机油的液面应处于 2/4 与 4/4 范围内,低于 2/4 表示机油不足,将影响润滑效果,甚至引起烧瓦抱轴等机械事故,应及时补充;高于 4/4 表示油面过高,将造成机油激溅加剧,发动机运动阻力增加等,应及时放出过多的机油。

检查机油油面时,应将汽车停于水平位置,并在起动前或发动机熄火一段时间后进行检查:先拉出机油标尺,擦尽尺上机油,重新插入检查孔内,然后拉出检查油面高度。

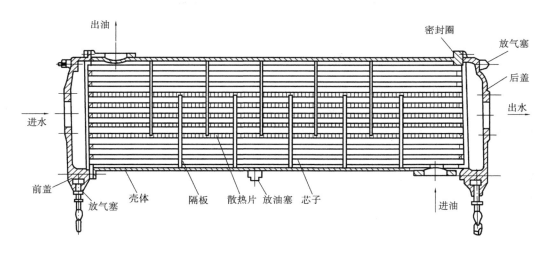

图 8-22 管式机油冷却器

五、曲轴箱通风

1. 曲轴箱通风的目的

发动机工作中,气缸内的可燃混合气和燃烧以后的废气有一部分会经活塞、活塞环与缸壁之间的间隙漏入曲轴箱内。这些气体中含有的未燃烧燃油会将机油稀释。废气中的水蒸气凝结后,会使机油中的含水量和泡沫增加,从而影响润滑。废气中的酸性物质,使机油的酸质增加,导致发动机零件腐蚀。同时,进入曲轴箱内的气体还会使曲轴箱内的压力升高,造成接合面、油封等处漏油。

曲轴箱通风装置的作用就是将这些气体及时从曲轴箱内抽出,保证润滑系的正常润滑,延长机油的使用寿命,保证发动机机件不被腐蚀,防止发生泄漏。

2. 曲轴箱的通风方式

曲轴箱通风就是将外界空气经过滤后送入曲轴箱内,将曲轴箱内的气体排出,如果将曲轴箱内的气体直接排到大气中去,称为自然通风;将曲轴箱内的气体导入进气管内,称为强制通风。

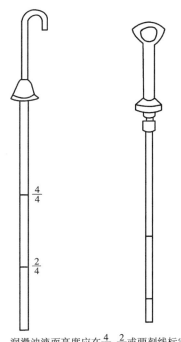

润滑油液面高度应在 $\frac{4}{4} \sim \frac{2}{4}$ 或两刻线标定的范围内

图 8-23 机油标尺

1)自然通风方式

自然通风方式是在发动机缸体侧面设有呼吸器,负责将曲轴箱内的气体导出。呼吸器安装的地方应便于气体排出,又不致将飞溅的机油随气体排出。呼吸器出气管下垂,下端开口处有向后的斜切口,以利用汽车行驶气流和风扇气流产生的真空度将气体抽出。大多数增压柴油机都采用自然通风方式。

2）强制通风方式

大多数汽油机都采用强制通风方式。解放 CA6102 型发动机的强制通风方式如图 8-24 所示。气缸盖前罩盖上设有曲轴箱通风进气口滤清器。发动机工作时,在进气管的抽吸下,曲轴箱内的气体经挺柱室、气门推杆与缸体之间的间隙,进入气缸盖后罩盖 1 内。再经过油气分离作用的曲轴箱通风出气口滤清器 3、通风管路 5、PCV 阀进入进气管内,随之进入气缸烧掉。外界的空气经曲轴箱通风进气口滤清器过滤后进入曲轴箱内。

曲轴箱通风单向阀(PCV 阀)的构造如图 8-25 所示。它由阀体、阀座、阀和弹簧构成。阀座固定于进气管上,阀体与通风管路相通。当发动机小负荷时,进气管内的真空度很大,阀克服弹簧的弹力上移而靠在阀座上,曲轴箱内的气体只能通过阀中心的小孔进入进气管,由于小孔的节流作用,防止了机油进入进气管内。发动机负荷增大时,进气管内的真空度减小,阀在弹簧的弹力作用下打开,通风量逐渐增加。当发动机处于全负荷时,通风量最大。PCV 阀可防止机油进入进气道,在保证曲轴箱通风的同时可减少机油的消耗量。同时,PCV 阀在发动机小负荷时,可限制进入进气管内的曲轴箱气体,避免了可燃混合气品质下降,保证了发动机低速时的稳定运转。

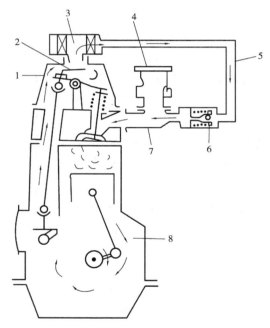

图 8-24　解放 CA6102 发动机曲轴箱通风装置示意图

六、密封胶的使用

发动机的许多部件都用密封胶、密封垫或其他密封装置装配在一起,以免发动机内发生液体和气体泄漏,同时也能防止灰尘进入发动机。密封垫和密封胶一般用来对两个或两个以上的固定表面进行密封,而密封装置一般用于一个移动面和一个固定面之间的密封。

密封胶和黏合剂可以喷、刷或涂到垫片或接合面上,以增强垫片安放处的密封性能。密封胶会在两个接合面之间形成又硬又韧的密封层,这种密封层可以作为密封垫片的替代品,

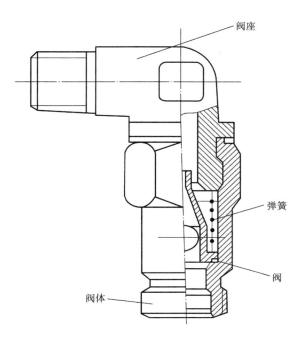

图 8-25　解放 CA6102 发动机曲轴箱通风单向阀

用于金属表面的密封。在发动机总成中所用的此类密封胶有两种基本类型:常温硫化硅酮密封胶和厌氧密封胶。它们都有各自的使用特性,不可互换。常温硫化硅酮密封胶是最常用的密封胶,但对间隙小于 0.254 mm 的两个金属面进行密封时,只能使用厌氧密封胶。

许多化合物都适于涂到螺母和螺栓的螺纹部位,有些还可代替弹簧垫圈来减小振动,使螺母或螺栓免于松动,另外一些化合物能避免液体或气体通过螺纹泄漏。有些维修人员在拧紧螺栓前用特氟隆胶带紧紧缠住螺栓的螺纹部位,以将螺纹部位密封。液体的特氟隆密封胶与特氟隆胶带相比不但容易使用,而且密封效果更好。螺纹密封胶常用于输水和机油输送装置的管道螺纹部位。

<h2 style="text-align:center">实训项目十五　润滑系统的维护、检测与故障排除</h2>

实训目的及要求

(1)知道润滑系组成及各机件的装配关系。

(2)知道润滑系主要机件的构造与检验方法。

(3)能维护润滑系。

(4)能排除润滑系常见故障。

实训设备及工量具

(1)设备:汽车发动机实训台,实训车辆。

(2)工量具:套装工具,塞尺,机油泵、滤清器,精密直规。

实训内容

一、润滑系统的维护与检测

1. 润滑系的维护

1）日常维护

每日坚持检查润滑油储量和质量，补给润滑油。行车中注意观察指示油压，按照规定周期适时地更换润滑油。更换润滑油时，应在发动机热态下放净旧机油，先用专用的清洗设备清洗润滑油道之后，再按原厂规定的容量和牌号加注新的润滑油。

2）一级维护

一级维护时，应检查离心式机油滤清器的运转是否正常；清洗粗滤器；更换机油粗滤芯（滤纸）。

3）二级维护

二级维护时，应拆下细滤器壳体，清洗转子罩内壁沉积物，并清洗转子，保持机油喷口畅通；装配后，转子转动应灵活，无渗漏现象；最后检查和调整离心式机油滤清器进油限压阀的开启压力：桑塔纳 2000 型轿车发动机，AFE 发动机的最高工作压力为 0.6 MPa，AJR 型发动机其机油泵最高压力为 1 MPa，东风 EQ6100-1 型发动机进油限压阀的开启压力为 98～176 kPa，解放 CA6102 型发动机为 147～196 kPa。

2. 润滑系的检测

1）机油压力及指示灯的监测

在正常工作温度下，润滑系统应具有一定的机油压力，机油压力指示灯在压力低于规定值时点亮。当指示低油压时，切勿让发动机工作。

打开点火开关后，仪表板上的机油压力指示灯应点亮，发动机起动后应熄灭。如果起动后该灯不熄灭或在行驶途中闪亮，则应立即关掉发动机，检查机油油面，必要时补充机油。如果油位正常，该灯仍不熄灭，应立即停车并关掉发动机，同时与修理厂联系检查维修。

发动机机油压力指示灯不是油面高度指示器，因此，务必定期检查油位，最好在每天行车前检查油位。

有些汽车装有机油压力表代替机油压力指示灯。这种压力计包括上下两个线圈和一个固定在表针上的永久磁铁。当点火开关接通时，电压由点火开关加到压力表的一个电极上，另一个电极与机油压力传感装置相连。传感装置能够感知机油压力的变化。当机油压力低时，传感器电阻低，电流流过压力表中的下线圈，带动表针向下偏转。机油压力增加时，传感器电阻高，电流流过压力表的上下两个线圈，上线圈产生的磁场较强，带动表针向上偏转。

2）机油压力开关的检测

机油压力开关可使用 VAG1342 仪器及辅助线缆 VAC1594A 进行检测。检测时线的连接情况，如图 8-26 所示。检测具体操作步骤如下（以捷达轿车发动机为例）：

（1）拆下 0.03 MPa（棕色）压力开关，将之拧在检测仪上。

（2）将检测仪压力管的接口软管拧在 0.03 MPa 开关的安装口上。

（3）将检测仪的棕色导线接地。

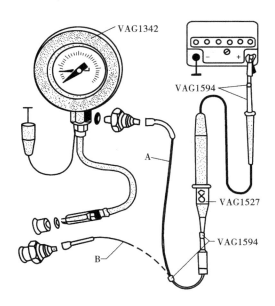

图 8-26　机油压力开关检测

（4）将发光二极管笔接在蓄电池正极和 0.03 MPa（A）压力开关之间，此时发光二极管必须发光。

（5）起动发动机，并慢慢升高转速。检测仪 VAC1342 上显示的压力为 0.015 ~ 0.045 MPa 时，发光二极管必须熄灭。如果没有熄灭，则更换 0.03 MPa 压力开关。

（6）将发光二极管笔从 0.03 MPa 压力开关上摘下，然后搁到 0.18 MPa 压力开关（B）（白色）上。

（7）发动机运转速度大于 2 000 r/min，检测仪 VAC1342 上显示的压力在 0.16 ~ 0.20 MPa 时，发光二极管必须发光，否则，更换 0.18MPa 压力开关。

桑塔纳 2000 型轿车发动机润滑系也有两只油压开关。机油低压开关在发动机缸体上的油道末端；高压开关在机油滤清器上。

3）发动机机油压力的检测

机油压力是发动机润滑系技术状况的重要指标。正常发动机在常用转速范围内，汽油机油压应为 196 ~ 392 kPa，柴油机油压应为 294 ~ 588 kPa。如发动机油压在中等转速下低于 147 kPa，在怠速下低于 49 kPa，则发动机应停止运转。

机油压力的大小，取决于机油的温度、黏度、机油泵的供油能力、限压阀的调整、机油通道和机油滤清器的阻力，以及曲轴主轴承、连杆轴承和凸轮轴轴承的间隙等。

机油压力值，通常是根据汽车仪表板上的机油压力表或油压信号指示灯显示而测得，虽然测量精度较差，但能满足检测要求。正常情况下，当打开点火开关时，机油压力表指针指示为"0"，如装有油压信号指示灯则灯亮。发动机起动后，油压信号指示灯在数秒内熄灭，机油压力表则指示为某一较高数值，并随发动机热起逐渐指示正常。当机油压力不符合要求时，可采用经验法诊断。常见汽车发动机润滑系机油压力，见表 8-3。

表 8-3　常见汽车发动机润滑系机油压力

厂牌车型	机油压力		主油道限压阀	
	转速 /(r·min⁻¹)	压力 /kPa	安装位置	开启压力 /kPa
上海桑塔纳 63 kW 上海桑塔纳 65 kW	低速 2 000 2 150	如压力<30,报警灯闪烁,如压力<180,报警灯闪烁,蜂鸣器同时报警		
北京 BJ1020 北京 BJ2020A	450~500 中速	≥49 196~392	气缸体右前方 主油道末端	294~392
跃进 NJ1041	急速 中等车速	≮147 200~400	机油粗滤器盖	340~392
跃进 NJ1041A	急速 1 500	≮49 147~343		
东风 EQ1090	4 500~5500 1 200~1 400	≮147 ≮294		
东风 EQ1090E	热车急速 其余工况	≮98 98~392		
解放 CA1091	急速 1 400~3 000	≮98 294~392	气缸体左侧后部	392~441
黄河 JNI150/100	500~600 中速	≮98 196~392	机油细滤器水平方向	392
黄河 JN150/106	500~600 中速	≮98 196~392	机油细滤器垂直方向	392

二、润滑系常见故障诊断与排除

发动机润滑系的常见故障是机油压力过低或过高、机油消耗过多、机油温度过高和滤清器效能减弱等。

1. 机油压力过低

1）现象

（1）发动机发动后,机油压力表读数迅速下降至零左右。

（2）发动机在正常温度和转速下,机油压力表读数始终低于规定值。

2）原因

（1）机油油量不足。

（2）机油黏度太低。

（3）限压阀弹簧过软或调整不当。

（4）机油滤清器旁通阀弹簧折断，或弹簧过软。

（5）机油泵齿轮磨损，使供油压力过低。

（6）机油滤清器堵塞。

（7）曲轴主轴承、连杆轴承或凸轮轴轴承间隙过大。

（8）机油压力表或传感器失效。

（9）汽油泵膜片破裂，使汽油漏入油底壳而稀释机油。

（10）气缸体水套出现裂纹，使冷却水漏入油底壳而稀释机油。

（11）润滑系内、外管路或管接头泄漏。

3）诊断方法

按图 8-27 所示的流程进行诊断，其中的机油压力表和机油压力传感器均为双金属电热式。

2.机油压力过高

1）现象

发动机在正常温度和转速下，机油压力表读数高于规定值。

2）原因

（1）机油压力表或机油压力传感器失准。

（2）油底壳油面太高。

（3）机油变稠或新换机油黏度太大。

（4）机油限压阀发卡或调整不当。

（5）通往各摩擦表面的分油道内积垢阻塞或主轴承、连杆轴承、凸轮轴轴承等间隙太小。

3）诊断方法

按图 8-28 所示的流程进行诊断。其中的机油压力表和机油压力传感器，均为双金属电热式。

3.机油变质

1）现象

（1）颜色发生明显变化，失去黏性。

（2）含有水分，机油乳化，乳浊状并有泡沫。

2）原因

（1）活塞环漏气。

（2）机油使用时间太长，机油因持续在高温和氧化作用下逐渐老化变质。

（3）机油滤清器堵塞而失去滤清作用。

（4）曲轴箱通风不良，机油中混杂废气中的燃油，促使机油变质。

（5）发动机缸体或缸垫漏水。

3）诊断

（1）用机油尺取几滴机油滴在中性纸上，若发黑则说明机油变质。

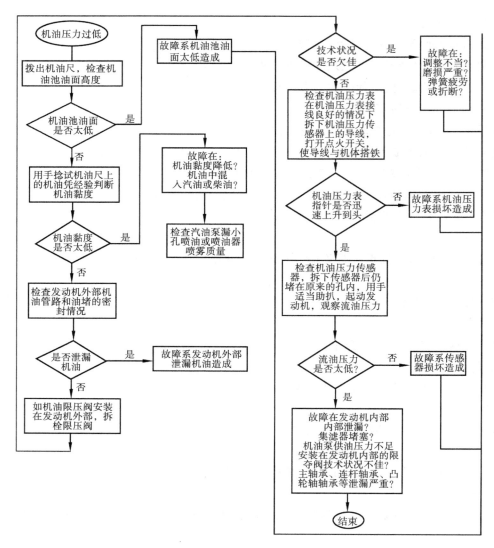

图 8-27　机油压力过低诊断流程图

（2）用手捻搓，有滑腻感，说明机油内混有燃油。

（3）若取出的机油为乳浊状且有泡沫，说明机油中进水。

（4）机油过脏，更换机油及机油滤清器。

4.机油消耗异常

1）现象

（1）机油消耗量超过规定值。如捷达轿车大于 1.0 L/1 000 km。

（2）尾气冒蓝烟。

（3）积炭增多。

2）原因

（1）发动机各部件各处表面漏油。

（2）活塞一与气缸间隙大，泄漏量增加。

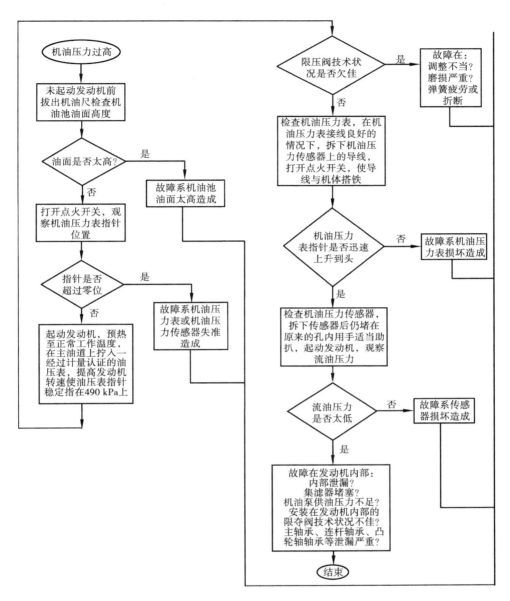

图 8-28　机油压力过高诊断流程图

（3）曲轴箱通风不良。

3）诊断

（1）检查发动机各处表面是否有漏油现象。

（2）检测缸压，判断是否已发生泄漏。

实训工单

实训项目		专业班级	
姓名		学号	
实训小组		日期	

一、实训要求

二、实训内容

三、实训步骤

四、评价（优、良、差）

	自我评价	学生互评	老师评价	总　评
实训情况				
实训态度				
卫生打扫				

项目 9
点火系构造与维修

活动一　点火系的认知

📖 **学习目标**

(1)知道点火系组成和功用。

(2)能描述点火提前角并知道点火提前角对发动机的影响。

(3)能准确判断爆燃和表面点火。

📖 **学习内容**

一、点火系的作用和组成

　　点火系的作用是将汽车电源供给的低压电(12 V)转变为高压电(10 kV 或更高),并按照发动机的做功顺序与点火时刻的要求,适时准确地将高压电送至各缸的火花塞,使火花塞跳火,点燃气缸内的混合气。

　　现代汽车电控燃油喷射式发动机均已采用微型计算机控制点火系统(ESA)。计算机控制点火系统又称为电控点火系统,采用计算机控制点火系统可以满足现代高速发动机对点火系统较高的点火能量和较高击穿电压的要求,可以实现点火时刻与发动机运行工况更好的匹配,能够实现对点火系更加优化的集中控制功能,更好地满足对发动机动力性和经济性的要求。

　　计算机控制点火系统根据是否安装分电器可分为有分电器式电控点火系统和无分电器式电控点火系统。

二、点火提前角的概念

1. 点火提前角

压缩行程中,从点火开始到活塞运行到上止点时曲轴所转过的角度,称为点火提前角。

2. 点火提前角不当的影响

(1)点火提前角过大不仅使发动机功率下降、油耗增加,还会引起爆燃,加速机件的损坏。

(2)点火提前角过小不仅导致燃烧压力低,发动机功率下降,还会引起发动机过热,油耗增加。

3. 最佳点火提前角

发动机发出最大功率或油耗最小的点火提前角称为最佳点火提前角。

影响最佳点火提前角的因素主要有:转速、负荷、怠速、汽油的辛烷值、压缩比、混合气成分、进气压力等。

三、爆燃与表面点火现象

压缩比过高,会导致爆燃和表面点火现象的发生,破坏发动机的正常工作,严重时会造成发动机早期损坏。因此,必须加以控制。

1. 爆燃

爆燃是由于缸内可燃混合气压力和温度过高,燃烧室内远离点燃中心的某处在火焰前峰未传到之前发生自燃而造成的一种异常燃烧现象。发生爆燃时,火焰以极高的速度向外传播,形成很强的冲击波,撞击燃烧室内壁和活塞顶面,发出尖锐的金属敲击声和振动。爆燃同时会引起发动机过热,功率下降,油耗增加,严重时可能会造成活塞开裂、轴瓦破裂、火花塞绝缘体击穿等机件损坏现象。

图9-1是正常燃烧与爆燃燃烧过程的比较。正常燃烧过程:在火花塞点火后,火焰由点火中心逐步向外传播,依次完成燃烧过程。而爆燃破坏了上述正常的燃烧顺序,末端混合气处在火焰前锋未传到之前出现了自燃点,形成了另外的燃烧中心,使燃烧过程发生了变化。

2. 表面点火

表面点火与爆燃不同,是另外一种不正常的燃烧现象,又分为早燃与后燃两类。

早燃是在火花塞正常点火之前,燃烧室内壁炽热表面(如排气门头、火花塞电极、积炭处等)提前点火引起的一种异常燃烧现象。表面点火发生时也伴有强烈的敲击声(较沉闷),产生的压力波会加重发动机机件负荷,降低使用寿命。

活动二　点火系组成与工作原理

📖 **学习目标**

(1)知道点火系的分类。

(2)知道点火系工作原理。

(3)知道点火系各元器件工作原理。

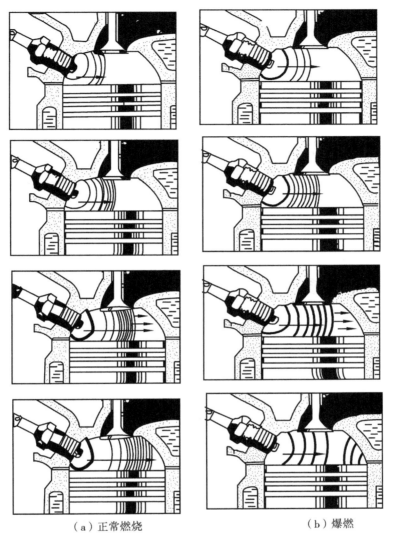

（a）正常燃烧　　　　　　　　　　（b）爆燃

图 9-1　爆燃的形成

📖 学习内容

一、点火系统组成

1. 有分电式电控点火系统的组成

有分电器式微机控制点火系统的组成如图 9-2 所示,主要由输入信号(各种传感器和开关)、电子控制单元(ECU)、分电器(内装点火控制器)、点火高压线和火花塞等组成,各组成部件的作用见表 9-1。

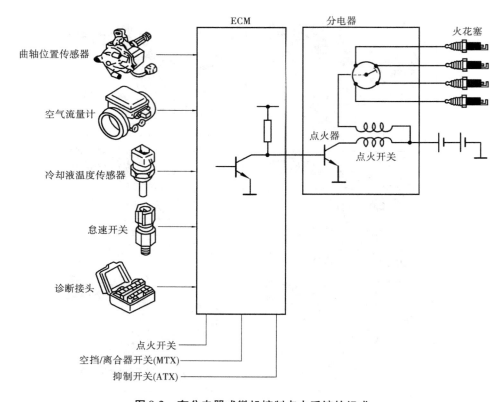

曲轴位置传感器

空气流量计

冷却液温度传感器

急速开关

诊断接头

ECM

分电器

火花塞

点火器
点火开关

点火开关
空挡/离合器开关(MTX)
抑制开关(ATX)

图9-2　有分电器式微机控制点火系统的组成

表9-1　有分电器式电控点火系统各组成部件的功用

组成		功用
输入信号	空气流量计（L型）	检测进气量信号输入 ECU,点火系统的主控信号
	进气歧管绝对压力传感器	
	曲轴位置传感器（Ne）	检测曲轴转速（转角）信号输入 ECU,点火系统的主控信号
	凸轮轴位置传感器（G1、G2）	检测凸轮轴转角信号输入 ECU,点火系统的主控信号
	节气门位置传感器	检测节气门开度信号输入 ECU,点火系统的修正信号
	进气温度传感器	检测进气温度信号输入 ECU,点火系统的修正信号
	冷却液温度传感器	检测发动机冷却液信号输入 ECU,点火系统的修正信号
	爆震传感器	检测发动机爆震信号输入 ECU,点火系统的修正信号
	起动开关	向 ECU 输入起动信号,点火系统的修正信号
	空调（AC）开关	向 ECU 输入空调工作信号,点火系统的修正信号
	空挡位置开关	向 ECU 输入 P 挡和 N 挡信号,点火系统的修正信号
执行器	点火控制器	根据 ECU 输出的控制指令,控制点火线圈初级电路的通断,以产生次级高压,并向 ECU 反馈点火确认信号

续表

组成	功用
控制单元（ECU）	根据各输入信号输入的信息，计算出最佳的控制参数，并向执行器发出控制指令
点火线圈	点火线圈利用变压器的原理可将汽车电源提供的 12 V 低压电转变成能击穿火花塞电极间隙的 15～20 kV 的高压直流电
分电器	按照发动机的工作顺序将产生的高压电送至各缸火花塞
火花塞	火花塞的作用是将高压电引入气缸燃烧室，产生电火花点燃可燃混合气
点火高压线	点火高压线用以连接点火线圈与分电器中心插孔以及分电器旁电极和各缸火花塞

2. 无分电器式电控点火系统的组成

无分电器式电控点火系统中取消了分电器、分火头、中央点火高压线等装置，具有出现故障的概率低、检修方便、所需的保养更少、高压电传送的耗损小、不需做点火正时调整、电波干扰更少、点火时间的控制更加精确度等优点，因此被现代汽车广泛应用。

无分电器的电子点火控制系统按配电方式的不同可分为双缸同时点火的配电方式、二极管配电点火方式和单独点火的配电方式三种类型。

无分电器式电控点火系统的组成如图 9-3 所示，主要由传感器、电控单元（ECU）及执行器组成。传感器用来检测发动机工作状态，并将信号传给 ECU；ECU 负责对传感器传送的信号进行分析、比较、处理，向执行器发出控制命令；执行器（点火控制器）接收 ECU 发出的控制指令，并按指令对点火线圈初级绕组电流进行控制，以产生足够的点火高电压。

二、点火系统的工作原理

1. 有分电器点火系统工作原理

发动机工作时，ECU 根据接收到的各传感器信号，按存储器中存储的有关程序和相关数据，确定出该工况下最佳点火器控制参数（点火时间和通电时间），并向点火器发出指令。点火器则根据 ECU 的指令，控制点火线圈初级电路的导通和截止。当电路导通时，有电流从点火线圈中的初级电路通过，点火线圈将点火能量以磁场的形式储存起来。当初级电路中的电流被切断时，在次级线圈中将产生很高的感应电动势（15～20 kV）。而此时，随分电器轴一同旋转的分火头正好对准分电器盖上某缸的旁电极，高压电由分缸点火高压线送给火花塞，点火能量经火花塞瞬间释放，使火花塞跳火，产生的电火花点燃气缸内的混合气，使发动机完成做功过程。

根据以上分析，点火系统的工作过程可分成三个阶段：初级电路导通，点火能量储存；初级电路截止，次级电路产生高压电；火花塞电极产生电火花，点燃混合气。

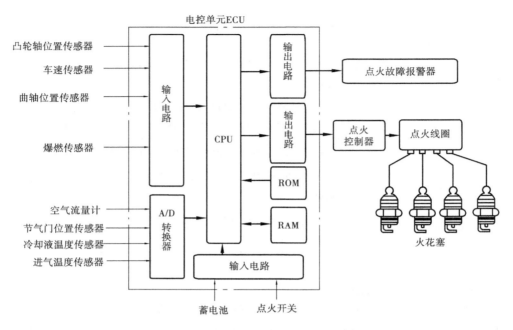

图9-3 计算机控制点火系统的组成

2. 双缸同时点火式点火系统的工作原理

双缸同时点火式点火系统是两个火花塞共用一个点火线圈且同时点火的无分电器式点火系统,这种方式只能用在缸数为双数的发动机上,其控制原理如图9-4所示。发动机ECU交替控制点火线圈内两个功率三极管的通断,使点火线圈的初级电流根据点火顺序1—3—4—2中断并产生高压电,点火线圈A和B分别提供高压电给1、4缸及2、3缸。此种形式点火系统取消了分电器、分火头和中央点火高压线,但仍保留了点火线圈与火花塞之间的点火高压线。

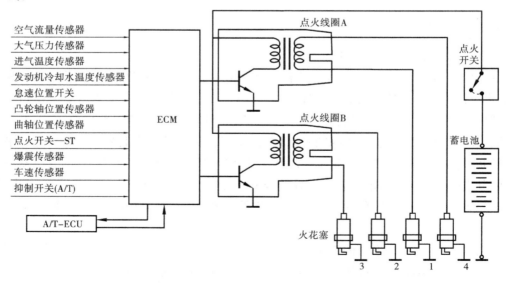

图9-4 双缸同时点火系统的工作原理图

双缸同时点火要求共用一个点火线圈的两个气缸工作相位差 360°曲轴转角,这样可保证大部分点火高压和点火能量被加在压缩行程的火花塞上,如图 9-5 所示。

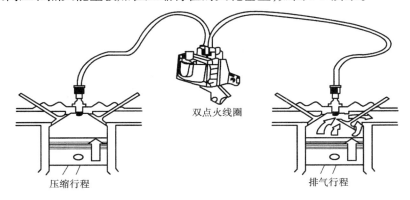

图 9-5　两气缸同时点火系统原理图

3.二极管配电式点火系统工作原理

二极管配电式点火系统的特点是:4 个气缸共用一个点火线圈,该点火线圈为内装双初级绕组和双输出次级绕组的特制点火线圈,且利用 4 个二极管的单向导电性交替完成对 1、4 缸和 2、3 缸配电过程,如图 9-6 所示。这种点火配电方式与双缸同时点火配电方式相比有相同的特性,但对点火线圈要求较高。

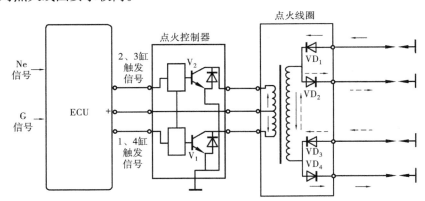

图 9-6　二极管配电式点火系统工作原理图

4.独立点火式点火系统工作原理

独立点火式点火系统可将点火线圈直接安装在火花塞的顶上,这样不仅取消了分电器,也同时取消了点火高压线,故分火性能更好,相比而言,其结构与点火控制电路最为复杂,其工作原理如图 9-7 所示。

三、点火系统主要部件的构造

点火系统的输入信号(主要包括各种传感器和开关)和控制单元(ECU)与电子控制系统所介绍的相同,不再赘述。

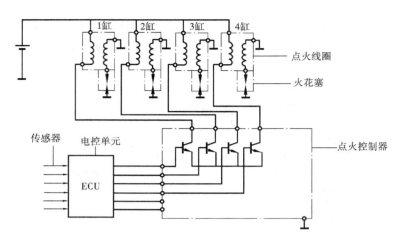

图 9-7　独立点火配电方式点火系统原理图

1. 点火线圈

点火线圈利用变压器的原理可将汽车电源提供的 12 V 低压电转变成能击穿火花塞电极间隙的 15 ~ 20 kV 的高压直流电。

（1）闭磁路点火线圈。闭磁路点火线圈也称为高能点火线圈,其结构如图 9-8 所示。在"口"字形或"日"字形铁芯内绕有次级绕组,在次级绕组外面绕有初级绕组,初级绕组产生的磁通量通过铁芯构成闭合磁路,其磁路如图 9-9 所示。

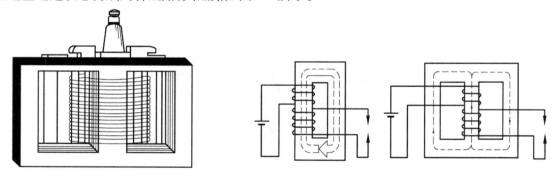

图 9-8　闭磁路点火线圈　　　　　　图 9-9　闭磁路点火线圈的磁路

（2）双缸配电式的点火线圈。双缸配电式点火线圈采用的也是闭磁路点火线圈,每个点火线圈上都有两个高压输出端,其外形结构如图9-10所示。

（3）独立点火系统的点火线圈。独立点火系统中每个气缸安装一个点火线圈,通常将点火控制器与点火线圈制成一体,其外形结构如图9-11 所示。

2. 分电器

分电器的结构如图 9-12 所示,主要由配电器和信号发生器组成。配电器(分火关、分电器盖等)的作用是将点火线圈产生的高压电按照发动机的工作顺序送至各缸火花塞;信号发生器的作用是产生脉冲信号,送给点火控制器,由点火控制器控制初级电路的通断。

3. 点火控制器

点火控制器也称为点火模块,是电控点火系统的执行元件,其主要功用是根据控制单元

图 9-10　双缸配电式点火线圈　　　　图 9-11　独立点火的点火线圈

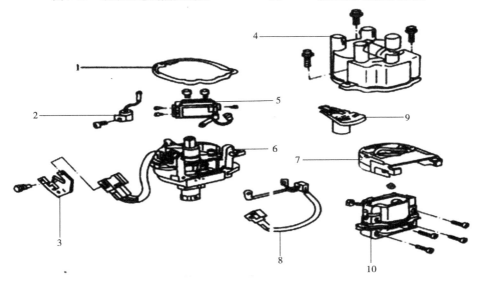

图 9-12　分电器的结构

1—垫片;2—电容器;3—导线夹;4—分电器盖;5—点火控制器;6—分电器壳体;
7—点火线圈防尘罩;8—分电器电缆;9—分火头;10—点火线圈

(ECU)的指令来控制点火线圈初级电路的导通与截止,其内部为集成电路,采用全密封结构,其外形结构如图 9-13 所示。

4.点火高压线

点火高压线用以连接点火线圈与分电器中心插孔以及分电器旁电极和各缸火花塞,如图 9-14 所示。由于工作电压很高(一般在 15 kV 以上),电流强度较小,因此点火高压线的绝缘包层很厚,耐压性能好,但线芯截面积很小。汽车用点火高压线有铜芯线和阻尼线两种,其电阻值因车型不同而不同。

5.火花塞

火花塞的作用是将高压电引入气缸燃烧室,产生电火花点燃可燃混合气。由于火花塞的工作条件十分恶劣,它要承受高压、高温及燃烧产物的强烈腐蚀,因此,火花塞必须具有足够的强度,能承受温度的强烈变化,应有良好的热特性。火花塞的电极一般采用耐高温、耐腐蚀的镍锰合金钢或铬锰氮、钨、镍锰硅等合金制成,也有采用镍包铜材料制成,以提高散热性能。火花塞的结构如图 9-15 所示,主要由接线帽、瓷绝缘体、中心电极、侧电极和壳体等组成。中心电极用镍铬合金制成,具有良好的耐高温、耐腐蚀性能。中心电极做成两段,中间加有导电玻璃,由于导电玻璃和瓷绝缘体的膨胀系数相近,因此,导电玻璃主要起密封作用。火花塞的间隙一般为 1.0 ~ 1.2 mm。

图 9-13　点火控制器

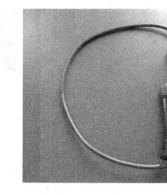
图 9-14　点火高压线

　　火花塞根据其热特性(用热值表示,数字越大,热值越小)的不同,可分为冷型火花塞、中型火花塞和热型火花塞。绝缘体裙部长的火花塞,其受热面积大,传热距离长,散热困难,裙部温度高,称为热型火花塞;反之,裙部短的火花塞,吸热面积小,传热距离短,散热容易,裙部温度低,称为冷型火花塞。热型火花塞用于低压缩比、低转速、小功率的发动机;冷型火花塞用于高压缩比、高转速、大功率的发动机。

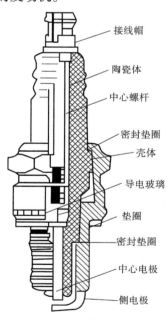
图 9-15　火花塞的结构

接线帽
陶瓷体
中心螺杆
密封垫圈
壳体
导电玻璃
垫圈
密封垫圈
中心电极
侧电极

实训项目十六　点火系的故障诊断和排除

实验目的及要求

（1）知道点火系常见故障。

（2）能检测点火系数据并判断是否正确。

（3）能根据检测数据判断检修点火系常见故障。

实验设备及工量具

（1）设备：完整的汽车发动机实训台。

（2）工量具：常用工具，万用表，示波器。

实验内容

一、点火系无高压火故障的诊断

1.故障现象

接通点火开关，起动机能带动发动机曲轴运转，点火系无高压火。

2.故障原因

（1）低压电路故障原因：

①曲轴位置传感器连接电路断路或短路。

②曲轴位置传感器工作性能不良。

③点火控制模块性能失效或连接线束松脱、断路或短路。

④点火线圈的初级绕组断路。

（2）高压电路故障原因：

①点火线圈的次级绕组断路。

②高压线断路。

③火花塞工作不良。

3.故障诊断

启动发动机，检查"CHECK ENGINE"警告灯是否常亮。警告灯常亮，应该取故障码，并根据故障码的内容诊断低压电路的故障；警告灯正常，则应检查点火系统的高压电路。

二、高压火花弱的故障诊断

1.故障现象

跳火试验时高压火花弱，发动机启动困难，怠速不稳，排气冒黑烟，加速性及中高速性较差等。

2.故障原因

点火器、点火线圈电阻过大，火花塞漏电或积炭，点火系统供电电压不足或搭铁不良等。

3. 诊断及排除

本故障一般和点火控制系统关系较小,应重点检查点火器和点火线圈工作状况是否良好,供电电压是否正常,各插接件及导线连接是否牢固,点火器搭铁是否可靠;检测高压线电阻是否过大;清除火花塞积炭,更换漏电的火花塞。

三、点火正时失准的故障诊断

1. 故障现象

发动机不易启动,怠速不稳;发动机动力不足,水温偏高;发动机易爆易燃等。

2. 故障原因

初始点火提前角调整不当;点火基准传感器和曲轴转角和转速传感器不良或安装位置不正确。

3. 诊断及排除

检查初始点火提前角并按规定予以调整。影响发动机点火正时失准的主要零部件是发动机点火基准传感器、曲轴转角和转速传感器,因此应特别检查信号转子是否变形、歪斜,信号采集和输出部分安装有无不当,装置间隙是否合适等。对于点火提前角控制系统故障,若故障灯已变亮,应先用本车的故障自诊断操作程序调出故障码,再根据故障码的含义,排除其故障。重点应检查发动机水温传感器、爆燃传感器。另外,进气管压力传感器、空气流量传感器、节气门位置传感器等工作不良时,也会造成点火正时不准。

四、点火性能随工况变化

1. 故障现象

低速工作正常,高速时失速;温度低时正常,温度高时不正常;刚起动时正常,工作一段时间后出现故障等。

2. 故障原因

点火基准传感器、曲轴转角和转速传感器等安装松动;电路连接器件接触不良;点火器热稳定性差;点火线局部损坏或击穿,高压线电阻过大等。

3. 诊断及排除

检查各有关部件安装有无松动,电路连接是否牢固可靠,点火器、点火线圈温度是否异常;检查或更换高压线、火花塞等。

五、点火时间过早

1. 故障现象

(1)打开点火开关,摇转发动机,曲轴有反转现象。

(2)用起动机起动时,起动阻力大,曲轴运转困难。

(3)发动机加速时有严重爆震声,有时有敲缸声响。

(4)怠速运转不平稳、容易熄火。

2. 故障原因

（1）分电器沿分火头旋转方向的逆方向转动过多。

（2）断电触点间隙过大。

3. 诊断及排除

首先将分电器沿分火头旋转的方向转动少许，若起动后加速时仍有过早现象，一般是断电触点间隙过大，此时应调整触点间隙至标准值。

六、点火时间过迟

1. 故障现象

（1）起动时，发动机旋转轻快。

（2）加速时，发动机沉闷无力，动力下降。

（3）消声器声响沉重，有时有"放炮""回火"。

（4）发动机温度过高。

2. 故障原因

（1）分电器沿分火头旋转方向转动过多。

（2）分电器壳紧固螺钉松脱。

（3）断电触点间隙过小。

（4）离心或真空点火提前机构工作不良。

3. 诊断及排除

（1）拧松压板固定螺栓，将分电器沿分火头旋转方向转动少许，若运转正常，则为分电器沿分火头旋转方向转动过多。

（2）检查调整触点间隙至 0.35～0.45 mm。

（3）检查离心调节器或真空调节器。离心调节器在分电器轴固定不动时，使凸轮向其工作方向转至极限，放松时应立即返回原位。

（4）真空调节器在手动真空泵对其施加负压时，膜片能带动拉杆移动，负压消失，拉杆能迅速回位。

（5）检查化油器至分电器的真空管是否漏气。

七、点火错乱

1. 故障现象

（1）发动机不易起动，起动时有严重的"回火""放炮"现象。

（2）发动机起动后，有规律地"回火""放炮"，加速尤甚。

（3）怠速不稳，容易熄火。

（4）发动机动力性、经济性严重下降。

2. 故障原因

（1）高压分线排列顺序错乱。

（2）高压分线对缸或邻缸相互插错。

（3）分电器盖或高压分线严重窜电。

（4）点火正时严重失准。

（5）分电器凸轮或分电器盖安装方向和原方向相差180°。

3. 诊断及排除

（1）检查高压分线排列顺序和该发动机做功顺序是否一致（应沿分火头旋转方向插排高压分线）。

（2）检查分电器是否窜电，可检查分电器盖的中央插孔间有无窜电。检查时将分电器盖悬空，拔出火花塞端所有分线距离缸体5 mm左右，拨动触点，若某根高压分线跳火，表明该缸插孔和中央插孔窜电；也可检验旁插孔间是否窜电。检验时将中央高压线和高压分线插入两相邻旁插孔内，拨动触点，若高压分线距缸体端跳火，表明被测两插孔间窜电。

（3）校正点火正时：

①摇转曲轴，使第1缸处于压缩终了位置，对正时标记。

②适当转动分电器，使触点处于微微张开状态后紧固分电器壳固定螺钉。

③装上分火头和分电器盖，将此时分火头所对应的分电器旁插孔插上第1缸高压线。

④按发动机做功顺序，沿分火头旋转方向插上其他各缸高压分线。

（4）检查分电器凸轮轴或分火头是否有自转现象，触点固定螺钉、压板固定螺栓是否松动。

八、个别缸不工作

1. 故障现象

（1）发动机在各种转速运转时，消声器均发出有节奏的声音。

（2）发动机运转不稳、抖动。

（3）有时有"回火""放炮"现象，排气管冒黑烟。

（4）动力下降，怠速不稳易熄火。

2. 故障原因

（1）个别高压分线脱落或漏电。

（2）分电器凸轮磨损不均匀，分电器轴松旷偏摆。

（3）个别火花塞工作不良。

（4）高压线插错。

3. 诊断及排除

（1）查看高压分线有无脱落、漏电或插错。

（2）在发动机中、低速时，做逐缸断火试验。若某缸断火后发动机转速明显下降或熄火，表明该缸工作良好；若某缸断火后，发动机无任何变化，表明该缸工作不良。

（3）拔出不工作缸的高压分线，距火花塞5 mm左右做跳火试验。若有火，则为该缸火花塞工作不良或发动机机械故障；若无火，应检查该缸的旁插孔或高压分线是否漏电。

（4）检查分电器凸轮是否磨损不均匀或上下窜动。

实训工单

实训项目		专业班级	
姓名		学号	
实训小组		日期	

一、实训要求

二、实训内容

三、实训步骤

四、评价(优、良、差)

	自我评价	学生互评	老师评价	总　评
实训情况				
实训态度				
卫生打扫				

实训项目十七　发动机的装配与调整

实训目的及要求

（1）熟悉和巩固发动机模块中所学的构造、诊断和维修等知识，并形成整体概念。

（2）熟悉发动机拆装步骤及主要零件的检验方法。

实训设备及工量具

（1）丰田 5A-FE 发动机。

（2）丰田 5A-FE 发动机控制台。

（3）电源。

（4）常用与专用工具。

（5）汽车专用诊断仪。

（6）发动机内窥镜。

（7）各式量具。

实训内容

发动机解体（以丰田 5A-FE 发动机为例），解体前认真观察发动机外部各总成、主要零部件的名称、安装位置、连接关系。

一、5A-FE 发动机的拆卸

（1）拆下油底壳的放油螺丝，将发动机内的机油放出。

（2）拆下各分缸高压线，拆下固定分电器的两颗螺栓，取下分电器总成。

（3）拆下气门室盖上两条发动机曲轴箱通风管。

（4）将发电机皮带防护罩拆下。

（5）将水泵皮带轮的紧固螺栓松开，拆下发电机，取下发电机皮带。

（6）拆下水泵的皮带轮。

（7）拆下排气管下方与气缸盖相连的螺母。

（8）拆下发动机的机油尺及松开水泵进水口。

（9）拆下气门室盖上的螺钉与垫片，取下气门室盖。

（10）拆下正时皮带上罩（3 号皮带罩）。

（11）将排气凸轮轴前方的正时齿轮螺母松开。（但暂时不要拆下）

（12）转动曲轴对一缸上止点记号，检查原有的安装情况。

注意：曲轴皮带轮的记号与正时皮带罩的上止点记号，凸轮轴正时齿轮与排气凸轮轴承盖上的记号。

（13）拆下正时皮带下罩（1 号皮带罩）的防尘橡胶片。

（14）松开张紧轮的坚固螺栓，暂时将张紧轮推向前方固定，松开正时皮带。

（15）拆下进气凸轮轴的第一道轴承盖，转动凸轮轴。

（16）用一颗 $6 \times 20 \times 1$ 的螺栓将进气凸轮上的副斜齿轮与主斜齿轮相连。

（17）拆下进气与排气凸轮轴的各个轴承盖。

注意：拆卸轴承盖时应注意保持整个凸轮轴的平衡，故同时松开每个轴承盖上的螺栓；拆卸双头螺栓使用 10#套筒＋棘轮扳手，拆卸单头螺栓则使用 10#丁字杆。

（18）依次取下各个气门挺杆。

注意：每一个挺杆都不能够搞乱，各气门挺杆顶端有不同厚度调整气门脚间隙垫片。

（19）将气缸盖的螺钉按一定的次序松开，并取下。

（20）将气缸盖取下，同时取下气缸垫。

（21）通过翻转架将发动机翻转 180°。

（22）将油底壳拆下，并拆下机油集滤器。

（23）将曲轴前端固定曲轴皮轮上的大螺母拆下，取下皮带轮。

（24）拆下正时皮带下罩（1 号皮带罩），取下张紧轮及正时皮带。

注意：正时皮带不要碰到油污。

（25）拆下曲轴前端盖与机油泵。

（26）拆下飞轮、曲轴后端盖及后盖板。

（27）拆下连杆大头的连杆轴承盖；逐缸将连杆与活塞取下。

注意：拆下活塞时应观察活塞或连杆上有无记号，若无则应做记号。

（28）拆下曲轴主轴承盖及轴瓦取下曲轴。

注意：不要搞乱各道上、下轴瓦。

（29）解体完毕。

二、5A-FE 发动机的安装

（1）将发动机的缸体内外清洗干净，并清通各油道。

（2）将发动机的各种零件及安装发动机的工具及工作场地清洗干净。

（3）安装各道曲轴的主轴径轴承，将干净清洁的机油涂在各道轴承工作面上。

注意：不要将每一道轴承、轴承盖搞乱（上、下片轴承也不能错乱）。

（4）将曲轴安放入缸体中，并在各道主轴径上再涂一些清洁的机油。

（5）安装各道曲轴的主轴径轴承盖，并安装曲轴的径向止推片。

注意：止推片有方向，而且轴承盖上有向前的记号。

（6）将各道轴承盖按一定的顺序与上紧的力矩依次上紧。

注意：轴承盖有向前的方向，上紧时由中间一道上起；建议：每上紧一次就转动曲轴一圈对其油隙进行检查，如发现问题则可尽早解决，如图 9-16 所示。

（7）当上到最后一次时应当每上紧一道就转动曲轴一圈。

（8）检查前、后端盖的油封情况。（必要时对其更换）

（9）安装曲轴的前端盖、后端盖与后盖板；上紧时应当注意上紧的力矩，如图 9-17 所示。

注意：飞轮后端盖板的螺栓上紧力矩为 $5.6 \text{ N} \cdot \text{m}$。

（10）安装飞轮到曲轴的后端，按一定的力矩与顺序上紧，如图 9-18 所示。

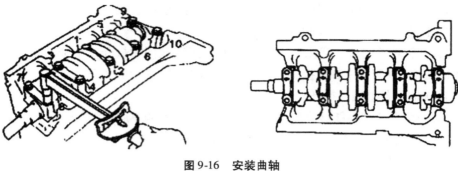

图 9-16　安装曲轴

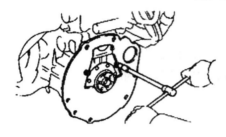
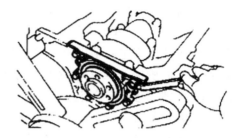

图 9-17　曲轴前后端的安装

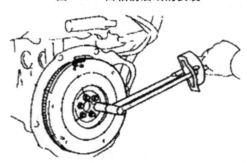

图 9-18　飞轮的安装

（11）用干净清洁的机油涂在将要安装的气缸壁与该缸相应的活塞及曲轴的连杆轴径上。

（12）检查、调整各道活塞环的开口方向，如图 9-19 所示。

注意：第一道活塞环开口应朝向侧压力小一面，第二道与第一道开口对置；油环开口也要相互错开。

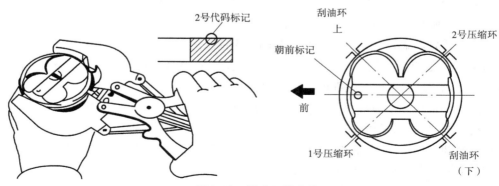

图 9-19　活塞环的安装

如果安装新的活塞环则须对每一道活塞环的间隙进行检查,方法如图 9-20 所示。

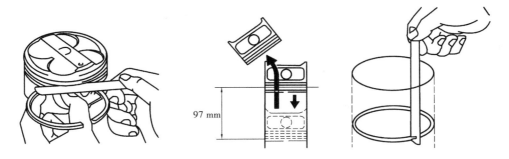

图 9-20　活塞环间隙的检查

侧隙测量:第一道环的间隙为 0.04 ~ 0.08 mm;第一道环的端隙为 0.25 ~ 0.45 mm。

开口端隙测量:第二道环的端隙为 0.35 ~ 0.45 mm,第二道环的间隙为 0.03 ~ 0.07 mm。

如果间隙超过最大值则更换活塞。

油环的端隙为 0.15 ~ 0.50 mm。

(13)转动曲轴到一、四缸的下止点,将活塞安装到相应的气缸中,如图 9-21 所示。

如果要安装二、三缸的活塞则应将曲轴转动到二、三缸下止点位置;

注意:在将活塞装入气缸之前应用短软管套在连杆螺栓上保护曲轴不受损伤。

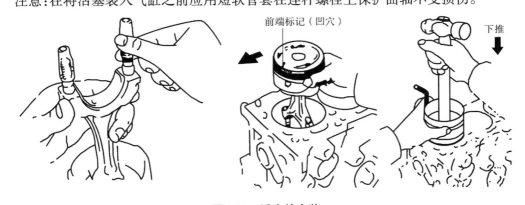

图 9-21　活塞的安装

(14)将该缸的连杆轴承盖与连杆相连,并按一定的力矩将之分次上紧。

注意:各道轴承盖之间不能搞乱,且每一道轴承盖也有朝向的方向(凸点朝前),如图 9-22 所示。

上紧的力矩为:第一次 29 N·m,第二次转过 90°。

(15)依次安装各活塞到相应的气缸中。

(16)安装机油集滤器,并按一定的力矩上紧。

注意:上紧的力矩为 9.3 N·m。

(17)安装油底壳按一定的力矩与顺序上紧油底壳螺栓,紧固放油螺栓(44 N·m)。

注意:由中间向两边对角依次上紧,上紧的力矩为 4.9 N·m。

(18)通过发动机翻转架将发动机翻转 180°之后安装气缸垫。

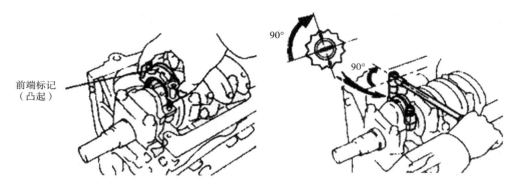

前端标记
（凸起）

90°

90°

图 9-22　连杆轴承盖的安装

注意：安装气缸垫之前对气缸盖的下平面与气缸体的上平面进行清理；安装气缸垫时气缸垫有朝上记号一面应朝上放置，如图 9-23 所示。

（19）转动曲轴将一、四缸转到上止点的位置，安装已经安装完毕的气缸盖总成。

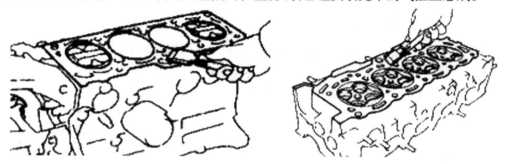

图 9-23　缸体、缸盖的清理

注意：调整检查每个火花塞的间隙为 1.00 mm；（必要时更换火花塞）在将气缸盖安装到气缸体时不要损伤气缸垫的工作表面。

（20）将各气缸盖螺栓放入相应的螺栓孔中。

注意：进气管一侧的螺栓长度为 90 mm，排气管一侧的螺栓长度为 108 mm，检查气缸盖螺栓标准外径 8.5 mm，最小外径 8.3 mm，若外径小于最小值应更换螺栓，如图 9-24 所示。

（21）将缸盖螺栓由中间向两边分三次上紧。

注意：上紧的力矩分别为第一次 20N·m；第二次转动 90°；第三次再转动 90°。

（22）在各个气门挺杆表面涂上干净清洁的机油后将之依次放入相应的气门挺杆座中。

注意：在每一个挺杆的外表面涂上干净清洁的润滑油；为保证每个气门脚的间隙故一定不能搞乱其相应的位置。

（23）在进、排气凸轮轴轴承座上涂上干净清洁的机油，并将两条凸轮轴放入相应的轴承座内。

注意：将进、排气凸轮轴放入时应当将其安装的记号对正。

（24）将两条凸轮轴的轴承盖依次放入相应的轴承座内。

注意：每个轴承盖上有相应的记号与安装方向，进气凸轮轴的第一道暂时不装。

（25）依次将各道轴承盖上紧。

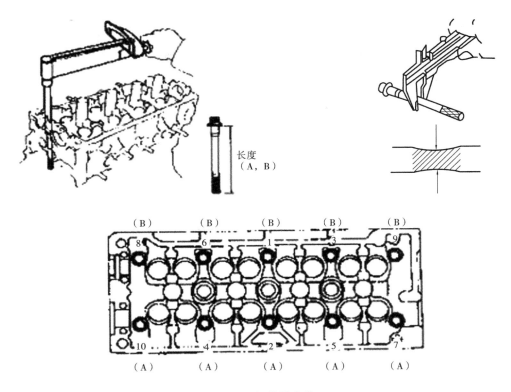

图9-24　缸盖的安装

注意:轴承盖的螺栓上紧力矩为13 N·m,为保证整条凸轮轴的平衡,故均匀分两次将各道轴承盖上紧 ,如图9-25 所示。

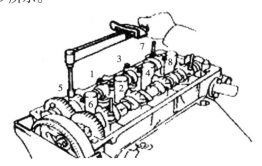

图9-25　凸轮轴轴承盖的安装

(26)将进气凸轮轴斜齿轮上的维修螺栓取下。

(27)安装进气凸轮轴的第一道轴承盖。(上紧力矩为13 N·m)

(28)转动凸轮轴使排气凸轮轴的正时齿轮上的孔与第一道排气凸轮轴轴承盖上的记号对正,如图9-26 所示。

(29)转动曲轴使曲轴前端正时齿轮上的记号与气缸体上的记号对正,如图9-27 所示。

(30)安装正时皮带张紧轮与弹簧,这时先将张紧轮向左边尽量做暂时固定。

注意:安装张紧轮之前应对张紧轮转动做检查,且张紧轮上不能有油污;张紧轮的弹簧自由长度检查:自由长度为36.9 mm,如果不符则更换弹簧,如图9-28 所示。

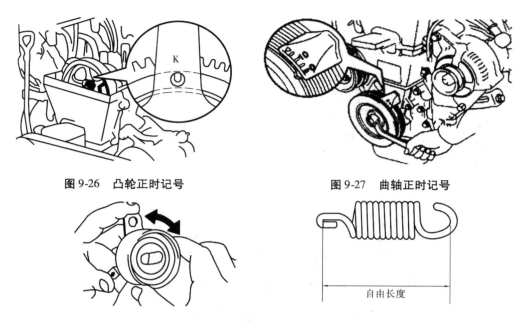

图 9-26　凸轮正时记号　　　　　　图 9-27　曲轴正时记号

图 9-28　张紧轮的检查

（31）安装曲轴前端正时齿轮及正时皮带，紧固张紧轮固定螺栓。

注意：正时皮带有安装方向，安装后调整挠度，张紧轮固定螺栓的上紧力矩为 20 N·m，如图 9-29 所示。

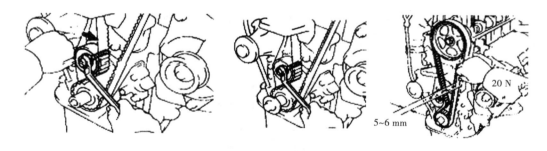

图 9-29　正时皮带的安装

安装完毕转动曲轴两圈之后再重新检查各处正时记号是否对齐，如图 9-30 所示。

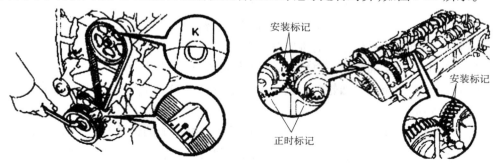

图 9-30　正时记号的检查

（32）安装正时皮带的导片。

（33）安装正时皮带下罩（1 号正时皮带罩），安装曲轴前端皮带轮。

（34）安装正时皮带中罩（2 号正时皮带罩）、上罩（3 号正时皮带罩）。

注意：各个皮带罩的螺栓上紧力矩为 7.4 N·m。

（35）安装气门室盖总成，连接两条曲轴箱通风管。

注意：气门室盖上的螺母上紧力矩为 8 N·m。

（36）安装分电器总成，安装分缸高压线。

注意：分电器总成插入排气凸轮轴端有大、小两份。

（37）连接气缸盖与水泵的进水管，安装并固定机油尺。

注意：进水管的螺母上紧力矩为 15 N·m，而机油尺固定螺栓的上紧力矩为 9.3 N·m，如图 9-31 所示。

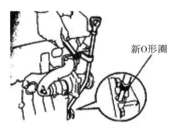

图 9-31　水泵及进水管的安装

（38）连接排气管支撑与气缸体的连接螺栓。

（39）安装水泵皮带轮。（此时先不必将之上紧）

（40）安装发电机，调整皮带的松紧度之后进行固定，再上紧水泵的皮带轮。

注意：发电机的调整螺栓上紧力矩为 18 N·m，水泵皮带轮螺栓的上紧力矩为 9.3 N·m；皮带的挠度为：以 20 N·m 的力按皮带中段时可按下 5~6 mm，如图 9-32 所示。

（41）安装发动机的防护罩；

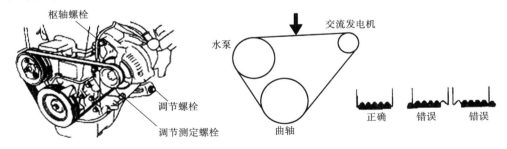

图 9-32　发电机的安装

（42）加注机油，检查调整油面高度。

机油的加注量：更换机油滤清器时加 3.0 L，不更换机油滤清器时加 2.8 L，注入干燥的油底壳时加 3.5 L，油面的高度应在机油尺上下刻度线之间。

实训工单

实训项目		专业班级	
姓名		学号	
实训小组		日期	

一、实训要求

二、实训内容

三、实训步骤

四、评价（优 、良 、差）

	自我评价	学生互评	老师评价	总评
实训情况				
实训态度				
卫生打扫				

参考文献

［1］周佰和,王红章,贾锡祥.汽车发动机构造与检修［M］.成都:西南交通大学出版社,2015.

［2］贾锡祥,沈明英,杨琴文.汽车发动机电子控制技术［M］.成都:西南交通大学出版社,2015.

［3］康惠蓉.汽车发动机构造与维修［M］.昆明:云南科技出版社,2013.

［4］周立平,周耀.汽车发动机原理与检修［M］.武汉:华中科技大学出版社,2014.